竞争法

- **竞争法**
  - 调整对象
    - ❶ 市场竞争关系
    - ❷ 市场竞争管理关系
  - 原则
    - 自愿、平等、公平、诚实信用、遵守公认的商业惯例原则
- **反垄断法和反不正当竞争法的区别和联系**
  - 联系
    - 反垄断法与反不正当竞争法同属竞争法范畴
    - 垄断和不正当竞争存在转化和因果关系
  - 区别
    - ❶ 立法目的不同
    - ❷ 规制对象不同
- **不正当竞争行为**
  - 混淆行为
    - ❶ 擅自使用与他人有一定影响的商品名称、包装、装潢等相同或近似的标识
    - ❷ 擅自使用他人有一定影响的企业名称（简称、字号等）、社会组织名称（简称等）、姓名（笔名、艺名、译名等）
    - ❸ 擅自使用他人有一定影响的域名主体部分、网站名称、网页等
  - 商业贿赂行为
  - 虚假宣传行为
    - （1）对商品做片面的宣传或对比的；
    - （2）将科学上未定论的观点、现象等当作定论的事实用于商品宣传的；
    - （3）以歧义性语言或其他引人误解的方式进行商品宣传的
  - 侵犯商业秘密
    - （1）以盗窃、贿赂、欺诈、胁迫或其他不正当手段获取权利人的商业秘密；
    - （2）披露、使用或允许他人使用前述手段获取的权利人的商业秘密；
    - （3）违反约定或违反权利人有关保守商业秘密的要求，披露、使用或允许他人使用其所掌握的商业秘密
  - 不正当有奖销售行为
    - （1）所设奖的种类、兑奖条件、奖金金额或奖品等有奖销售信息不明确，影响兑奖；
    - （2）采用谎称有奖或故意让内定人员中奖的欺骗方式进行有奖销售；
    - （3）抽奖式的有奖销售，最高奖的金额超过5 万元
  - 诋毁商誉行为
  - 妨碍和破坏网络产品或服务正常运行的行为
    - （1）未经其他经营者同意，在其合法提供的网络产品或服务中，插入链接、强制进行目标跳转；
    - （2）误导、欺骗、强迫用户修改、关闭、卸载其他经营者合法提供的网络产品或服务；
    - （3）恶意对其他经营者合法提供的网络产品或服务实施不兼容；
    - （4）其他妨碍、破坏其他经营者合法提供的网络产品或服务正常运行的行为
- **垄断行为**
  - 垄断协议行为
    - 横向垄断协议行为和纵向垄断协议行为
  - 滥用市场支配地位
  - 经营者集中行为
    - 经营者合并
      - 两个或两个以上经营者合并为一个经营者，从而导致经营者集中的行为
    - 经营者控制
      - 根据获得控制权的途径，可以分为股权式控制、联营式控制和债权式控制。根据控制的内容，可以分为财产型控制、业务型控制和人事型控制。根据控制和被控制的经营者所处的产业链关系，又可以分为横向控制和纵向控制
  - 行政性垄断
    - ❶ 强制交易
    - ❷ 限制市场准入
    - ❸ 强制经营者限制竞争

产品质量

司、股份有限公司及两合公司

资合兼人合公司

司和分公司

有限责任公司

股份有限公司

章程　❷ 股东缴纳出资

❹ 签发出资证明书

会和监事会

责任

或募集的实收股本总额

设立的须经创立大会通过

须注意

合同法

- ★ 合同
  - 合同的概念和分类
    - 概念：平等主体的自然人、法人及其他组织之间设立、变更或终止民事权利义务关系的协议
    - 分类：单务合同和双务合同；要式合同和不要式合同；诺成合同和实践合同；主合同和从合同；有名合同和无名合同
  - 合同的订立
    - ❶ 要约
      - 只要受要约人做出承诺，合同即告成立
      - 要约邀请不属于订立合同的行为，没有法律约束力
    - ❷ 承诺
      - 只有受要约人才有资格做出承诺；只有在要约有效期限内做出承诺，才能使合同成立
  - 合同的效力
    - 注意区分有效合同、无效合同、可撤销合同、效力待定合同
  - 合同的履行
    - 合同履行中的抗辩权
      - ❶ 同时履行抗辩权
      - ❷ 不安抗辩权
      - ❸ 后履行抗辩权
    - 合同的保全措施
      - 代位权和撤销权
  - 合同的担保
    - ❶ 保证
      - 具有代为清偿债务能力法人、其他组织或公民，可以作保证人。国家机关、学校、幼儿园、医院等以公益为目的的事业单位、社会团体，企业法人的分支机构、职能部门不得作保证人，保证包括一般保证和连带责任保证
    - ❷ 抵押
      - 抵押是不转移对抵押物占有的担保方式
    - ❸ 质押
      - 质押是转移对质押物占有的担保方式，质押包括动产质押和权利质押
    - ❹ 留置
      - 债权人因保管合同、运输合同、加工承揽合同或者法律规定可以留置的其他合同而占有债务人动产，债务人不履行债务的，债权人方可行使留置权
    - ❺ 定金
      - 定金合同自实际交付定金之日起生效，定金的数额由当事人自主协商确定，但双方约定的定金数额不得超过主合同标的额的20%
  - 合同的变更和转让
    - 变更
      - 原主体不变的情况下，变更内容有：标的物数量的增减、标的物品质的改变、价金或酬金的增减、履行期限的变更、履行地点的变更等
    - 转让
      - 债权让与、债务承担、债权债务的概括转移
  - 合同权利与义务的终止
    - 履行、解除、抵销、提存、免除、混同、法律或当事人约定终止的其他情形
  - 违约责任
    - ❶ 继续履行
    - ❷ 采取补救措施
    - ❸ 赔偿损失
    - ❹ 支付违约金
    - ❺ 定金
- ✔ 合同法
  - 基本原则
    - 平等、自愿、公平、诚实守信、合法
  - 调整范围
    - 调整法人、其他组织之间的经济贸易合同关系，同时还包括自然人之间的买卖、租赁、借贷、赠予等合同关系

公司法

- **公司**
  - 特征
    - ❶ 依照《公司法》设立　❷ 以营利为目的
    - ❸ 具有法人资格　❹ 以股东投资行为为基础
  - 公司法人财产权　提供担保必须经由董事会　股东会决议
  - 分类
    - ❶ 无限公司、有限责任公
    - ❷ 人合公司、资合公司和
    - ❸ 母公司和子公司、总公
    - 按《公司法》划分
      - ❹
      - ❺
- **有限责任公司**
  - 设立条件
    - ❶ 有法定人数：1~50个
    - ❷ 符合公司章程规定的全体股东认缴的出资额
    - ❸ 股东共同制定公司章程　❹ 有公司住所
    - ❺ 有公司名称，建立有符合有限责任公司要求的组织机构
  - 设立程序
    - ❶ 制定公司章
    - ❸ 办理登记
  - 组织机构　股东会、董事会、监事会
    - 规模较小、股东人数较少的有限责任公司可以不设董事会
    - 有限责任公司的董事、监事每届任期为三年，连选可以连
  - 股权转让
    - ❶ 股东之间没有限制
    - ❷ 转让给股东以外的人　股东过半数同意，且有优先购买权
    - ❸ 强制转让　通知全体股东，20日内行使购买权
    - ❹ 股东退出　注意退出时应遵守的法律规定
  - 一人有限责任公司　股东单一，不设股东会，一个自然人只能投资设立一个一人有限责任公司
  - 国有独资公司　国有独资公司不设股东会，股东会的部分职权由董事会行使
- **股份有限公司**
  - 设立方式：发起设立或募集设立
  - 设立条件
    - ❶ 发起人符合法定人数　❷ 有符合公司章程规定的全体发起人认购的股本总额或
    - ❸ 股份发行、筹办事项符合法律规定　❹ 发起人制定公司章程，采用募集方式设
    - ❺ 有公司名称，建立符合股份有限公司要求的组织机构　❻ 有公司住所
  - 设立程序　根据设立方式不同，设立程序不同，详见正文
  - 组织机构　❶ 股东大会　❷ 董事会、经理　❸ 监事会　上市公司有特殊规定，
  - 股分发行与转让　注意其应遵守的法律规定
- **合并、分立**
  - 公司合并时，合并各方的债权、债务，应当由合并后存续的公司或新设的公司承继
  - 公司分立前的债务由分立后的公司承担连带责任，另有约定的除外
- **解散、清算**
  - ❶ 登记债权　❷ 清理公司财产，制订清算方案　❸ 清偿债务　❹ 公告公司终止

中标明"普通合伙"字样，不
用"有限"或"有限责任"字样

行

权

出资比例分担；
平均分担

法

- ★ 产品
  - ①必须是经过加工、制作的物品；②必须是用于销售的，凡不是用于销售目的的产品，都不是《产品质量法》所调整的产品；③应是动产
  - 不属于产品的有：违禁品、军工产品、建筑工程、初级农产品
- ★ 产品质量
  - 产品的内在质量是指产品的内在属性；产品的外观质量指产品的外部属性
  - 生产者的产品质量义务
    - ❶ 产品质量默示担保义务和明示担保义务　❷ 产品真实标识的义务
    - ❸ 特殊产品包装符合要求的义务　❹ 不得从事法律禁止行为的义务
  - 销售者的产品质量义务
    - ❶ 验收义务　❷ 保持产品质量的义务
    - ❸ 有关产品标识的义务　❹ 不得从事法律禁止行为的义务
- 产品质量责任
  - 违反法律规定的责任
    - 民事责任
      - ❶ 产品质量侵权的赔偿责任　❷ 产品质量责任的排除
    - 行政责任
      - 经营者的行政责任
      - 运输、保管、仓储者的行政责任
      - 产品质量检验机构、认证机构的行政责任
    - 刑事责任
- 产品质量监督管理制度
  - ❶ 产品质量检验制度　❷ 强制监督管理制度　❸ 企业质量体系认证制度
  - ❹ 产品质量认证制度　❺ 产品质量监督检查及公告制度　❻ 行政强制措施制度

消费者权益

- **消费者**
  - 概念：为生活消费需要购买、使用商品或接受服务的
  - 权利
    - 保障安全权：消费者在购买、使用商品或接受服务时享有人身、财产安全不受损害的权利
    - 知悉真情权：消费者有权询问、了解商品的价格、产地、生产者、用途、性能、规格、等级、主要成份、生产日期、有效期限、检验合格证明、使用方法说明书、售后服务，以及服务的内容、规格、费用等有关情况
    - 自主选择权
    - 公平交易权：获得质量保障和价格合理、计量正确等公平交易条件的权利
    - 依法结社权：消费者享有依法成立维护自身合法权益的社会团体的权利
    - 获取知识权：获得有关消费和消费者权益保护方面知识的权利
    - 人格尊严权
    - 监督批评权
- **经营者**
  - 义务
    1. 依法定或约定履行合同的义务
    2. 接受消费者监督的义务
    3. 保证商品和服务安全的义务
    4. 提供商品和服务真实信息的义务
    5. 标明真实名称和标记的义务
    6. 出具购货凭证或服务单据的义务
    7. 保证商品或服务质量的义务
    8. 履行“三包”及其他责任的义务
    9. 不得以格式条款排除或限制消费者权利的义务
    10. 不得侵犯消费者人格权的义务
    11. 合法收集、使用消费者个人信息的义务
- **消费者权益保护法**
  - 原则
    1. 自愿、平等、公平、诚实信用的原则
    2. 特别保护原则
    3. 社会保护的原则
- **消费者权益争议途径**：与经营者协商和解；请求消费者协会或依法成立的其他调解组织调解；向有关行政部门投诉；根据与经营者达成的仲裁协议提请仲裁机构仲裁；向人民法院提起诉讼

税收

社会保险

- **基本养老保险**：基本养老保险基金由用人单位和个人缴费以及政府补贴等组成
- **基本医疗保险**：基本医疗保险基金由统筹基金和个人账户构成。依照法定比例为个人医疗费用进行结算
- **工伤保险**：由用人单位缴纳工伤保险费,职工不缴纳工伤保险费
- **失业保险**：由用人单位和职工按照国家规定共同缴纳失业保险费

劳动合同

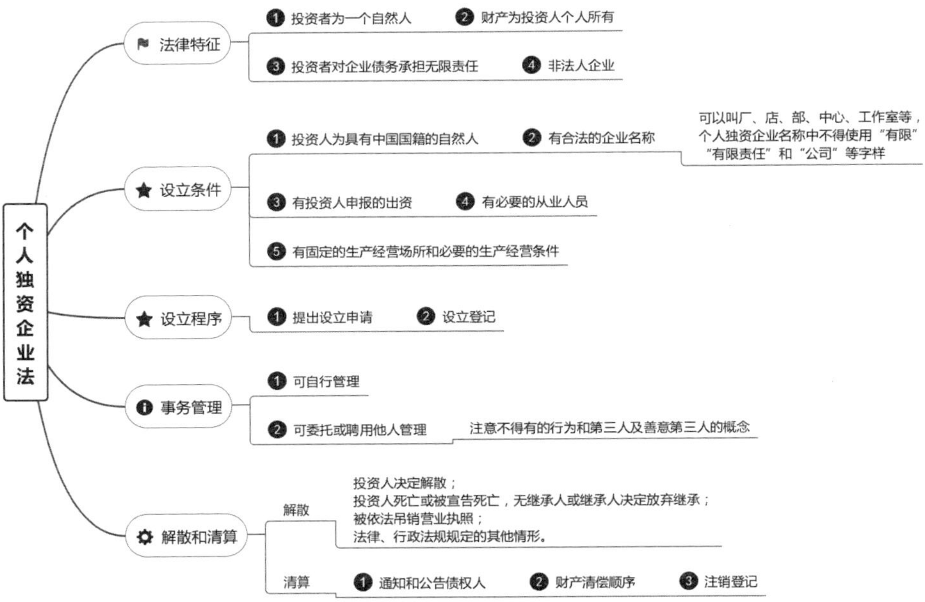

不能完全辨认自己
刑法将已满14 周岁
力人

完全不能辨认自己行为
，不满14 周岁的未成

完全民事行为能力，
上不满18 周岁的公
来源的，视为完全民

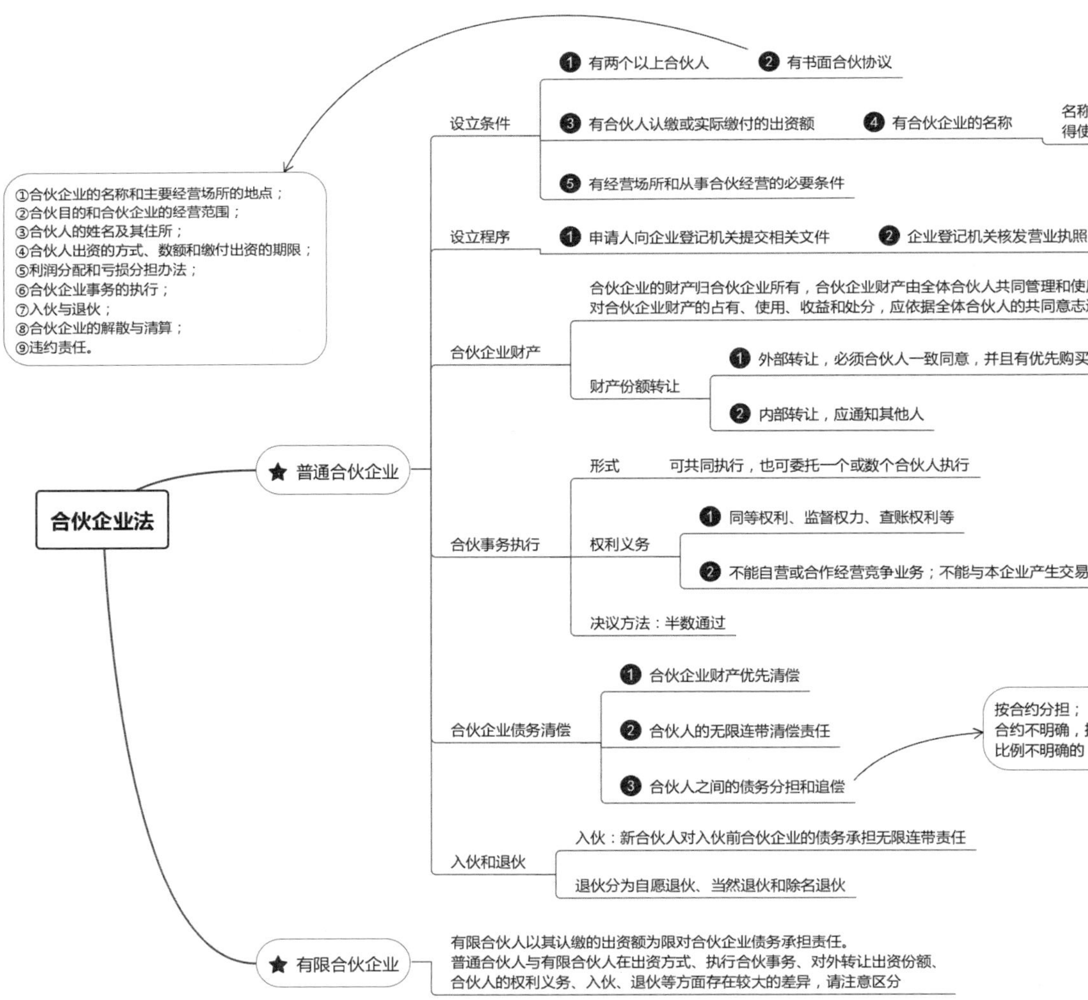

校、联系方式、

《经济法》教学思维导图

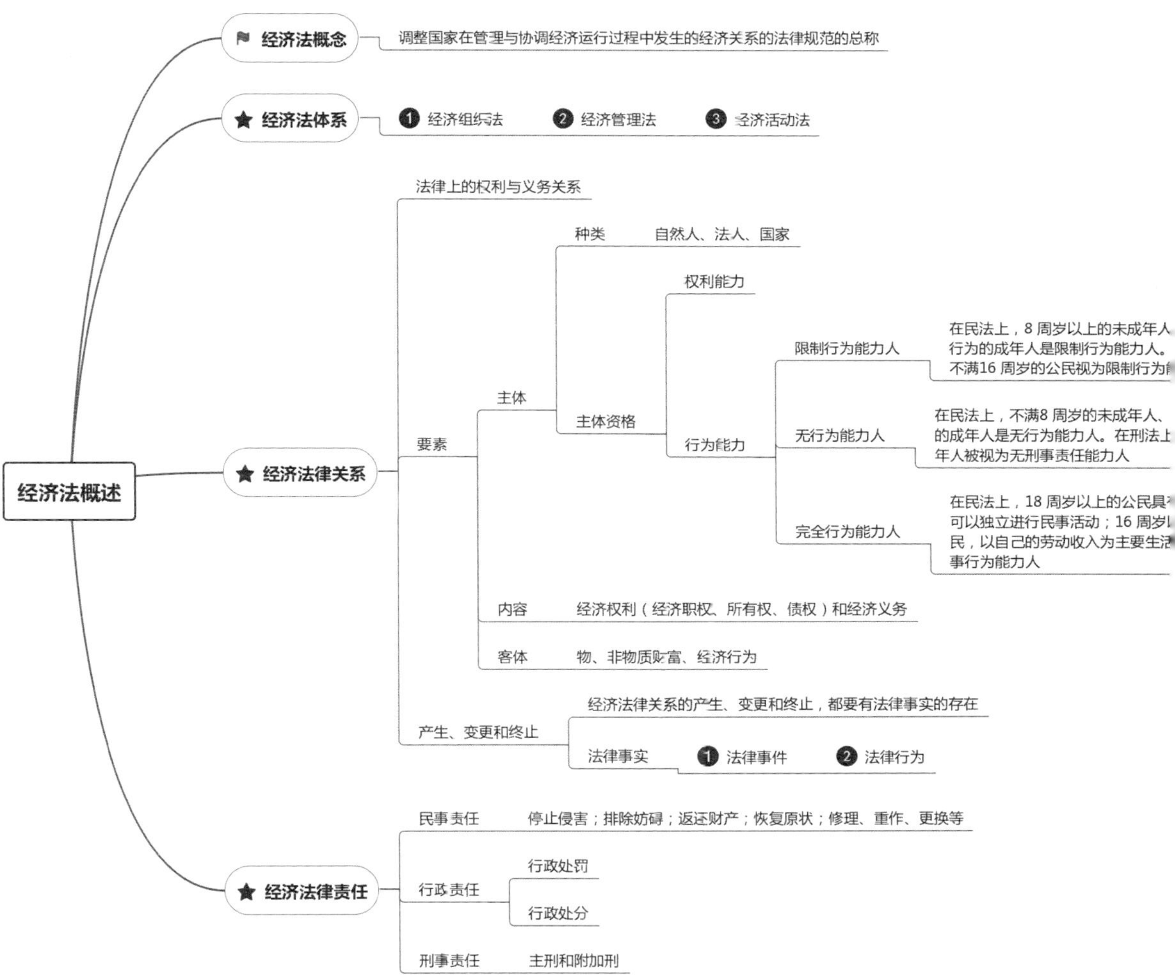

注：本导图可进行在线协作，以便教学者对思维导图进行编辑、拓展、链接，如有需要请将具体信息（姓名、院
需求）发至邮箱lius@phei.com.cn。

- **税法的构成要素**
  - 税法主体、征税对象、税目、税率、计税依据
  - 纳税环节、纳税期限、纳税地点、减免税、违法处理
- **税收有强制性、固定性、无偿性的特点**
- **按照征税对象分类**
  - ❶ 流转税类
    - 增值税
      - 税率：17%、6%、11%、0%
      - 一般计税法
        - 应纳税额 = 当期销项税额 - 当期进项税额
        - 当期销项税额 = 当期销售额 × 增值税税率
      - 简易计税法
        - 应纳税额 = 销售额 × 征收率
      - 进口货物
        - 组成计税价格 = 关税完税价格 + 关税 + 消费税
        - 应纳税额 = 组成计税价格 × 税率
    - 消费税：15种税目
      - 从价定率
        - 应纳税额 = 销售额 × 消费税税率
      - 从量定额
        - 应纳税额 = 应税消费品销售数量 × 消费税单位税额
      - 复合计税
        - 应纳税额 = 应税消费品的销售数量 × 消费税单位税额 + 应税消费品销售额或组成计税价格 × 消费税税率
  - ❷ 所得税
    - 企业所得税
      - 应纳税额 = 应纳税所得额 × 税率
      - 应纳税所得额 = 收入总额 - 不征税收入 - 免税收入 - 准予扣除项目的金额 - 允许弥补的以前年度亏损
    - 个人所得税
      - 计算详见正文
      - 11种税目
        - 工资、薪金所得；个体工商户的生产、经营所得；对企事业单位的承包经营、承租经营所得；劳务报酬所得；稿酬所得；特许权使用费所得；利息、股息、红利所得；财产租赁所得；财产转让所得；偶然所得；经国务院财政部门确定征税的其他所得
  - ❸ 财产税　❹ 资源税　❺ 行为税
- **按照征收权限和收入支配权限分类**
  - ❶ 中央税　❷ 地方税　❸ 中央地方共享税
- **按照计税标准分类**
  - ❶ 从价税　❷ 从量税　❸ 复合税
- **税收征收管理法**
  - 包括税务管理、税款征收、税务检查、税务处罚等内容

- **类型**
  - ❶ 固定期限劳动合同　❷ 无固定期限劳动合同　❸ 以完成一定工作任务为期限的劳动合同
- **必备条款**
  - ❶ 用人单位的名称、住所和法定代表人或主要负责人　❷ 劳动者的姓名、住址和居民身份证或其他有效身份证件号码
  - ❸ 劳动合同期限　❹ 工作内容和工作地点　❺ 工作时间和休息休假　❻ 劳动报酬
  - ❼ 社会保险　❽ 劳动保护、劳动条件和职业危害防护　❾ 法律、法规规定应当纳入劳动合同的其他事项
- **约定条款**
  - ❶ 试用期　❷ 服务期　❸ 保守商业秘密和竞业限制
- **解除**
  - 协商解除或法定解除
  - 补偿
    - 经济补偿金 = 工作年限 × 月工资
- **劳动争议**
  - 劳动争议可以通过和解、调解、仲裁、诉讼等方式解决，其中劳动仲裁是必经程序

职业教育“十三五”财经系列规划教材

以岗位能力为导向
互联网版课程型教材

经济法

JINGJIFA

谭治宇　范晓晔◎主编
滑锡林　张　洁　申　巍　王宝生◎副主编

電子工業出版社
Publishing House of Electronics Industry
北京 · BEIJING

图书在版编目（CIP）数据

经济法 / 谭治宇，范晓晔主编．—北京：电子工业出版社，2018.1
ISBN 978-7-121-33410-8

Ⅰ．①经… Ⅱ．①谭… ②范… Ⅲ．①经济法－中国－高等职业教育－教材 Ⅳ．① D922.29

中国版本图书馆 CIP 数据核字 (2017) 第 328856 号

策划编辑：刘　殊
责任编辑：杨洪军
印　　刷：北京虎彩文化传播有限公司
装　　订：北京虎彩文化传播有限公司
出版发行：电子工业出版社
　　　　　北京市海淀区万寿路 173 信箱　邮编 100036
开　　本：787 × 1092　1/16　印张：15.75　字数：335 千字　插页：1
版　　次：2018 年 1 月第 1 版
印　　次：2023 年 8 月第 6 次印刷
定　　价：45.00 元

凡所购买电子工业出版社图书有缺损问题，请向购买书店调换。若书店售缺，请与本社发行部联系，联系及邮购电话：(010) 88254888，88258888。
质量投诉请发邮件至 zlts@phei.com.cn，盗版侵权举报请发邮件至 dbqq@phei.com.cn。
本书咨询联系方式：(010) 88254199，sjb@phei.com.cn。
投稿邮箱：lius@phei.com.cn。

丛书介绍

职业教育“十三五”财经系列规划教材：以岗位能力为导向互联网版课程型教材

一、系列教材介绍

“职业教育‘十三五’财经系列规划教材：以岗位能力为导向互联网版课程型教材”（以下简称“本系列教材”）以纸质教材为核心、以互联网为载体、以岗位能力为导向、以现代化信息技术为手段，融入“互联网教育”背景下的O2O（线上线下融合）、移动互联（随时随地学习、交流与互动）理念，贯彻“以服务为宗旨，以就业为导向，推进教育教学改革，实行工学结合、校企合作、顶岗实习的人才培养模式”及“围绕国家重点支持发展的产业领域，研制并推广共享型教学资源库，为学生自主学习提供优质服务”的政策精神，旨在为教师和学生提供完美的课堂教学解决方案。

二、策划思路

本系列教材以“纸质教材＋数字资源”为主要策划思路，将丰富的教学资源借助信息化工具植入纸质教材中，搭建系统的、结构化的动态课程。

1. 纸质教材的策划

（1）结构创新，工学结合

本系列教材摒弃了传统知识体系的结构形式，根据岗位胜任能力来设计教学项目，按照工作过程的逻辑来组织教学进程，实现教、学、做一体化。

（2）体例创新，互动教学

本系列教材以【岗位要求】为契入点，以【教学思维导图】为梳理，以【导入案例】【工作任务】【经典案例】为教学核心，以【知识窗】【小提示】等为辅助，以【基础知识测评】【岗位能力测评】【链接职考】为巩固，打造全流程、一体化的教学过程设计。

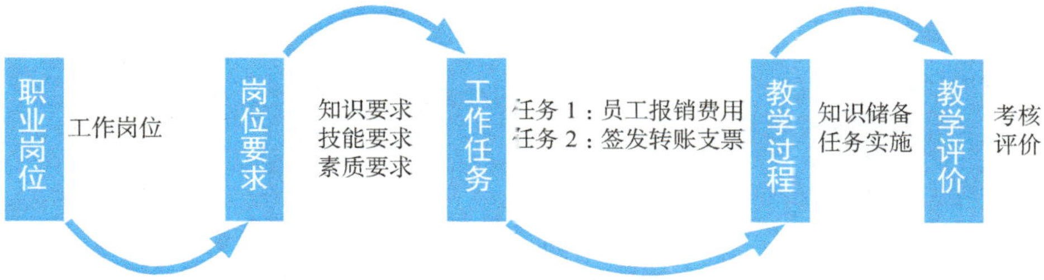

（3）图文并茂，体验为先

本系列教材的图文排布采用全新的设计，双色印刷，贴心留白，为读者提供了良好的阅读体验。让教材“活”起来，让教学不仅产生价值，还生发美感。

2. 数字资源的策划

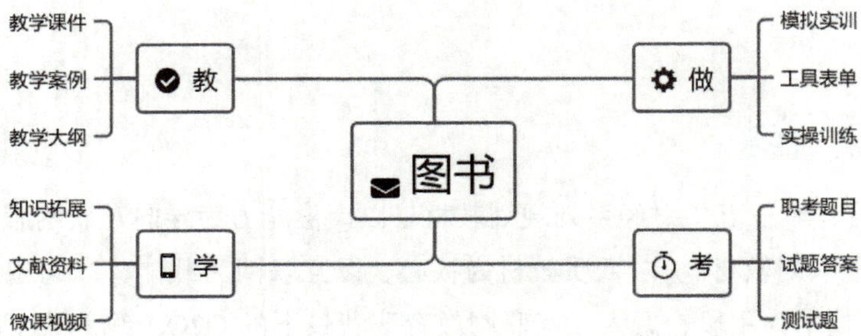

本系列教材按照教、学、做、考进行分类，将知识内容做生长性教学设计。充分考虑教师与学生的教学习惯，提供短小精悍的碎片化教学资源，如微视频、测试题、案例、文献资料、相关知识等，并利用二维码技术，实现随扫随学。

三、系列教材特色

（1）编写团队成员由各院校教学一线优秀教师组成。

（2）以岗位能力为导向互联网版课程型教材新形态、立体化教材编写形式。

（3）反映最新政策、准则及财税法规制度、营改增等变化。

（4）典型的案例、丰富的教学资源，嵌入在教材中的二维码作为互联网端移动学习的入口，实现自主化、智能化的学习。

（5）装帧精美、图文并茂、双色印刷。

四、使用说明

本系列教材设计了一定量的留白，便于学生在教材中进行标注。同时，将纸质教材与二维码进行有效结合，为教学资源的调用提供了方便的路径。

五、使用示例①

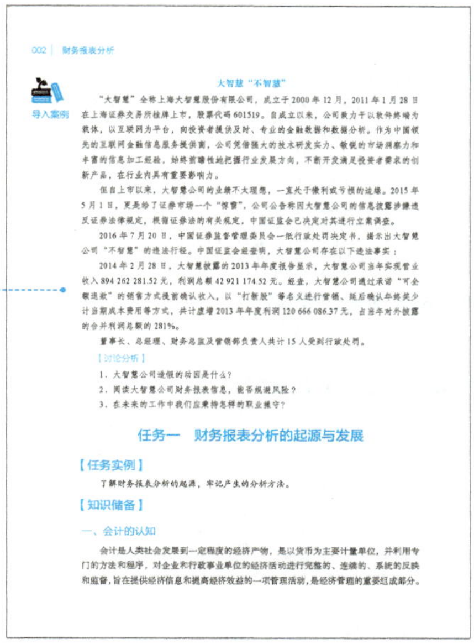

项目一
财务报表分析认知

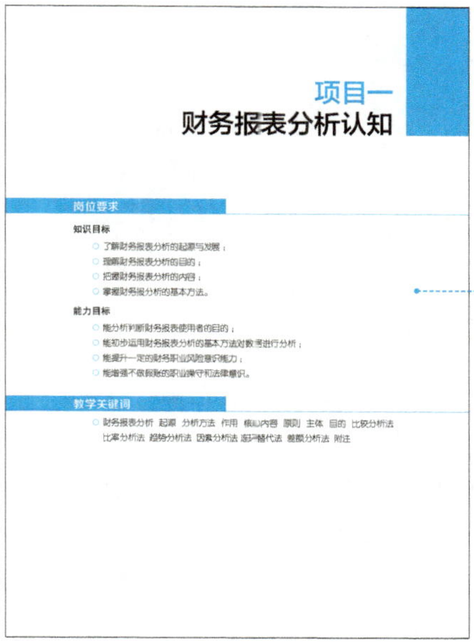

【导入案例】深入岗位案例，运用问题导向培养学生独立思考的能力

【岗位要求】标记重难点，以岗位要求明确教学目标

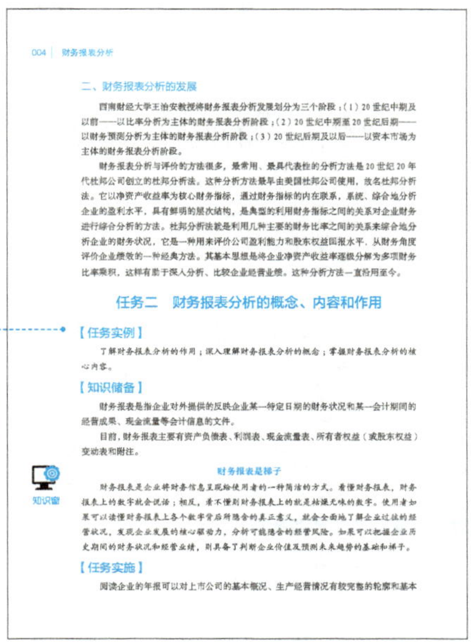

【工作任务】【知识储备】【任务实施】以工作任务为要求实施教学过程，工学结合，服务就业

【任务实例】模拟工作情境，深入阐释工作内容

① 根据书的不同，体例会有所差异。

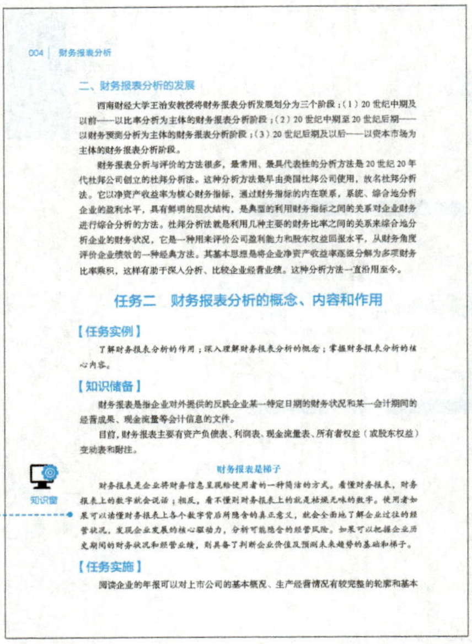

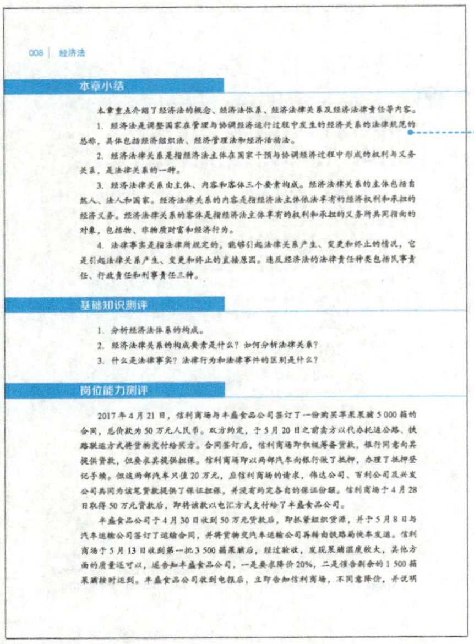

【基础知识测评】

【岗位能力测评】

巩固基础知识，提升就业能力

【小看板】

【知识窗】

【温故知新】

多层次、多角度丰富教学知识面

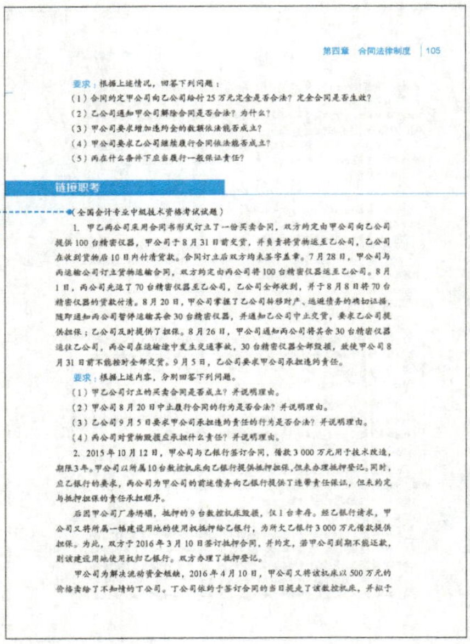

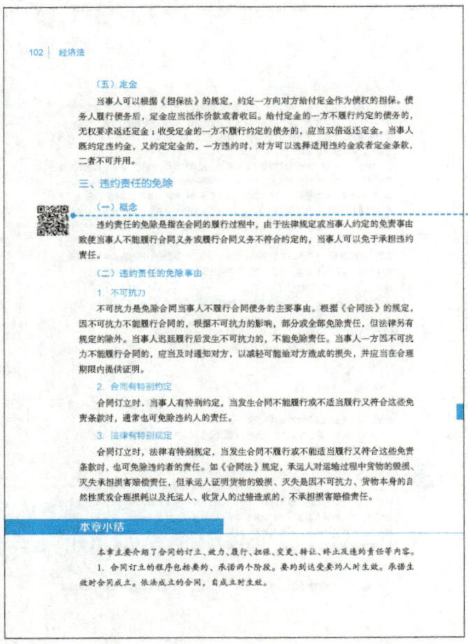

【链接职考】

课证衔接，服务考试

二维码

链接拓展知识内容，增强教学互动性

前言

市场经济是法制经济，随着社会主义市场经济的不断完善，社会需要大量既懂经济又懂法律的经营管理人才。经济法是国家从整体经济发展的角度，对具有社会公共性的经济活动进行干预、管理和调控的法律规范的总称。经济法在经济领域中的地位和作用日益突出，为此，经济法基础等课程已成为我国各院校会计专业的必修课和核心课程。本教材立足于《国家中长期教育改革和发展规划纲要（2010—2020年）》对职业教育发展的新要求，针对高职高专经济管理类专业人才的特点、人才培养目标和职业教育对象的特点，以“必需、够用”为原则，突出经济法的新颖性、实用性、应用性及操作性的特点。

本教材在侧重介绍经济法基本理论、基本知识、基本结构的同时，加强对学生运用经济法知识分析问题、解决问题的能力的培养，与其他同类教材相比，具有以下特点。

1. 紧密贴近高职会计专业人才的培养目标，注重职业能力的培养

会计专业的学生除了要具备会计专业相关知识外，还应具备一定的财经法律素养，为自身未来的可持续发展奠定基础。在教材编写过程中，我们以“必需、够用”为原则，注重对学生实践能力及综合职业能力的培养。

2. 实用性强，通俗易懂，便于自学

本教材所列示的知识点实用性强，语言通俗易懂，便于掌握，案例贴近学生的生活及未来的岗位实际。

3. 课证融通，服务教学

本教材选取与会计专业技术资格考试相关的内容，并在考试涉及的章节设有【职考链接】，体现出本教材与会计专业及相关考试的高度契合。

4. 内容科学，体例新颖

本教材内容的选取贴近学生未来会计工作岗位的实际，将最新的法律法规体现在教材中。在编写体例上，【导入案例】的选取具有一定的综合性，旨在培养学生从一个整体事件的角度进行思考并综合运用所学知识的能力。对教材中知识点的介绍尽量结合案例进行讲解。在正文部分需要进行知识拓展的部分，以【知识窗】等进行命名。在每章的最后，设有【本章小结】【基本知识测评】【岗位能力测评】等栏目，便于学生进一步

巩固所学知识。

本教材既可作为高职院校会计专业的教材，也可作为普通高等院校本科经济管理、金融、财税等专业经济法课程的辅助教材，还可作为高等教育自学考试、成人高等教育及会计专业技术资格考试的辅导书，也适用于工商企事业单位从业人员的在职岗位培训。

本教材由谭治宇负责统筹策划，由谭治宇和范晓晔担任主编，滑锡林、张洁、申巍、王宝生担任副主编。具体分工为：谭治宇负责编写第一章、第四章、第八章；范晓晔负责编写第二章、第三章；滑锡林负责编写第六章、第七章；张洁负责编写第九章；申巍负责编写第五章、第十章；王宝生负责编写第十一章。

在本教材编写过程中，我们参阅了国家近年颁布实施的相关经济法、政策法规、管理制度，借鉴了国内有关经济法的最新书籍资料，收集了大量具有实用价值的典型案例，并得到业界专家教授的具体指导，在此一并致谢。由于时间紧张，加之作者水平有限，书中难免存在错漏之处，恳请同行和读者批评指正。

编　者

2018 年 1 月

目录

第一章
经济法概述

岗位要求

知识目标

- 了解经济法律责任的种类
- 理解经济法的概念及体系构成
- 掌握经济法律关系的构成要素及经济法律关系产生、变更和终止的条件

能力目标

- 能判断经济法体系的内容
- 会分析法律关系

关键词

- 经济法　法律关系　主体　客体　内容　法律事实　法律事件　法律行为　民事责任　行政处罚　行政处分　主刑　附加刑

导入案例

张超爱好收集古玩、字画。他的朋友李红看到张超所有的一张字画，非常喜欢，就提出借她欣赏几日便归还的请求。张超表示同意，并将字画交与李红，二人约定三日后归还。李红拿到字画后，未经张超同意，于第二日将字画卖给了王强，王强支付了5万元购买字画，当日，李红便将字画交与王强。恰逢王强生意周转资金发生困难，便向赵立借款3万元，赵立提出“借款可以，但须提供担保”。王强便将购买的字画质押给赵立，作为债权的担保。赵立依法占有字画后，某日在家中欣赏时，不慎将水杯打翻，浸湿了字画，便将字画送到宝利典当行修补，产生修补费1万元，赵立无力负担，典当行便将字画留置。三日后，张超要求李红归还所借字画，李红称：“字画已经出卖，无法归还，同意补偿张超的损失。”张超主张自己拥有字画的所有权，一定要追回字画。经查，字画的市场价格为7万元左右。

【讨论分析】

1．本案中发生的法律关系有哪些？

2．字画的所有权现在归谁？张超能否追回字画？

3．李红如何承担法律责任？

第一节　经济法的概念和体系

一、经济法的概念

“经济法”这一概念起源于法国。第一次世界大战期间，德国颁布了《煤炭经济法》和《钾盐经济法》。之后，德国出版了很多以经济法为主题的学术著作和教科书。经济法概念有了较为完整的含义。从经济法产生的社会经济背景考察，西方国家的经济法，是在从自由资本主义经济过渡到垄断资本主义经济过程中，国家为应对经济发展中出现的市场失灵和经济危机等问题，而越来越普遍采取干预措施的背景下产生和发展起来的。

在我国，经济法是在改革开放和加强经济法制的背景下逐步兴起的，并随着社会主义市场经济体制建设步伐的推进而不断丰富和完善。目前，经济法的概念、范畴等在学术界尚存在分歧。本书不对学术性分歧做探讨和研究。经济法现象已得到社会的普遍认同，从经济法的产生和发展来看，它实际是社会经济集中和垄断的产物，是国家干预社会经济生活的具体表现。在我国，《民法通则》的立法说明中就民法与经济法、行政法的关系做了如下解释：“民法主要调整平等主体间的财产关系，即横向的财产、经济关系。政府对经济的管理，国家和企业之间及企业内部等纵向经济关系或行政管理关系，不是平等主体之间的经济关系，主要由有关经济法、行政法调整……”

可以说，经济法是调整国家在管理与协调经济运行过程中发生的经济关系的法律规范的总称。

二、经济法的体系

本书按照经济关系及经济法所调整的基本内容，将经济法体系做如下划分。

（一）经济组织法

经济组织法，是指规范经济组织的法律制度，主要指企业法律制度，如公司法、合伙企业法、个人独资企业法等。

（二）经济管理法

经济法管理法，是指国家在组织管理和协调经济活动中形成的法律制度，主要指财税、金融、会计、审计和特定行业管理法律制度等。

（三）经济活动法

经济活动法，是指调整经济主体在经济流通和交换过程中发生的权利义务关系而产生的法律制度，主要指合同法、反不正当竞争法等。

第二节　经济法律关系

一、经济法律关系的概念

法律关系是法律规范在调整人们的行为过程中形成的一种特殊的社会关系，即法律上的权利与义务关系。社会化关系是多种多栏的，因而调整它的法律规范也是多种多样的，其中，调整因国家对经济活动的管理而产生的社会经济关系，称为经济法律关系。经济法律关系是经济法主体在国家干预与协调经济过程中形成的权利与义务关系，是法律关系的一种。

二、经济法律关系的构成要素

经济法律关系的构成要素，是指构成经济法律关系的必要条件。任何一种经济法律关系都是由主体、内容和客体三个要素构成的，缺少其中任何一个要素，都不能构成经济法律关系。

（一）经济法律关系的主体

1. 经济法律关系主体的概念

经济法律关系主体，是指参加经济法律关系，依法享有经济权利、承担经济义务的当事人。经济法律关系主体的数目由法律关系的具体情况而定，但至少要有两个主体才能在它们之间形成以权利和义务为内容的法律关系。

2. 经济法律关系主体的种类

（1）自然人。自然人，是指具有生命的个体的人，既包括中国公民，也包括居住在中国境内或在境内活动的外国公民和无国籍人。公民是各国法律关系的基本主体之一。

（2）法人。法人主要包括三类：一是国家机关，包括立法机关、行政机关和司法机关；二是各种企业事业组织；三是各政党和社会团体。这些机构和组织主体，在法学上可以统称为法人。

（3）国家。在特殊情况下，国家可以作为一个整体成为法律关系主体。如在国内，国家是国家财产所有权唯一和统一的主体；在国际法上，国家则是国际法关系的主体。

3. 经济法律关系的主体资格

经济法律关系的主体资格包括权利能力和行为能力两个方面。

（1）权利能力。权利能力，是指一定个人或组织能够参加某种法律关系，依法享有一定的权利和承担一定的义务的法律资格。它是任何个人或组织参加法律关系的前提。

一般而言，公民权利能力“始于出生，终于死亡”。法人权利能力的范围由法人成立的宗旨和业务范围决定，自法人成立时产生，至法人终止时消灭。

视频 · 自然人的民事行为能力

（2）行为能力。行为能力，是指法律关系主体能够通过自己的行为实际取得权利和履行义务的能力。法人的行为能力和权利能力同时产生、同时消灭。公民的行为能力不同于其权利能力，我国将公民的行为能力划分为以下三类。

第一类是完全行为能力人，是指达到法定年龄、智力健全、能够对自己行为负完全责任的自然人。在民法上，18 周岁以上的公民具有完全民事行为能力，可以独立进行民事活动；16 周岁以上不满 18 周岁的公民，以自己的劳动收入为主要生活来源的，视为完全民事行为能力人。

第二类是限制行为能力人，是指行为能力受到一定的限制，只有部分行为能力的自然人。在民法上，8 周岁以上的未成年人、不能完全辨认自己行为的成年人是限制行为能力人。刑法将已满 14 周岁不满 16 周岁的公民视为限制行为能力人。

第三类是无行为能力人，是指完全不能以自己的行为行使权利、承担义务的自然人。在民法上，不满 8 周岁的未成年人、完全不能辨认自己行为的成年人是无行为能力人。在刑法上，不满 14 周岁的未成年人被视为无刑事责任能力人。

知识窗

《中华人民共和国民法总则》（以下简称《民法总则》）已由中华人民共和国第十二届全国人民代表大会第五次会议于 2017 年 3 月 15 日通过，自 2017 年 10 月 1 日起施行。《民法总则》对于限制民事行为能力人的界定及诉讼时效期间等内容做出了新的规定。

行为能力

（二）经济法律关系的内容

经济法律关系的内容，是指经济法主体依法享有的经济权利和承担的经济义务。

1．经济权利

经济权利，是指经济法主体依法享有的权益，表现在权利享有者有权自主决定为或不为一定行为、要求他人为或不为一定行为以及获得法律保护权等方面。我国法律赋予经济法主体的经济权利是极其广泛的，主要有：①经济职权，指国家机关及其工作人员在行使经济管理职能时依法享有的权利。经济职权主要包括宏观决策、调节协调、行政命令、行政许可等。②所有权，指所有权人依法对自己所有的财产享有的占有、使用、收益和处分的权利。这种权利具有排他性和绝对性。③债权，指按照合同约定或法律规定，在当事人之间产生的特定权利。债权是一种请求权，其义务主体是特定的。④法人财产权，指法人对投资所设企业的全部财产享有的占有、使用、收益和处分的权利。《中华人民共和国公司法》（以下简称《公司法》）规定，公司享有股东投资形成的全部法人财产权。⑤知识产权，即专利权、商标权、著作权等。

2．经济义务

经济义务，是指经济法主体根据法律规定，必须为或不为一定行为的责任。依法承担义务的主体称为义务主体或义务人。义务主体必须做出某种行为，是指以积极的作为方式去履行义务，称为积极义务，如纳税、服兵役等。义务主体不得做出某种行为，是指以消极的不作为方式去履行义务，称为消极义务，如不得毁坏公共财物、不得侵害他人生命财产安全等。

经济权利和经济义务作为构成经济法律关系内容的两个方面是密切联系、不可分离的。任何一方的权利都必须有另一方义务的存在；而任何一方的义务又都是为实现他方的权利而设定的。没有无义务的权利，也没有无权利的义务。

（三）经济法律关系的客体

1．经济法律关系客体的概念

经济法律关系的客体，是指经济法律关系主体享有权利和承担义务所共同指向的对象。权利和义务只有通过客体才能得到体现和落实，没有了客体，权利义务就失去了依附的目标和载体。

2．经济法律关系客体的种类

（1）物。物，是指现实存在，可以为人们所控制，是具有一定经济价值的物质资源。它是经济法律关系客体中最普遍、最主要的客体。物可以是自然物，如土地、矿藏、水流、森林；也可以是人造物，如建筑物、机器、各种产品等；还可以是货币及有价证券。

（2）非物质财富。非物质财富，是指人们的脑力劳动所创造的精神产品，又称精神财富，包括知识产品和道德产品。知识产品又称智力成果，是指人们通过脑力劳动创造的、能够带来经济价值的精神财富，如学术论文、著作、文艺作品、创造发明、商标等。它们可以成为著作权、商标权、发明权、专利权等法律关系的客体。智力成果本身不具有物质财富的内容，但可以转化为物质财富，如专利可转化为专利产品，并带来一定的经济效益。道德产品，是指人们在各种活动中所取得的非物化的道德价值，如荣誉称号、嘉奖表彰等，它们是公民、法人荣誉权的客体。

（3）经济行为。经济行为，是指经济法主体为达到一定目的所进行的经济活动，包括经济管理行为、提供劳务行为和完成工作行为。

导入案例解析

重点提示

导入案例中发生的法律关系如下：张超与李红的借用合同关系，李红与王强的买卖合同关系，王强与赵立的借款合同关系及质押合同关系，赵立与宝利典当行的承揽合同关系。分析上述法律关系的权利义务，王强为购买字画支付了合理价款并实际占有字画，因此字画所有权转移给了王强，张超失去对字画的所有权，只能得到李红的相应赔偿。

三、经济法律关系的产生、变更和终止

（一）经济法律关系产生、变更和终止的概念

经济法律关系的产生，是指由经济法律规范所确认、调整，在经济法主体之间形成的经济权利和经济义务关系。例如，企业依照《合同法》的规定签订买卖合同，签订合同双方就都享有一定的经济权利并承担一定的经济义务，从而使他们之间形成了买卖合同法律关系。

经济法律关系的变更，是指经济法律关系主体、客体和内容这三者中任一条件的变化所引起的有关主体之间的经济权利和经济义务的变化。

经济法律关系的终止，是指经济法律关系主体之间的权利和义务关系的消失。

（二）经济法律关系的产生、变更和终止的条件

经济法律关系的产生、变更和终止，都要有法律事实的存在。法律规范和法律主体只是法律关系产生的抽象的、一般的前提，并不能直接引起法律关系的变化；法律事实则是法律关系产生的具体条件，只有当法律规范规定的法律事实发生时，才会引起法律关系的产生、变更和终止。

（三）法律事实

法律事实，是指法律规范所规定的，能够引起法律关系产生、变更和终止的情况。它是引起法律关系产生、变更和终止的直接原因。根据法律事实与经济法主体的意志的关系，可将法律事实分为法律事件和法律行为两类。

1. 法律事件

法律事件，是指与当事人意志无关的客观事实，包括自然现象和社会现象引起的事实。自然现象引起的事实称为绝对事件，如自然灾害等；社会现象引起的事实又称相对事件，如战争导致合同无法履行等。

2. 法律行为

法律行为，是指人们有意识的活动，或者以人的主观意志为转移的客观事实，包括合法行为和违法行为两类。合法行为是符合法律、法规、政策规定，受到法律保护的行为，如经济管理行为、订立合同的行为、提供劳务的行为等。违法行为是法律明文规定禁止的行为，如滥用经济权利、偷税等。合法行为和违法行为都可能引起经济法律关系的产生、变更和终止。

第三节　经济法律责任

一、经济法律责任的概念

经济法律责任，即违反经济法的法律责任，是指由经济法律规范规定，在经济法主体违反法定义务时，必须承担的法律后果。

二、经济法律责任的种类

（一）民事责任

民事责任，是指公民、法人违反民事义务所应承担的法律责任。承担民事责任的主要形式有：停止侵害；排除妨碍；返还财产；恢复原状；修理、重作、更换；赔偿损失；支付违约金；消除影响；恢复名誉；赔礼道歉等。

（二）行政责任

行政责任，是指违反法律、法规规定的单位和个人所应承受的由国家行政机关或国家授权单位对其依行政程序所给予的制裁。行政责任包括行政处分和行政处罚。对违反法律规定的国家机关工作人员或被授权、委托的执法人员所实施的行政处分有警告、记过、记大过、降级、撤职、开除等。对违反经济法的责任人通常给予的是行政处罚，种类有：警告；罚款；没收违法所得，没收非法财物；责令停产停业；暂扣或吊销许可证，暂扣或吊销执照；行政拘留；法律、行政法规规定的其他行政处罚。

（三）刑事责任

刑事责任，是指触犯国家刑法的犯罪人所应承受的由国家审判机关给予的制裁，即刑罚。刑罚分为主刑和附加刑两类。主刑是对犯罪分子适用的主要刑罚方法，包括管制、拘役、有期徒刑、无期徒刑和死刑。附加刑是补充、辅助主刑适用的刑罚方法，包括罚金、剥夺政治权利、没收财产，对犯罪的外国人或无国籍人可以适用驱逐出境。附加刑可以附加主刑适用，也可以独立适用。

本章小结

本章重点介绍了经济法的概念、经济法体系、经济法律关系及经济法律责任等内容。

1. 经济法是调整国家在管理与协调经济运行过程中发生的经济关系的法律规范的总称，具体包括经济组织法、经济管理法和经济活动法。

2. 经济法律关系，是指经济法主体在国家干预与协调经济过程中形成的权利与义务关系，是法律关系的一种。

3. 经济法律关系由主体、内容和客体三个要素构成。经济法律关系的主体包括自然人、法人和国家。经济法律关系的内容，是指经济法主体依法享有的经济权利和承担的经济义务。经济法律关系的客体，是指经济法主体享有的权利和承担的义务所共同指向的对象，包括物、非物质财富和经济行为。

4. 法律事实，是指法律所规定的，能够引起法律关系产生、变更和终止的情况，它是引起法律关系产生、变更和终止的直接原因。违反经济法的法律责任种类包括民事责任、行政责任和刑事责任三种。

基础知识测评

1. 分析经济法体系的构成。
2. 经济法律关系的构成要素是什么？如何分析法律关系？
3. 什么是法律事实？法律行为和法律事件的区别是什么？

岗位能力测评

2017 年 4 月 21 日，信利商场与丰盛食品公司签订了一份购买苹果果脯 5 000 箱的合同，总价款为 50 万元人民币。双方约定，于 5 月 20 日之前卖方以代办托运公路、铁路联运方式将货物交付给买方。合同签订后，信利商场即积极筹备货款，银行同意向其提供贷款，但要求其提供担保。信利商场即以两部汽车向银行做了抵押，办理了抵押登记手续。但这两部汽车只值 20 万元，应信利商场的请求，伟达公司、百利公司及兴发公司共同为该笔贷款提供了担保，并没有约定各自的保证份额。信利商场于 4 月 28 日取得 50 万元贷款后，即将该款以电汇方式支付给了丰盛食品公司。

丰盛食品公司于 4 月 30 日收到 50 万元货款后，即抓紧组织货源，并于 5 月 8 日与汽车运输公司签订了运输合同，并将货物交汽车运输公司再转由铁路局快车发运。信利商场于 5 月 13 日收到第一批 3 500 箱果脯后，经过验收，发现果脯湿度较大，其他方面的质量还可以，遂告知丰盛食品公司，一是要求降价 20%，二是催告剩余的 1 500 箱果脯按时运到。丰盛食品公司收到电报后，立即告知信利商场，不同意降价，并说明

5 000 箱果脯已同时交汽车运输公司运送到信利商场的情况。

5 月 18 日，通过慢车发送给信利商场的 1 500 箱果脯，途中恰遇铁路塌方，5 月 31 日才运抵收货站。信利商场鉴于该 1 500 箱果脯迟延到达并全部发生霉变，拒绝收货。该 1 500 箱果脯全部毁损。

信利商场已收到的 3 500 箱果脯销售情况不好，大部分都积压在仓库中。除了向银行偿还 10 万元贷款外，其余部分一直拖延未还。

根据上述资料，分析回答下列问题：

1. 试分析本案中发生的法律关系。
2. 运输迟延造成货物毁损的法律关系双方当事人是谁？如何承担违约责任？
3. 买卖合同的双方当事人是谁？交付货物不符合合同约定的违约责任如何承担？

第二章
个人独资企业和合伙企业法律制度

岗位要求

知识目标

- 了解个人独资企业和合伙企业的设立程序、事务管理及解散清算
- 理解个人独资企业的概念、特征，合伙企业的类型
- 掌握普通合伙企业的财产构成、事务执行、入伙退伙、债务清偿，以及普通合伙人与有限合伙人的不同之处

能力目标

- 能根据企业名称判断企业类型
- 能根据不同的企业类型判断投资人的经营风险，并会采取措施规避投资与经营风险
- 会起草合伙协议
- 会处理合伙企业债务清偿问题，并会确定各合伙人之间的责任分担

关键词

- 非法人　无限连带责任　工作室　善意第三人　普通合伙人　有限合伙人　共有　劳务出资　入伙　退伙

导入案例

2015年元旦，甲、乙、丙共同设立一普通合伙企业。合伙协议约定：甲以现金人民币5万元出资，乙以房屋作价人民币8万元出资，丙以劳务作价人民币4万元出资；各合伙人按相同比例分配盈利，分担亏损。合伙企业成立后，为扩大经营，于2015年6月向银行贷款人民币5万元，期限为1年。2015年8月，甲提出退伙，鉴于当时合伙企业盈利，乙、丙表示同意。同月，甲办理了退伙结算手续。2015年9月，丁入伙，并与乙、丙约定："丁对合伙企业之前的债务不承担责任。"丁入伙后，因经营环境变化，企业严重亏损。2016年5月，乙、丙、丁决定解散合伙企业，并将合伙企业现有财产价值人民币3万元予以分割，但对未到期的银行贷款未予清偿。2016年6月，银行贷款到期后，银行找合伙企业清偿债务，发现该企业已经解散，遂向甲要求偿还全部贷款，甲称自己早已退伙，不负责清偿债务。银行向乙要求偿还全部贷款，乙表示按照合伙协议的约定比例清偿相应数额。银行向丙要求偿还全部贷款，丙则表示自己是以劳务出资的，不承担偿还贷款义务。银行向丁要求偿还全部贷款，丁称该笔贷款是在自己入伙前发生的，不负责清偿。

【讨论分析】

1．甲、乙、丙、丁各自的主张能否成立？为什么？

2．合伙企业所欠银行贷款应如何清偿？

3．在银行贷款清偿后，甲、乙、丙、丁内部之间应如何分担清偿责任？

第一节　个人独资企业法律制度

一、个人独资企业法律制度概述

（一）个人独资企业的概念和特征

1. 个人独资企业的概念

个人独资企业，是指在中国境内设立，由一个自然人投资，财产为投资人个人所有，投资人以其个人财产对企业债务承担无限责任的经营实体。

2. 个人独资企业的法律特征

（1）投资者为一个自然人。根据《个人独资企业法》的规定，设立个人独资企业只能是一个自然人，国家机关、国家授权投资的机构或国家授权的部门、企业、事业单位等都不能作为个人独资企业的设立人。上述自然人仅指中国公民。

（2）个人独资企业的财产为投资人个人所有。投资人对个人独资企业的财产依法享有所有权，个人独资企业自身不是一个独立的财产权主体。由于"独资"，投资人对个人独资企业具有完全的控制权，而且法律没有强制规定企业所有权与企业经营权分离的机制，投资人可以视企业情况自主选择经营管理方式。因此，个人独资企业的内部机构设置简单，经营管理方式灵活。个人独资企业的投资人既可以是企业的所有者，又可以是企业的经营者。

（3）个人独资企业的投资人对企业债务承担无限责任。投资人对企业的债务承担无限责任，即当企业的资产不足以清偿到期债务时，投资人应以自己个人的全部财产用于清偿，这实际上将企业的责任与投资人的责任连为一体。因此，个人独资企业债权人债权的实现在很大程度上依赖于投资人的信用和偿债能力。

（4）个人独资企业是非法人企业。个人独资企业由一个自然人出资，投资人对企业债务承担无限责任。在权利义务上，企业和个人是融为一体的，企业的责任即投资人个人的责任，企业的财产即投资人个人的财产。个人独资企业虽不具有法人资格，但却是独立的民事主体，可以以自己的名义从事民事活动。

（二）个人独资企业法的概念和基本原则

个人独资企业·试题

1. 个人独资企业法的概念

个人独资企业法有广义和狭义之分。广义的个人独资企业法，是指国家关于个人独资企业的各种法律规范的总称，包括所有规范个人独资企业的宪法规范、民法规范、经济法规范、行政法规范等。狭义的个人独资企业法，是指 1999 年 8 月 30 日第九届全国人民代表大会常务委员会第十一次会议通过，自 2000 年 1 月 1 日起施行的《中华人民共和国个人独资企业法》（以下简称《个人独资企业法》）。《个人独资企业法》共六章四十八条，主要规定了个人独资企业的含义、立法目的、个人独资企业的设立、个人独资企业的投资人及事务管理、个人独资企业的解散和清算以及法律责任等内容，对规范个人独资企业的行为，保护投资人和债权人的合法权益，维护社会经济秩序，促进社会主义市场经济的发展，具有十分重要的意义。

2. 个人独资企业法的基本原则

《个人独资企业法》规定了下列基本原则：①个人独资企业从事经营活动必须遵守法律、行政法规，遵守诚实信用原则，不得损害社会公共利益。②个人独资企业应当依法履行纳税义务。③国家依法保护个人独资企业的财产和其他合法权益。④个人独资企业应当依法招用职工。⑤个人独资企业职工的合法权益受法律保护。

二、个人独资企业的设立

（一）个人独资企业的设立条件

1. 投资人为具有中国国籍的自然人

根据《个人独资企业法》的规定，个人独资企业的投资人为具有中国国籍的自然人，但法律、行政法规规定，禁止从事营利性活动的人，不得作为投资人投资设立个人独资企业。

2. 有合法的企业名称

个人独资企业的名称应当符合国家关于企业名称登记管理的有关规定，要与自身的责任形式、性质、经营范围相一致，可以叫厂、店、部、中心、工作室等，个人独资企业名称中不得使用“有限”“有限责任”和“公司”等字样。

3. 有投资人申报的出资

《个人独资企业法》对设立个人独资企业的出资数额未做限制。设立个人独资企业，投资人可以用货币出资，也可以用实物、土地使用权、知识产权或其他财产权利出资。采取实物、土地使用权、知识产权或其他财产权利出资的，应将其折算成货币数额。投资人申报的出资额应当与企业的生产经营规模相适应。投资人可以个人财产出资，也可以家庭共有财产作为个人出资。以家庭共有财产作为个人出资的，投资人应当在设立登记申请书上予以注明。

4. 有固定的生产经营场所和必要的生产经营条件

生产经营场所包括企业的住所和与生产经营相适应的处所，住所是企业的主要办事机构所在地。从事临时经营、季节性经营、流动经营等的企业不得登记为个人独资企业。

5. 有必要的从业人员

所有生产经营活动都需要人去完成，所以，成立个人独资企业要有与其生产经营范围、规模相适应的从业人员。

（二）个人独资企业的设立程序

1. 提出设立申请

个人独资企业的设立申请，可以由投资人自己提出，也可以由投资人委托代理人代为提出。委托代理人申请设立登记时，应当出具投资人的委托书和代理人的合法证明。个人独资企业所在地的工商行政管理机关为受理申请的登记机关。

申请人应当向登记机关提交设立申请书、投资人身份证明、生产经营场所使用证明等文件。设立申请书应当载明：①企业的名称和住所；②投资人的姓名和居所；③投资人的出资额和出资方式；④经营范围。

个人独资企业不得从事法律、行政法规禁止经营的业务，如军工、金融业等。从事法律、行政法规规定须报经有关部门审批业务的，申请设立登记时应当提交有关部门的批准文件。

2. 设立登记

登记机关应当在收到设立申请文件之日起十五日内，对符合法律规定条件的企业，予以登记，发给营业执照。个人独资企业的营业执照的签发日期，为个人独资企业成立日期。在领取个人独资企业营业执照前，投资人不得以个人独资企业名义从事经营活动。

个人独资企业设立分支机构，应当由投资人或其委托的代理人向分支机构所在地的工商行政管理机关申请登记，领取营业执照。分支机构经核准登记后，应将登记情况报该分支机构隶属的个人独资企业的登记机关备案。分支机构的民事责任由设立该分支机构的个人独资企业承担。个人独资企业存续期间登记事项发生变更的，应当在做出变更决定之日起十五日内依法向登记机关申请办理变更登记。

三、个人独资企业的投资人及事务管理

（一）个人独资企业的投资人

根据《个人独资企业法》的规定，个人独资企业的投资人为具有中国国籍的自然人，但法律、行政法规禁止从事营利性活动的人，不得作为投资人申请设立个人独资企业。根据我国有关法律、行政法规规定，国家公务员、党政机关领导干部、警官、法官、检察官、商业银行工作人员等，不得作为投资人申请设立个人独资企业。

投资人对个人独资企业的财产依法享有所有权，其有关权利可以依法进行转让和继承。个人独资企业的财产归投资人所有，投资人对企业的财产依法享有处分权，可以依法转让其对企业的有关权利。在个人独资企业的投资人死亡时，其继承人可以依法对个人独资企业行使继承权。

个人独资企业是投资人以其个人财产对企业债务承担无限责任的经营实体，因此，个人独资企业财产不足以清偿债务的，投资人应当以其个人的其他财产予以清偿。如果个人独资企业投资人在申请企业设立登记时明确以其家庭共有财产作为个人出资的，应当依法以家庭共有财产对企业债务承担无限责任。

（二）个人独资企业的事务管理

个人独资企业事务管理·试题

个人独资企业投资人可以自行管理企业事务，也可以委托或聘用其他具有完全民事行为能力的人负责企业的事务管理。投资人委托或聘用他人管理个人独资企业事务的，应当与受托人或被聘用人签订书面合同，明确委托的具体内容和授予的权利范围、受托人或被聘用人的义务等事项。受托人或被聘用人应当履行诚信、勤勉义务，按照与投资人签订的合同负责个人独资企业的事务管理。

投资人对受托人或被聘用人职权的限制，不得对抗善意第三人。所谓第三人，是指受托人或被聘用人以外与企业发生经济业务关系的人；所谓善意第三人，是指在有关经济业务事项交往中，没有与受托人或被聘用人串通，故意损害投资人利益的第三人。个人独资企业的投资人与受托人或被聘用人之间有关权利义务的限制只对受托人或者被聘用人有效，对善意第三人并无约束力，受托人或被聘用人超出投资人的限制与善意第三人的有关业务交往应当有效。

《个人独资企业法》规定，投资人委托或者聘用的管理个人独资企业事务的人员不得有下列行为：①利用职务上的便利，索取或收受贿赂；②利用职务或者工作上的便利侵占企业财产；③挪用企业的资金归个人使用或借贷给他人；④擅自将企业资金以个人

名义或以他人名义开立账户储存；⑤擅自以企业财产提供担保；⑥未经投资人同意，从事与本企业相竞争的业务；⑦未经投资人同意，同本企业订立合同或进行交易；⑧未经投资人同意，擅自将企业商标或其他知识产权转让给他人使用；⑨泄露本企业的商业秘密；⑩法律、行政法规禁止的其他行为。

四、个人独资企业的解散和清算

（一）个人独资企业的解散

根据《个人独资企业法》的规定，个人独资企业有下列情形之一时，应当解散：

（1）投资人决定解散；

（2）投资人死亡或被宣告死亡，无继承人或继承人决定放弃继承；

（3）被依法吊销营业执照；

（4）法律、行政法规规定的其他情形。

（二）个人独资企业的清算

个人独资企业解散时，应当进行清算。《个人独资企业法》对个人独资企业清算做了以下规定。

1. 通知和公告债权人

个人独资企业解散，由投资人自行清算或由债权人申请人民法院指定清算人清算。投资人自行清算的，应当在清算前十五日内书面通知债权人，无法通知的，应当予以公告。债权人应当在接到通知之日起三十日内，未接到通知的应当在公告之日起六十日内，向投资人申报其债权。

2. 财产清偿顺序

解散 · 试题 1

个人独资企业解散的，财产应当按下列顺序清偿：

（1）所欠职工工资和社会保险费用；

（2）所欠税款；

（3）其他债务。

解散 · 试题 2

清算期间，个人独资企业不得开展与清算目的无关的经营活动。在清偿债务前，投资人不得转移、隐匿财产。个人独资企业财产不足以清偿债务的，投资人应当以其个人的其他财产予以清偿。

个人独资企业解散后，原投资人对个人独资企业存续期间的债务应承担偿还责任，但债权人在五年内未向债务人提出偿债请求的，该责任消灭。

3. 注销登记

个人独资企业清算结束后，投资人或人民法院指定的清算人应当编制清算报告，并于十五日内到登记机关办理注销登记。

第二节　合伙企业法律制度

一、合伙企业法律制度概述

（一）合伙企业的概念和分类

1. 合伙企业的概念

合伙企业，是指自然人、法人和其他组织依照《中华人民共和国合伙企业法》（以下简称《合伙企业法》）在中国境内设立的，由两个或两个以上的合伙人订立合伙协议，约定共同出资、共同经营、共享收益、共担风险的营利性组织。

2. 合伙企业的分类

合伙企业的分类

根据《合伙企业法》的规定，合伙企业分为普通合伙企业和有限合伙企业。普通合伙企业由普通合伙人组成，合伙人对合伙企业债务承担无限连带责任。《合伙企业法》对普通合伙人承担责任的形式有特别规定的，从其规定。有限合伙企业由普通合伙人和有限合伙人组成，普通合伙人对合伙企业债务承担无限连带责任，有限合伙人以其认缴的出资额为限对合伙企业债务承担责任。

（二）合伙企业法的概念和基本原则

1. 合伙企业法的概念

合伙企业法有广义和狭义之分。狭义的合伙企业法，是指由国家最高立法机关制定的、规范合伙企业合伙关系的专门法律，即《合伙企业法》。该法由中华人民共和国第十届全国人民代表大会常务委员会第二十三次会议于2006年8月27日修订通过，自2007年6月1日起施行。广义的合伙企业法，是指国家立法机关或其他权力机关依法制定的、调整合伙企业合伙关系的各种法律规范的总称。由此，除了《合伙企业法》以外，国家有关法律、行政法规和规章中关于合伙企业的法律规范，都属于合伙企业法的范畴。

根据《合伙企业法》，在理解和掌握我国《合伙企业法》的适用范围时，需要注意以下两个问题。

第一，采取合伙制的非企业专业服务机构的合伙人承担责任形式的法律适用问题。《合伙企业法》规定，非企业专业服务机构依据有关法律采取合伙制的，其合伙人承担责任的形式可以适用《合伙企业法》关于特殊的普通合伙企业合伙人承担责任的规定。非企业专业服务机构，是指不采取企业（如公司制）形式成立的、以自己的专业知识提供特定咨询等方面服务的组织，如律师事务所、会计师事务所等专业服务机构。

第二，外国企业或者个人在中国境内设立合伙企业的管理问题。《合伙企业法》规定，外国企业或者个人在中国境内设立合伙企业的管理办法由国务院规定。外国企业，是指依照外国法律在中国境外设立的企业。外国个人即外国自然人，是指不具有中华人民共和国国籍的人。《合伙企业法》没有禁止外国企业或者个人在中国境内设立合伙企业，但具体的诸如一些程序性的问题，需要由国务院做出具体的规定。

2. 合伙企业法的基本原则

《合伙企业法》规定了下列基本原则：①协商原则；②自愿、平等、公平、诚实信用原则；③守法原则；④合法权益受法律保护原则；⑤依法纳税原则。

二、普通合伙企业

（一）普通合伙企业的概念和特点

普通合伙企业，是指由普通合伙人组成，合伙人对合伙企业的债务依照《合伙企业法》规定承担无限连带责任的一种合伙企业。普通合伙企业具有以下特点。

1. 由普通合伙人组成

普通合伙人，是指在合伙企业中对合伙企业的债务依法承担无限连带责任的自然人、法人和其他组织。《合伙企业法》规定，国有独资公司、国有企业、上市公司及公益性的事业单位、社会团体不得成为普通合伙人。

2. 合伙人对合伙企业债务依法承担无限连带责任，法律另有规定的除外

无限连带责任包括两个方面：一是连带责任，即所有的合伙人对合伙企业的债务都有责任向债权人偿还，不管自己在合伙协议中所确定的承担比例如何；但是，当某一合伙人偿还合伙企业的债务超过自己所应承担的数额时，有权向其他合伙人追偿。二是无限责任，即所有的合伙人不仅以自己投入合伙企业的资金和合伙企业的其他资金对债权人承担清偿责任，而且在不够清偿时还要以合伙人自己所有的财产对债权人承担清偿责任。

导入案例中，合伙人乙的说法不能成立。根据《合伙企业法》的规定，普通合伙人对企业债务承担无限连带责任。作为普通合伙人，乙不仅以自己投入合伙企业的资金对银行承担清偿责任，而且在不够清偿时还要以自己所有的财产对银行承担清偿责任。

重点提示

（二）合伙企业的设立

1. 设立条件

（1）有两个以上合伙人。合伙企业至少有两个以上合伙人，合伙企业人数没有上限。合伙人可以是自然人、法人或其他组织。合伙人为自然人的，应具有完全民事行为能力。

（2）有书面合伙协议。合伙协议，是指由各合伙人通过协商，共同决定相互间的权利义务，达成的具有法律约束力的协议。合伙协议由全体合伙人协商一致，以书面形式订立，经全体合伙人签名、盖章后生效。合伙协议应载明以下事项：

①合伙企业的名称和主要经营场所的地点；

②合伙目的和合伙企业的经营范围；

③合伙人的姓名及其住所；

④合伙人出资的方式、数额和缴付出资的期限；

合伙企业法·试题

⑤利润分配和亏损分担办法；

⑥合伙企业事务的执行；

⑦入伙与退伙；

⑧合伙企业的解散与清算；

⑨违约责任。

(3)有合伙人认缴或实际缴付的出资。各合伙人应当按照合伙协议的约定缴纳出资。合伙人可以用货币、实物、土地使用权、知识产权或其他财产权利出资；经全体合伙人协商一致，合伙人也可以用劳务出资，其评估办法由全体合伙人协商确定。

重点提示

导入案例中，合伙人丙的说法不能成立。根据《合伙企业法》的规定，经合伙人协商一致，普通合伙人可以以劳务出资。丙在合伙企业中以劳务出资，是合伙企业的普通合伙人，应当对企业债务承担无限连带责任。

(4)有合伙企业的名称。普通合伙企业应当在其名称中标明“普通合伙”字样，不得使用“有限”或“有限责任”字样。

(5)有经营场所和从事合伙经营的必要条件。

2. 设立程序

(1)申请人向企业登记机关提交相关文件。设立合伙企业，应当向工商行政管理部门提交登记申请书、合伙协议书、合伙人身份证明等文件。

(2)企业登记机关核发营业执照。合伙企业的营业执照签发日期，为合伙企业成立日期。合伙企业领取营业执照前，合伙人不得以合伙企业名义从事经营活动。合伙企业设立分支机构，应当向分支机构所在地的企业登记机关申请登记，领取营业执照。

(三)合伙企业财产

1. 合伙企业财产的构成

根据《合伙企业法》的规定，合伙人的出资、以合伙企业名义取得的收益和依法取得的其他财产，均为合伙企业的财产。

2. 合伙企业财产的性质

合伙企业财产的性质

合伙企业的财产归合伙企业所有，而不是单独地归每个合伙人所有。合伙企业财产由全体合伙人共同管理和使用。对合伙企业财产的占有、使用、收益和处分，均应依据全体合伙人的共同意志进行。

《合伙企业法》规定，合伙企业进行清算前，合伙人不得请求分割合伙企业的财产，但合伙企业法另有规定的除外。合伙人在合伙企业清算前私自转移或处分合伙企业财产的，合伙企业不得以此对抗善意第三人，合伙企业因此受到的损失只能向为处分行为的合伙人追索。

3. 合伙人财产份额的转让

合伙人财产份额的转让，是指合伙企业的合伙人向他人转让其在合伙企业中的全部或部分财产份额的行为。由于合伙人财产份额的转让将会影响合伙企业以及各合伙人的切身利益，因此，对合伙人财产份额的转让做了以下限制性规定。

（1）除合伙协议另有约定外，合伙人向合伙人以外的人转让其在合伙企业中的全部或者部分财产份额时，须经其他合伙人一致同意。这一规定适用于合伙人财产份额的外部转让。

（2）合伙人之间转让在合伙企业中的全部或部分财产份额时，应当通知其他合伙人。这一规定适用于合伙人财产份额的内部转让。

（3）合伙人向合伙人以外的人转让其在合伙企业中的财产份额的，在同等条件下，其他合伙人有优先购买权；但是合伙协议另有约定的除外。

（四）合伙事务执行

1. 合伙事务执行的形式

根据《合伙企业法》的规定，合伙人执行合伙企业事务，可以有以下两种形式。

（1）全体合伙人共同执行合伙事务。这是合伙事务执行的基本形式，也是在合伙企业中经常使用的一种形式。在采取这种形式的合伙企业中，按照合伙协议的约定，各个合伙人都直接参与经营，处理合伙企业的事务，对外代表合伙企业。

（2）委托一个或数个合伙人执行合伙事务。按照合伙协议的约定或者经全体合伙人决定，可以委托一个或数个合伙人对外代表合伙企业，执行合伙事务，其他合伙人不再执行合伙事务。合伙人可以将合伙事务委托一个或数个合伙人执行，但并非所有的合伙事务都可以委托给部分合伙人决定。根据《合伙企业法》的规定，除合伙协议另有约定外，合伙企业的下列事项应当经全体合伙人一致同意：

①改变合伙企业的名称；

②改变合伙企业的经营范围、主要经营场所的地点；

③处分合伙企业的不动产；

④转让或处分合伙企业的知识产权和其他财产权利；

⑤以合伙企业名义为他人提供担保；

⑥聘任合伙人以外的人担任合伙企业的经营管理人员。

合伙事务执行的形式

知识窗

《合伙企业法》规定，合伙企业对合伙人执行合伙事务以及对外代表合伙企业权利的限制，不得对抗善意第三人。

2. 合伙人在执行合伙事务中的权利和义务

合伙企业事务执行·试题

（1）合伙人在执行合伙事务中的权利。无论出资多少，合伙人对执行合伙事务享有同等权利。执行合伙事务的合伙人对外代表合伙企业，不执行合伙事务的合伙人享有监督权利。同时，合伙人还享有查阅企业会计账簿等财务资料的权利。合伙人分别执行合伙事务的，合伙人可以对其他合伙人执行的事务提出异议；受委托执行合伙事务的合伙人不按照合伙协议或全体合伙人的决定执行事务的，其他合伙人可以撤销委托。

（2）合伙人在执行合伙事务中的义务。合伙事务执行人应向不参加执行事务的合伙人报告企业经营状况和财务状况。合伙人不得自营或同他人合作经营与本合伙企业相竞争的业务。除合伙协议另有约定或经全体合伙人一致同意外，合伙人不得同本企业进行交易。合伙人在执行合伙事务过程中，不得从事损害本合伙企业利益的活动。

3. 合伙事务执行的决议办法

《合伙企业法》规定，合伙人对合伙企业有关事项做出决议，按照合伙协议约定的表决办法办理。合伙协议未约定或约定不明确的，实行合伙人一人一票并经全体合伙人过半数通过的表决办法。

4. 合伙企业的损益分配

合伙企业·试题

《合伙企业法》对合伙损益分配做了原则性规定，主要内容为：

（1）合伙企业的利润分配、亏损分担，按照合伙协议的约定办理；合伙协议未约定或约定不明确的，由合伙人协商确定；协商不成的，由合伙人按照实缴出资比例分配、分担；无法确定出资比例的，由合伙人平均分配、分担。

（2）合伙协议不得约定将全部利润分配给部分合伙人或由部分合伙人承担全部亏损。

（五）合伙企业和合伙人的债务清偿

1. 合伙企业债务的清偿

重点提示

（1）合伙企业财产优先清偿。合伙企业对其债务，应先以其全部财产进行清偿。合伙企业有自己的财产时，债权人应首先从合伙企业的全部财产中求偿，而不应向合伙人个人直接请求债权。

（2）合伙人的无限连带清偿责任。合伙企业不能清偿到期债务的，合伙人承担无限连带责任。

（3）合伙人之间的债务分担和追偿。合伙人由于承担无限连带责任，清偿数额超过规定的其亏损分担比例的，有权向其他合伙人追偿。《合伙企业法》规定，合伙企业的亏损分担，按照合伙协议的约定办理；合伙协议未约定或约定不明确的，由合伙人协商确定；协商不成的，由合伙人按照实缴出资比例分担；无法确定出资比例的，由合伙人平均分担。

重点提示

导入案例中，对银行贷款应当首先以合伙企业财产进行清偿，不足清偿的部分，由甲、乙、丙、丁承担无限连带责任。如果合伙人清偿数额超过规定的其亏损分担比例的，有权向其他合伙人追偿。合伙企业内部分担比例依合伙协议约定办理，合伙协议约定各合伙人按相同比例分配利润、分担亏损。甲办理了退伙手续，不再分担；丁约定对之前的债务不承担责任，也不再分担；由乙、丙按相同比例分担，即合伙企业剩余财产 3 万元清偿银行贷款，不足的部分由乙、丙各清偿 1 万元。

2. 合伙人个人债务的清偿

由于合伙人在合伙企业中拥有财产权利，当发生合伙人个人债务无法清偿的情况时，债权人有可能向合伙企业提出清偿请求。为了保护合伙企业和其他合伙人的合法权益，同时也为了保护债权人的合法权益，《合伙企业法》规定，合伙人个人债务的债权人不得以该债权抵销其对合伙企业的债务，也不得代位行使该合伙人在合伙企业中的权利。合伙人的自有财产不足清偿其个人债务的，该合伙人可以将其从合伙企业中分取的收益用于清偿，债权人也可依法请求人民法院强制执行该合伙人在合伙企业中的财产份额用于清偿。

（六）入伙与退伙

1. 入伙

入伙，是指在合伙企业存续期间，合伙人以外的第三人加入合伙，从而取得合伙人资格的法律行为。《合伙企业法》规定，新合伙人入伙时，除合伙协议另有约定外，应当经全体合伙人一致同意，并依法订立书面入伙协议。订立入伙协议时，原合伙人应当向新合伙人如实告知原合伙企业的经营状况和财务状况。新合伙人与原合伙人享有同等权利，承担同等责任。《合伙企业法》规定，新合伙人对入伙前合伙企业的债务承担无限连带责任。

重点提示

导入案例中，合伙人丁的说法不能成立。根据《合伙企业法》规定，新合伙人对入伙前合伙企业的债务承担无限连带责任。丁入伙时签订的合伙协议，不能对抗债权人，丁应当对银行贷款承担无限连带责任。

2. 退伙

退伙，是指在合伙企业存续期间，合伙人退出合伙企业，从而丧失合伙人资格的法律行为。

（1）退伙的原因。依发生原因的不同，可将退伙分为三类：自愿退伙、当然退伙和除名退伙。

自愿退伙，是指合伙人基于自愿的意思表示而退伙。合伙协议约定合伙企业的经营期限的，合伙人有下列情形之一时，可以自愿退伙：①合伙协议约定的退伙事由出现；

②经全体合伙人一致同意；③发生合伙人难于继续参加合伙企业的事由；④其他合伙人严重违反合伙协议约定的义务。合伙协议未约定合伙企业的经营期限的，合伙人在不给合伙企业事务执行造成不利影响的情况下，可以退伙，但应当提前三十日通知其他合伙人。

当然退伙，是指合伙人因法律明确规定的事由而退伙。《合伙企业法》规定，合伙人有下列情形之一的，当然退伙：①作为合伙人的自然人死亡或被依法宣告死亡；②个人丧失偿债能力；③作为合伙人的法人或其他组织依法被吊销营业执照、责令关闭、撤销，或者被宣告破产；④被人民法院强制执行在合伙企业中的全部财产份额；⑤法律规定或者合伙协议约定合伙人必须具有相关资格而丧失该资格。此外，合伙人被依法认定为无民事行为能力人或限制民事行为能力人的，经其他合伙人一致同意，可以依法转为有限合伙人；其他合伙人未能一致同意的，该无民事行为能力或限制民事行为能力的合伙人退伙。以上事由实际发生之日为退伙生效日。

除名退伙，是指将符合法律规定的除名条件的合伙人强制清除出合伙企业而发生的退伙。《合伙企业法》规定，合伙人有下列情形之一的，经其他合伙人一致同意，可以决议将其除名：①合伙人未履行出资义务；②因故意或重大过失给合伙企业造成损失；③执行合伙事务时有不正当行为；④合伙协议约定的其他事由。对合伙人除名应做出决议并书面通知被除名人。被除名人接到除名通知之日，除名生效，被除名人退伙。被除名人对除名决议有异议的，可以自接到除名通知之日起三十日内，向人民法院起诉。

（2）退伙的效果。合伙人死亡或被依法宣告死亡的，对该合伙人在合伙企业中的财产份额享有合法继承权的继承人，依照合伙协议的约定或经全体合伙人同意，从继承开始之日起，即取得该合伙企业的合伙人资格。合法继承人不愿意成为合伙企业的合伙人的，合伙企业应退还其依法继承的财产份额。

合伙人退伙的，其他合伙人应当与该退伙人按照退伙时的合伙企业的财产状况进行结算，退还退伙人的财产份额。退伙时有未了结的合伙企业事务的，待了结后进行结算。退还办法，由合伙协议约定或由全体合伙人决定，可以退还货币，也可以退还实物。合伙人退伙时，合伙企业财产少于合伙企业债务的，退伙人应当按照规定分担亏损。《合伙企业法》规定，退伙人对退伙前已经发生的合伙企业债务，承担无限连带责任。

重点提示

导入案例中，合伙人甲的说法不能成立。根据《合伙企业法》的规定，退伙人对退伙前已经发生的合伙企业债务，承担无限连带责任。银行贷款产生于甲合伙期间，甲应当对此债务仍然承担无限连带责任。

（七）特殊的普通合伙企业

1. 特殊的普通合伙企业的概念

特殊的普通合伙企业，是指以专业知识和专门技能为客户提供有偿服务的专业服务机构。特殊的普通合伙企业名称中应当注明“特殊普通合伙”字样。

2. 特殊普通合伙企业的责任形式

《合伙企业法》规定，一个或数个合伙人在执业活动中因故意或重大过失造成合伙企业债务的，应当承担无限责任或无限连带责任，其他合伙人以其在合伙企业中的财产份额为限承担责任。合伙人在执业活动中非因故意或重大过失造成的合伙企业债务以及合伙企业的其他债务，由全体合伙人承担无限连带责任。

三、有限合伙企业

（一）有限合伙企业的概念和法律适用

1. 有限合伙企业的概念

有限合伙企业，是指由有限合伙人和普通合伙人共同组成，普通合伙人对合伙企业债务承担无限连带责任，有限合伙人以其认缴的出资额为限对合伙企业债务承担责任的合伙组织。有限合伙企业引入有限责任制度，有利于调动各方的投资热情，实现投资者与创业者的最佳结合。

2. 有限合伙企业的法律适用

普通合伙企业与有限合伙企业，两者之间最大的差别在于合伙企业的内部构造。有限合伙企业的成员被划分为两部分，即有限合伙人与普通合伙人。在法律适用上，凡是《合伙企业法》中对有限合伙企业有特殊规定的，应当适用有关特殊规定；无特殊规定的，适用有关普通合伙企业及其合伙人的一般法律规定。

（二）有限合伙企业的特殊规定

有限合伙企业的特殊规定

1. 有限合伙企业设立的特殊规定

（1）有限合伙企业人数。《合伙企业法》规定，除法律另有规定外，有限合伙企业由二个以上五十个以下合伙人设立。有限合伙企业由普通合伙人和有限合伙人组成，至少应当有一个普通合伙人。按照规定，自然人、法人和其他组织可以依照法律规定设立有限合伙企业，但国有独资公司、国有企业、上市公司及公益性的事业单位、社会团体不得成为有限合伙企业的普通合伙人。有限合伙企业仅剩有限合伙人的，应当解散；有限合伙企业仅剩普通合伙人的，应当转为普通合伙企业。

（2）有限合伙企业协议。有限合伙企业协议除符合普通合伙企业合伙协议的规定外，还应当载明下列事项：①普通合伙人和有限合伙人的姓名或名称、住所；②执行事务合伙人应具备的条件和选择程序；③执行事务合伙人权限与违约处理办法；④执行事务合伙人的除名条件和更换程序；⑤有限合伙人入伙、退伙的条件、程序及相关责任；⑥有限合伙人和普通合伙人相互转变程序。

（3）有合伙企业名称。《合伙企业法》规定，有限合伙企业应当在其名称中标明“有限合伙”字样，不能标明“普通合伙”“特殊普通合伙”“有限责任公司”等字样。

（4）有限合伙人的出资形式。有限合伙人可以用货币、实物、知识产权、土地使用权或其他财产权利作价出资。有限合伙人不得以劳务出资。如果普通合伙人用劳务出资，有限合伙人也用劳务出资，将来该有限合伙企业将难以承担债务责任，这将不利于保护债权人的利益。

（5）有限合伙企业登记事项。有限合伙企业登记事项中应当载明有限合伙人的姓名或名称及认缴的出资数额。

2. 有限合伙企业事务执行的特殊规定

（1）有限合伙企业事务执行人。有限合伙企业由普通合伙人执行合伙事务。执行事务合伙人可以要求在合伙协议中确定执行事务的报酬及报酬提取方式。有限合伙人不执行合伙事务，不得对外代表有限合伙企业。有限合伙人的下列行为，不视为执行合伙事务：①参与决定普通合伙人入伙、退伙；②对企业的经营管理提出建议；③参与选择承办有限合伙企业审计业务的会计师事务所；④获取经审计的有限合伙企业财务会计报告；⑤对涉及自身利益的情况，查阅有限合伙企业财务会计账簿等财务资料；⑥在有限合伙企业中的利益受到侵害时，向有责任的合伙人主张权利或提起诉讼；⑦执行事务合伙人怠于行使权利时，督促其行使权利或者为了本企业的利益以自己的名义提起诉讼；⑧依法为本企业提供担保。

知识窗

根据《合伙企业法》的规定，第三人有理由相信有限合伙人为普通合伙人并与其交易的，该有限合伙人对该笔交易承担与普通合伙人同样的责任。有限合伙人未经授权以有限合伙企业名义与他人进行交易，给有限合伙企业或其他合伙人造成损失的，该有限合伙人应当承担赔偿责任。

（2）有限合伙企业利润分配。《合伙企业法》的规定，有限合伙企业不得将全部利润分配给部分合伙人，但合伙协议另有约定的除外。

（3）有限合伙人权利。《合伙企业法》的规定，有限合伙人可以同本有限合伙企业进行交易，同时，有限合伙人可以自营或同他人合作经营与本有限合伙企业相竞争的业务，但合伙协议另有约定的除外。

3. 有限合伙企业财产出质与转让的特殊规定

（1）有限合伙人财产份额出质。有限合伙人可以将其在有限合伙企业中的财产份额出质，但是合伙协议另有规定的除外。

（2）有限合伙人财产份额转让。有限合伙人可以按照合伙协议的约定向合伙人以外的人转让其在合伙企业中的财产份额，但应当提前三十日通知其他合伙人。有限合伙人对外转让其在有限合伙企业的财产份额时，有限合伙企业的其他合伙人有优先购买权。

4. 有限合伙人债务清偿的特殊规定

《合伙企业法》规定，有限合伙人的自有财产不足清偿其与合伙企业无关的债务的，该合伙人可以以其从有限合伙企业中分取的收益用于清偿；债权人也可以依法请求人民法院强制执行该合伙人在有限合伙企业中的财产份额用于清偿。人民法院在强制执行有限合伙人的财产份额时，应当通知全体合伙人。同等条件下，其他合伙人有优先购买权。

5. 有限合伙企业入伙和退伙的特殊规定

（1）入伙。《合伙企业法》规定，新入伙的有限合伙人对入伙前有限合伙企业的债务，以其认缴的出资额为限承担责任。

（2）退伙。《合伙企业法》规定，有限合伙人出现下列情形时当然退伙：①作为有限合伙人的自然人死亡或被依法宣告死亡；②作为有限合伙人的法人及其他组织依法被吊销营业执照、责令关闭、撤销，或者被宣告破产；③法律规定或者合伙协议约定合伙人必须具有相关资格而丧失该资格；④合伙人在合伙企业中的全部财产份额被人民法院强制执行。另外，作为有限合伙人的自然人在有限合伙企业存续期间丧失民事行为能力的，其他合伙人不得因此要求其退伙；作为有限合伙人的自然人死亡或被依法宣告死亡或者作为有限合伙人的法人及其他组织终止时，其继承人或权利承受人可以依法取得该有限合伙人在有限合伙企业中的资格。

知识窗

有限合伙人退伙后，对于基于其退伙前的原因发生的有限合伙企业债务，以其退伙时从有限合伙企业中取回的财产承担责任。

6. 有限合伙企业合伙人性质转变的特殊规定

《合伙企业法》规定，除合伙协议另有约定外，普通合伙人转变为有限合伙人，或者有限合伙人转变为普通合伙人，应当经全体合伙人一致同意。有限合伙人转变为普通合伙人的，对其作为有限合伙人期间有限合伙企业发生的债务承担无限连带责任。普通合伙人转变为有限合伙人的，对其作为普通合伙人期间合伙企业发生的债务承担无限连带责任。

四、合伙企业的解散与清算

1. 合伙企业的解散

有下列情形之一的，合伙企业应当解散：①合伙协议约定的经营期限届满，合伙人不愿继续经营的；②合伙协议约定的解散事由出现；③全体合伙人决定解散；④合伙人已不具备法定人数满三十天；⑤合伙协议约定的合伙目的已经实现或者无法实现；⑥被依法吊销营业执照、责令关闭、撤销；⑦法律、行政法规规定的其他原因。

2. 合伙企业的清算

（1）确定清算人。清算人一般由全体合伙人担任；经全体合伙人过半数同意，在合伙企业解散事由出现后十五日内指定一名或数名合伙人，或者委托第三人担任清算人。自合伙企业解散事由出现之日起十五日内未能确定清算人的，合伙人或其他利害关系人可以申请人民法院指定清算人。

（2）清算人职责。清算人在清算期间执行下列事务：①清理合伙企业财产，分别编制资产负债表和财产清单；②处理与清算有关的合伙企业未了结的事务；③清缴所欠税款；④清理债权、债务；⑤处理合伙企业清偿债务后的剩余财产；⑥代表合伙企业参加诉讼或仲裁活动。

（3）通知和公告债权人。清算人自被确定之日起十日内将合伙企业解散事项通知债权人，并于六十日内在报纸上公告。债权人应当自接到通知书之日起三十日内，未接到通知书的自公告之日起四十五日内，向清算人申报债权。

（4）财产清偿顺序。合伙企业财产在支付清算费用和职工工资、社会保险费用、法定补偿金以及缴纳所欠税款、清偿债务后的剩余财产，依照《合伙企业法》关于利润分配和亏损分担的规定进行分配。

（5）注销登记。清算结束，清算人应当编制清算报告，经全体合伙人签名、盖章后，在十五日内向企业登记机关报送清算报告，申请办理合伙企业注销登记。经企业登记机关注销登记，合伙企业终止。合伙企业注销后，原普通合伙人对合伙企业存续期间的债务仍应承担无限连带责任。

本章小结

本章重点介绍了个人独资企业及合伙企业的概念、设立条件、事务的管理、债务清偿及解散等规定。

1. 个人独资企业，是指由一个自然人投资，财产为投资人个人所有，投资人以其个人财产对企业债务承担无限责任的经营实体。个人独资企业是非法人企业，投资人对企业债务承担无限责任。

2. 合伙企业，是指自然人、法人和其他组织依照《合伙企业法》在中国境内设立的，由两个或两个以上的合伙人订立合伙协议，为经营共同事业，共同出资、合伙经营、共享收益、共担风险的营利性组织，包括普通合伙企业和有限合伙企业。

3. 普通合伙企业，由普通合伙人组成，合伙人对合伙企业债务承担无限连带责任。有限合伙企业，由有限合伙人和普通合伙人共同组成，普通合伙人对合伙企业债务承担无限连带责任，有限合伙人以其认缴的出资额为限对合伙企业债务承担责任。普通合伙人与有限合伙人在出资方式、执行合伙事务、对外转让出资份额、合伙人的权利义务、入伙、退伙等方面存在较大的差异。

基础知识测评

1. 个人独资企业的概念、特征是什么？
2. 合伙企业的概念、特征是什么？
3. 普通合伙企业的设立条件有哪些？

4. 如何清偿合伙企业的债务？如何清偿合伙人个人债务？

5. 简述合伙企业入伙、退伙的条件及其法律后果。

6. 分析普通合伙企业与有限合伙企业的区别。

岗位能力测评

1. 2015 年 1 月 10 日，张某投资设立了个人独资企业，企业名称拟定为“百汇有限责任公司”。张某聘请王某管理企业事务，双方约定，合同标的额超过 1 万元以上的，必须经过张某的同意。2 月 15 日，王某未经张某同意，以企业的名义向善意第三人钱某购进价值 3 万元的货物。2015 年 12 月，个人独资企业亏损，不能支付到期债务，张某决定解散该企业并同时决定自行清算。

根据上述材料，请分析：

（1）张某投资设立的个人独资企业，企业名称是否合法？为什么？

（2）王某超越授权范围与钱某签订的货物买卖合同是否有效？为什么？

（3）个人独资企业解散后，张某如何对不能清偿的企业债务承担责任？

2. 甲、乙、丙、丁共同投资设立了 A 有限合伙企业(以下简称 A 企业)。合伙协议约定：甲、乙为普通合伙人，分别出资 10 万元；丙、丁为有限合伙人，经合伙人一致同意，丙出资 15 万元，丁以劳务出资；甲执行合伙企业事务，对外代表 A 企业。2016 年，A 企业发生下列事实：

2 月，甲以 A 企业的名义与 B 公司签订了一份 12 万元的买卖合同。乙获知后，认为该买卖合同损害了 A 企业的利益，且甲的行为违反了 A 企业内部规定的甲无权单独与第三人签订超过 10 万元合同的限制，遂要求各合伙人做出决议，撤销甲代表 A 企业签订合同的资格。

4 月，乙、丙分别征得甲的同意后，以自己在 A 企业中的财产份额出质，为自己向银行借款提供质押担保。丁对上述事项均不知情。

8 月，丁退伙，并从 A 企业取得退伙结算财产 12 万元。

9 月，A 企业吸收庚作为普通合伙人入伙，庚出资 8 万元，并签订入伙协议，约定“对入伙前 A 企业的债务不承担责任”。

10 月，A 企业的债权人 C 公司要求 A 企业偿还 6 月所欠款项 50 万元。

11 月，丙因所设个人独资企业发生严重亏损不能清偿 D 公司到期债务，D 公司申请人民法院强制执行丙在 A 企业中的财产份额用于清偿其债务。

经查，A 企业内部约定，甲无权单独与第三人签订超过 10 万元的合同，B 公司与 A 企业签订买卖合同时，不知 A 企业该内部约定。合伙协议未对合伙人以财产份额出质事项进行约定。

根据上述材料，分别回答下列问题：

（1）A 企业合伙协议的约定有无违法之处？并说明理由。

（2）甲以 A 企业的名义与 B 公司签订的买卖合同是否有效？并说明理由。

（3）乙、丙的质押担保行为是否有效？并分别说明理由。

（4）A 企业对 C 公司的债务如何清偿？并说明理由。

（5）丙不能清偿的到期个人债务可以采取何种方式清偿？人民法院强制执行丙在 A 企业中的全部财产份额后，A 企业的组织形式是否有改变？并说明理由。

职考链接

1. 2013 年 5 月，张某、王某、李某共同出资设立了甲普通合伙企业（以下简称甲企业），合伙协议约定由张某执行合伙企业事务，且约定超过 10 万元的支出张某无权自行决定。合伙协议就执行合伙事务其他事项未做特别约定。

2014 年 3 月，张某的朋友刘某拟从银行借款 8 万元，请求张某为其提供担保。张某自行决定以甲企业的名义为刘某提供了担保。

2015 年 4 月，张某以甲企业的名义与赵某签订了一份买卖合同，价款为 15 万元。合同签订后，甲企业认为该合同是张某超越权限订立的合同，合同无效。赵某向法院起诉，经查，赵某知悉张某超越合伙协议对其权限的限制签订了该合同。王某、李某认为张某签订的买卖合同的行为不妥，决定撤销张某对外签订合同的资格。

根据上述资料和合伙企业法律制度的规定，回答下列问题：

（1）张某是否有权自行决定以合伙企业的名义为刘某提供担保？简要说明理由。

（2）甲企业主张买卖合同无效是否成立？简要说明理由。

（3）王某、李某是否有权撤销张某对外签订合同的资格？

2. 下列关于个人独资企业解散后原投资人责任的表述中，符合《个人独资企业法》规定的是（　）。

A. 原投资人对个人独资企业存续期间的债务不再承担责任

B. 原投资人对个人独资企业存续期间的债务承担责任，但责权人在一年内未向债务人提出偿债请求的，该责任消灭

C. 原投资人对个人独资企业存续期间的债务承担责任，但债权人在两年内未向债务人提出偿债请求的，该责任消灭

D. 原投资人对个人独资企业存续期间的债务承担责任，但债权人在五年内未向债务人提出偿债请求的，该责任消灭

3. 某社会团体与某私立学校共同出资设立一合伙企业，经营文具用品。两年后，因经营亏损，该合伙企业财产不足以清偿全部债务。下列关于各合伙人承担责任的表述中，符合《合伙企业法》规定的有（　）。

A. 该社会团体以其认缴的出资额为限对合伙企业债务承担责任

B. 该私立学校以其认缴的出资额为限对合伙企业债务承担责任
C. 该社会团体对合伙企业债务承担无限责任
D. 该私立学校对合伙企业债务承担无限责任

拓展实训

实训目的：通过《合伙企业法》的学习，使学生在理解普通合伙企业和有限合伙企业的设立条件、合伙协议的拟定、合伙企业的事务执行、利润分配、债务清偿、入伙退伙等知识点的基础上能够在实际生活中运用，培养学生运用理论知识解决实际问题的能力。

实训要求：根据《合伙企业法》的规定和下述资料背景，为该合伙企业拟定一份合伙协议，根据各合伙人的想法，约定各合伙人类型、出资数额、出资期限、出资方式、事务执行方式、利润分配、债务清偿、合伙人的权利义务及入伙退伙的条件等条款。

资料背景：

百强股份有限公司，主要从事影视业的制作、发行及播映。公司股东会决议，投资200万元成立一家合伙企业，主要负责百强公司的业务宣传和文化传播等业务。考虑到宣传关系着公司、艺人的形象，业务非常重要，因此，需要对新成立的企业有控制权，并对加入的合作伙伴严格审查。但公司业务繁忙，无法派出人员执行合伙企业事务，希望未来合伙事务执行人能在一定的授权范围内管理合伙企业。

自然人张艺，资深影视公司管理人员，对企业业务非常熟悉且有经验，拟加入上述合伙企业，但苦于没有太多资金作为合伙投资。

利达广告有限责任公司，常年从事广告、宣传、推广等业务，拟投资加入合伙企业。因利达公司非常信任百强公司的实力，对于其设立的合伙企业前景非常有信心，同时也希望利达公司能承接一些合伙企业的广告业务，并且不希望再有其他业务相同的公司加入合伙企业。

亿鑫影视工作室信任百强公司的实力，对合伙企业前景有信心，想以自有知识产权投资加入合伙企业，按照出资比例分配利润，并希望能时刻监督合伙企业的经营状况和财务状况，但对合伙企业事务执行无意介入。

自然人王颖，演员，一直寻找影视行业的发展机会，有资金背景，想加入合伙企业，但不想对合伙企业的经营、债务清偿等承担太大的责任。如果出现更好的机会，希望能立刻转让出资份额，离开合伙企业。

第三章 公司法律制度

岗位要求

知识目标

- 了解公司的分类，董事、监事、高管的任职资格，公司债券的分类与发行
- 理解公司的特征，一人有限责任公司和国有独资公司的特别规定，公司利润分配顺序及公积金的提取，公司合并、分立、增资、减资的条件与程序，公司解散、清算的程序
- 掌握有限责任公司的设立条件、设立程序、组织机构，有限责任公司的股东在转让股权以及退出公司时应遵守的法律规定；股份有限公司的设立条件、设立方式、设立程序、组织机构，上市公司组织机构的特别规定，股份有限公司股份发行与股份转让应遵守的法律规定；股东代表诉讼中对股东的资格要求及应遵循的程序

能力目标

- 能起草公司章程，会设立中小公司
- 能处理简单的公司债权债务问题、股东权益问题
- 能组织召开股东会、董事会、监事会，并形成有效决议
- 会处理股东转让股权及股东退出公司时的股东权益问题
- 会提起股东代表诉讼及公司解散诉讼

关键词

- 股东　有限责任　子公司　分公司　出资　住所　股东会　董事会　监事会　经理　一人有限责任公司　国有独资公司　转让股权　股权回收　发起设立　募集设立　创立大会　上市公司　股份发行　股东诉讼　债券　股票　公积金　增资　减资　解散　清算

导入案例

2012年2月，甲、乙、丙、丁四人共同出资设立文路留学服务有限责任公司（以下简称文路公司）。四名股东的出资比例依次是35%、30%、25%和10%。甲担任公司执行董事、总经理，公司不设监事会，丙任监事。

（1）2013年2月，丙提出，甲在留学咨询行业从业多年，经验丰富，对公司业务发展有较大贡献，提议2012年度利润由甲、乙、丙、丁分别以45%、25%、20%和10%的比例进行分配。全体股东均表示同意。

（2）2014年3月，乙以分期付款方式购买一辆轿车，经销商要求其提供担保。乙与甲商量后，甲便以文路公司名义与经销商签署一份保证合同，并加盖文路公司印章。事后，甲将此事告知丙，丙未表示异议。丁得知后表示反对，甲回应说公司多数股东已经同意，担保不违反法律。

（3）2015年1月，丁见投资无回报，也无法参与管理，心生转让股权之意。经询问，乙有兴趣购买。甲听说后提出，有限责任公司股东之间转让股权，须经其他股东过半数同意，因此，丁必须先获得其他股东过半数同意，才可以将股权转让给乙。后丁认为乙的出价太低，遂放弃转让给乙的打算。

（4）2016年4月，甲编写的《留学指南丛书》出版。甲未告知其他股东，就以文路公司名义从自己手中购买5 000套该丛书。丁知道后提出异议，认为甲的行为违反了董事对公司的忠实义务。

（5）2017年5月6日，丁向公司监事丙当面递交一份书面请求，请求其向法院起诉甲违反忠实义务，要求甲赔偿公司损失。丙一直未做答复，也未采取任何行动。6月20日，丁为公司利益直接以自己的名义对甲提起诉讼。

【讨论分析】

1．根据要点（1）所提示的内容，文路公司2012年度利润未按照股东的出资比例进行分配是否违反了公司法律制度的规定？并说明理由。

2．根据要点（2）所提示的内容，文路公司为股东乙提供的担保是否违反了公司法律制度的规定？并说明理由。

3．根据要点（3）所提示的内容，甲的观点是否符合公司法律制度的规定？并说明理由。

4．根据要点（4）所提示的内容，甲的行为是否违反了公司法律制度的规定？并说明理由。

5．根据要点（5）所提示的内容，丁为公司利益直接以自己的名义对甲提起诉讼的做法是否符合公司法律制度的规定？并说明理由。

第一节　公司法概述

一、公司

（一）公司的概念

公司，是指依照《中华人民共和国公司法》（以下简称《公司法》）的规定设立的，以营利为目的的企业法人。企业，是指从事商品生产、商品流通和提供服务性活动的经济组织。按其法律形态，企业可以划分为法人企业、非法人企业两大类。法人企业，是指具有民事权利能力和民事行为能力，依法独立享有民事权利和承担民事责任的经济组织。法人企业必须是依法成立的，有必要的财产或经费，有自己的名称、组织机构和场所，能够独立承担民事责任。非法人企业与法人企业最大的区别在于它不能独立承担民事责任。

公司是企业的一种组织形式，具有企业所共有的属性。公司还具有以下特征。

1. 公司是依照《公司法》设立的经济组织

公司要依照《公司法》设立，符合《公司法》规定的设立条件。《公司法》对公司的股东人数、组织机构的地位、性质、职权等都做了明确规定。公司的外部关系和内部关系都必须严格依照《公司法》的规定运作。

2. 公司是以营利为目的的经济组织

所谓以营利为目的，是指公司从事生产、经营或提供服务都是为了获取利润，并向股东分配红利。这是公司成立、发展的根本目的所在。

3. 公司是具有法人资格的经济组织

法人资格

依照我国《公司法》规定条件设立的公司，自成立之日起具有法人资格，具有民事权利能力和民事行为能力，依法独立享有民事权利和承担民事责任。

4. 以股东投资行为为基础设立

公司由股东的投资行为设立，股东投资行为形成的权利是股权。股权是一种独立的权利，不同于所有权，不同于经营权等物权，更不同于债权。《公司法》规定，公司股东依法享有受益、参与重大决策和选择管理者等权利。

（二）公司的分类

从世界各国公司法对公司分类的规定和有关公司法理论对公司类别的划分看，对公司一般可做以下分类。

1. 无限公司、有限责任公司、股份有限公司及两合公司

这是大陆法系国家的公司法根据公司资本结构和股东对公司承担责任的不同，对公司所做的法定分类。无限公司，是指全体股东对公司债务承担无限连带责任的公司。有

限责任公司，是指全体股东对公司债务以其认缴的出资额为限承担责任的公司，公司以其全部财产对公司债务承担责任。股份有限公司，是指将公司资本划分为等额股份，全体股东对公司债务以其所持股份额为限承担责任的公司，公司以其全部财产对公司债务承担责任。两合公司，是指一部分股东对公司债务承担无限责任，另一部分股东对公司债务以其认缴的出资额为限承担责任的公司。其中，无限责任股东是公司的经营管理者，有限责任股东则是不参与经营管理的出资者。我国《公司法》规定的公司形式仅为有限责任公司和股份有限公司。

2. 人合公司、资合公司和资合兼人合公司

这是大陆法系学者根据公司信用基础的不同，对公司进行的学理分类。人合公司，是指以股东个人的财力、能力和信誉作为信用基础的公司，其典型形式为无限公司。人合公司的财产及责任与股东的财产及责任没有完全分离，其不以自身资本为信用基础，股东可以用劳务、信用和其他权利出资，企业的所有权和经营权一般也不分离。资合公司，是指以公司资本作为信用基础的公司，其典型形式为股份有限公司，此类公司仅以资本的实力取信于人，股东个人的财产、能力或信誉与公司无关。资合兼人合公司，是指同时以公司资本和股东个人信用作为公司信用基础的公司，其典型的形式为两合公司。

3. 母公司和子公司、总公司和分公司

这是以公司的组织关系为标准，对公司所做的分类。在不同公司之间基于股权而存在控制与依附关系时，因持有其他公司股权而处于控制地位的是母公司，因其股权被持有而处于依附地位的是子公司。根据《公司法》的规定，公司可以设立子公司，子公司具有法人资格，独立承担民事责任。分公司是总公司依法设立的分支机构，以分公司名义进行经营活动，其法律后果由总公司承担。分公司没有独立的公司名称、章程，没有独立的财产，但可以领取营业执照，进行经营活动。根据《公司法》的规定，公司可以设立分公司，分公司不具有法人资格，其民事责任由总公司承担。

4. 我国《公司法》划分的有限责任公司、股份有限公司

（1）有限责任公司。有限责任公司，是指由两个以上的股东共同出资，每个股东以其认缴的出资额为限对公司承担有限责任，公司以其全部资产对其债务承担责任的企业法人。有限责任公司中有种特殊形态，即国有独资公司。有限责任公司具有如下的法律特征：①股东以其认缴的出资额为限对公司承担有限责任，公司以其全部资产对其债务承担责任；②以出资证明书证明股东出资份额；③不能发行股票，不能公开募股；④股东出资不能随意转让。

（2）股份有限公司。股份有限公司，是指由一定人数的股东组成，公司全部资本由等额股份构成并通过发行股票募集资本，股东以其所认购的股份对公司承担责任，公司以其全部资产对公司债务承担责任的企业法人。股份有限公司还可以分为上市公司和不

上市公司。股份有限公司具有如下的法律特征：①资本划分为等额股份；②通过发行股票筹集资本；③股东以其所认购的股份对公司承担责任，公司以其全部资产对公司债务承担责任；④财务、经营信息公开。

二、公司法

公司法是规定公司法律地位，调整公司组织关系，规范公司在设立、变更和终止过程中的组织行为的法律规范的总称。组成公司法体系的规范性法律文件有《公司法》《中华人民共和国公司登记管理条例》《公司登记管理若干规定》等。

其中,《公司法》作为公司法律制度的核心，于 1993 年 12 月 29 日第八届全国人大常委会第五次会议通过，自 1994 年 7 月 1 日起施行，于 1999 年、2004 年进行了两次修改。2005 年 10 月 27 日，第十届全国人大常委会第十八次会议对《公司法》进行了修订后重新颁布，自 2006 年 1 月 1 日起施行。2013 年 12 月 28 日，第十二届全国人大常委会第六次会议审议通过了关于修订《公司法》的决定，并于 2014 年 3 月 1 日起施行。

三、公司法人财产权

法人财产权，是指公司拥有由股东投资形成的法人财产，并依法对该财产行使占有、使用、收益、处分的权利。《公司法》规定，公司作为企业法人享有法人财产权。公司的财产虽然来自股东的投资，但股东一旦将财产投入公司，便丧失对该财产直接支配的权利，只享有公司的股权，由公司享有对该财产的支配权利，即法人财产权。因此，股东投资于公司的财产需要通过对资本的注册与股东的其他财产明确分开，在公司成立后股东不得抽逃投资，或者占有、转移和支配公司的法人财产。

担保 · 试题

公司的法人财产权既是公司作为法人对外承担责任的基础，也是公司对股东履行责任的基础。为了维护公司资本充足、稳定，保障公司债权人的利益，《公司法》对公司行使法人财产权做了以下限制性规定。

（1）公司向其他企业投资或者为他人提供担保，依照公司章程的规定，由董事会或股东会、股东大会决议；公司章程对投资或者担保的总额及单项投资或者担保数额有限额规定的，不得超过规定的限额。

（2）公司为公司股东或实际控制人提供担保的，必须经股东会或股东大会决议。接受担保的股东或实际控制人支配的股东，不得参加上述规定事项的表决。该项表决由出席会议的其他股东所持表决权过半数通过。

重点提示

导入案例中，根据要点（2）所提示的内容，文路公司为股东乙提供的担保违反了公司法律制度的规定。根据《公司法》的规定，公司为公司股东提供担保必须经股东会决议，甲未经股东会决议就以公司名义为股东乙提供担保，该行为违反《公司法》规定。

第二节　有限责任公司

一、有限责任公司的设立

（一）有限责任公司的设立条件

1. 股东符合法定人数

《公司法》规定，有限责任公司由五十个以下股东出资设立。公司法对有限责任公司股东人数没有下限规定，即有限责任公司的股东人数可以是一个。

2. 有符合公司章程规定的全体股东认缴的出资额

（1）注册资本。有限责任公司的注册资本为在公司登记机关登记的全体股东认缴的出资额。法律、行政法规以及国务院决定对有限责任公司注册资本实缴、注册资本最低限额另有规定的，从其规定。

股东出资额

（2）股东出资方式。股东可以用货币出资，也可以用实物、知识产权、土地使用权等可以用货币估价并可以依法转让的非货币财产作价出资；但是，法律、行政法规规定不得作为出资的财产除外。根据《公司法》的规定，出资人以非货币财产出资，未依法评估作价，公司、其他股东或公司债权人请求认定出资人未履行出资义务的，人民法院应当委托具有合法资格的评估机构对该财产评估作价。评估确定的价额显著低于公司章程所定价额的，人民法院应当认定出资人未依法全面履行出资义务。但是，出资人以符合法定条件的非货币财产作价出资后，因市场变化或其他客观因素导致出资财产贬值，公司、其他股东或公司债权人请求该出资人承担补足出资责任的，人民法院不予支持。但是，当事人另有约定的除外。

3. 股东共同制定公司章程

公司章程是关于公司组织及其活动的基本规则的法律文件。公司章程的记载事项包括：①公司名称和住所；②公司经营范围；③公司注册资本；④股东的姓名或名称；⑤股东的出资方式、出资额和出资时间；⑥公司的机构及产生办法、职权、议事规则；⑦公司的法定代表人；⑧股东会会议认为需要规定的其他事项。

制定公司章程既是公司内部管理的需要，也是外部对公司监督管理以及对外交往的需要。制定公司章程是设立公司的必备条件和必经程序。有限责任公司的章程由股东共同制定，所有股东应当在公司章程上签名、盖章。公司章程对公司、股东、董事、监事、高级管理人员具有约束力。

4. 有公司名称，建立有符合有限责任公司要求的组织机构

公司名称是公司的标志，公司名称必须符合法律、法规的规定。在公司名称中必须标明“有限责任公司”字样。同时，有限责任公司必须建立与法律规定相一致的组织机构，

设立股东会、董事会或执行董事、监事会或监事等。

5. 有公司住所

设立公司必须有住所。公司以其主要办事机构所在地为住所。

（二）有限责任公司的设立程序

1. 制定公司章程

设立有限责任公司，必须先订立公司章程，将要设立的公司基本情况及各方面的权利义务加以明确规定。

2. 股东缴纳出资

股东应当按期足额缴纳公司章程中规定的各自所认缴的出资额。股东以货币出资的，应当将货币出资足额存入有限责任公司在银行开设的账户；以非货币财产出资的，应当依法办理财产权的转移手续。股东以知识产权出资的，必须到相关管理机关办理权属变更手续。股东不按期缴纳出资的，除应当向公司足额缴纳外，还应向已经足额缴纳出资的股东承担违约责任。

3. 办理登记

有限责任公司股东的全部出资经法定验资机构验资后，由全体股东指定的代表或共同委托的代理人向公司登记机关申请设立登记，提交公司登记申请书、公司章程等文件。公司经核准登记后，领取公司营业执照，公司营业执照的签发日期是公司的成立日期。

有限责任公司成立后，发现作为设立公司出资的非货币财产的实际价额显著低于公司章程所定价额的，应当由交付该出资的股东补足其差额，公司设立时的其他股东承担连带责任。

4. 签发出资证明书

有限责任公司成立后，应当向股东签发出资证明书，并由公司盖章。出资证明书是确认股东出资的书面凭证，应当载明下列事项：公司名称，公司登记日期，公司注册资本，股东姓名或者名称，缴纳的出资份额和出资日期，出资证明书的编号和核发日期。

二、有限责任公司的组织机构

有限责任公司的组织机构

（一）股东会

1. 股东会的职权

有限责任公司的股东会由全体股东组成。股东会是公司的权力机构，是公司的最高决策机构，对公司的重大问题进行决策。有限责任公司股东会行使下列职权：①决定公司的经营方针和投资计划；②选举和更换非由职工代表担任的董事、监事，决定有关董事、监事的报酬事项；③审议批准董事会的报告；④审议批准监事会或监事的报告；⑤审议批准公司的年度财务预算方案、决算方案；⑥审议批准公司的利润分配方案和弥补亏损方案；⑦对公司增加或减少注册资本做出决议；⑧对发行公司债券做出决议；⑨对公司合并、分立、变更公司形式、解散和清算等事项做出决议；⑩ 修改公司章程；⑪ 公司章程规定的其他职权。

2. 股东会的形式

有限责任公司股东会会议分为定期会议和临时会议。定期会议按照公司章程的规定按时召开。临时会议是在公司章程规定的会议时间以外召开的会议，代表十分之一以上表决权的股东，三分之一以上董事，监事会或者不设监事会的公司的监事提议召开临时会议的，应当召开临时会议。

3. 股东会的召开

有限责任公司股东会的首次会议由出资最多的股东召集和主持。以后的股东会会议，公司设立董事会的，由董事会召集，董事长主持；董事长不能履行职务或不履行职务的，由副董事长主持；副董事长不能履行职务或不履行职务的，由半数以上董事共同推举一名董事主持。公司不设董事会的，股东会会议由执行董事召集和主持。董事会或执行董事不能履行或不履行召集股东会会议职责的，由监事会或者不设监事会的公司的监事召集和主持；监事会或监事不召集和主持的，代表十分之一以上表决权的股东可以自行召集和主持。

召开股东会会议，应当于会议召开十五日前通知全体股东；但是，公司章程另有规定或者全体股东另有约定的除外。股东会应当将所议事项的决定做成会议记录，出席会议的股东应当在会议记录上签名。

4. 股东会的决议

股东会会议由股东按照出资比例行使表决权；但是，公司章程另有规定的除外。股东会的议事方式和表决程序，除《公司法》有规定的外，由公司章程规定。

股东会会议做出修改公司章程、增加或减少注册资本的决议，以及公司合并、分立、变更公司形式、解散的决议，必须经代表三分之二以上表决权的股东通过。

经典案例

某有限责任公司由甲、乙、丙、丁四个股东共同出资设立，各占出资比例为45%、20%、15%、20%。丙提议召开临时股东会，提议将公司变更为股份有限公司。在表决时，甲、丙表示同意，乙、丁表示反对。

【分析】丙是否有权利提议召开临时股东会？该股东会决议是否能够通过？

【解析】根据《公司法》的规定，代表十分之一以上表决权的股东、三分之一以上董事或监事会有权利提议召开临时股东会，丙股东持有15%的股份，有权利提议召开临时股东会。同时，根据《公司法》的规定，股东会会议做出修改公司章程、增加或减少注册资本的决议，以及公司合并、分立、变更公司形式、解散的决议，必须经代表三分之二以上表决权的股东通过。甲、丙对该决议表示同意，但甲、丙仅代表60%的表决权，未达到三分之二以上表决权，因此，该决议不能通过。

（二）董事会

1. 董事会的组成

有限责任公司的董事会是公司股东会的执行机构，由股东会负责。董事会由三到十三人组成。两个以上的国有企业或两个以上的国有投资主体投资设立的有限责任公司，其董事会成员中应当有公司职工代表；其他有限责任公司董事会成员中也可以有公司职工代表。董事会中的职工代表由公司职工民主选举产生。

董事会设董事长一人，可以设副董事长。董事长、副董事长的产生办法由公司章程规定。

董事任期由公司章程规定，但每届任期不得超过三年。董事任期届满，连选可以连任。董事任期届满未及时改选，或者董事在任期内辞职导致董事会成员低于法定人数的，在改选出的董事就任前，原董事仍应当依照法律、行政法规和公司章程的规定，履行董事职务。

2. 董事会的职权

根据《公司法》的规定，董事会行使下列职权：①负责召集股东会，并向股东会报告工作；②执行股东会的决议；③决定公司的经营计划和投资方案；④制订公司的年度财务预算方案、决算方案；⑤制订公司的利润分配方案和弥补亏损方案；⑥制订公司增加或减少注册资本的方案；⑦拟订公司合并、分立、变更公司形式、解散的方案；⑧决定公司内部管理机构的设置；⑨聘任或解聘公司经理及其报酬事项，并根据经理的提名决定聘任或解聘公司副经理、财务负责人及其报酬事项；⑩制定公司的基本管理制度；⑪ 公司章程规定的其他职权。

3. 董事会的召开

董事会会议由董事长召集和主持；董事长不能履行职务或不履行职务的，由副董事长召集和主持；副董事长不能履行职务或不履行职务的，由半数以上董事共同推举一名董事召集和主持。

4. 董事会的决议

董事会的议事方式和表决程序，除《公司法》有规定的外，由公司章程规定。董事会应当将所议事项的决定做成会议记录，出席会议的董事应当在会议记录上签名。董事会决议的表决，实行一人一票。股东人数较少或规模较小的有限责任公司，可以设一名执行董事，不设董事会。执行董事可以兼任公司经理。执行董事的职权由公司章程规定。

5. 经理

有限责任公司可以设经理，由董事会决定聘任或解聘。经理对董事会负责，行使下列职权：①主持公司的生产经营管理工作，组织实施董事会决议；②组织实施公司年度经营计划和投资方案；③拟订公司内部管理机构设置方案；④拟订公司的基本管理制度；⑤制定公司的具体规章；⑥提请聘任或解聘公司副经理、财务负责人；⑦决定聘任或解聘除应由董事会决定聘任或解聘以外的负责管理人员；⑧董事会授予的其他职权。公司章程对经理职权另有规定的，从其规定。经理列席董事会会议。

（三）监事会

1. 监事会的组成

监事会是公司的监督机构。有限责任公司设监事会，其成员不得少于三人。股东人数较少或规模较小的有限责任公司，可以设一至两名监事，不设监事会。监事会应当包括股东代表和适当比例的公司职工代表，其中职工代表的比例不得低于三分之一，具体比例由公司章程规定。监事会中的职工代表由公司职工通过职工代表大会、职工大会或其他形式民主选举产生。监事会设主席一人，由全体监事过半数选举产生。监事会主席召集和主持监事会会议；监事会主席不能履行职务或不履行职务的，由半数以上监事共同推举一名监事召集和主持监事会会议。董事、高级管理人员不得兼任监事。监事的任期每届为三年。监事任期届满，连选可以连任。监事任期届满未及时改选，或者监事在任期内辞职导致监事会成员低于法定人数的，在改选出的监事就任前，原监事仍应当依照法律、行政法规和公司章程的规定，履行监事职务。

2. 监事会的职权

监事会、不设监事会的公司的监事行使下列职权：①检查公司财务；②对董事、高级管理人员执行公司职务的行为进行监督，对违反法律、行政法规、公司章程或股东会决议的董事、高级管理人员提出罢免的建议；③当董事、高级管理人员的行为损害公司的利益时，要求董事、高级管理人员予以纠正；④提议召开临时股东会会议，在董事会不履行本法规定的召集和主持股东会会议职责时召集和主持股东会会议；⑤向股东会会议提出提案；⑥依照《公司法》的规定，对董事、高级管理人员提起诉讼；⑦公司章程规定的其他职权。监事可以列席董事会会议，并对董事会决议事项提出质询或建议。监事会、不设监事会的公司的监事发现公司经营情况异常，可以进行调查；必要时，可以聘请会计师事务所等协助其工作，费用由公司承担。

3. 监事会的决议

监事会每年度至少召开一次会议，监事可以提议召开临时监事会会议。监事会的议事方式和表决程序，除本法有规定的外，由公司章程规定。监事会决议应当经半数以上监事通过。监事会应当对所议事项的决定做成会议记录，出席会议的监事应当在会议记录上签名。

三、有限责任公司的股权转让

有限责任公司股东转让股权，包括股东之间转让股权、股东向股东以外的人转让股权和人民法院强制转让股权几种情形。

（一）股东之间转让股权

《公司法》规定，有限责任公司的股东之间可以相互转让其全部或部分股权。公司法对股东之间转让股权没有任何限制。

（二）股东向股东以外的人转让股权

为什么公司不直接规定，股东向外转让股权不受限制

《公司法》规定，股东向股东以外的人转让股权，应当经其他股东过半数同意。股东应就其股权转让事项书面通知其他股东，征求同意，其他股东自接到书面通知之日起满三十日未答复的，视为同意转让。其他股东半数以上不同意转让的，不同意的股东应当购买该转让的股权；不购买的，视为同意转让。

经股东同意转让的股权，在同等条件下，其他股东有优先购买权。两个以上股东主张行使优先购买权的，协商确定各自的购买比例；协商不成的，按照转让时各自的出资比例行使优先购买权。

《公司法》规定，公司章程对股权转让另有规定的，从其规定。公司章程可以对股东之间的股权转让以及股东向股东以外的人转让股权做出与《公司法》不同的规定。一旦公司章程对股权转让做出了不同的规定，就应当依照公司章程的规定执行。

重点提示

导入案例（3）中，丁将股权转让给乙，是股东之间转让股权。根据《公司法》规定，股东之间转让股权没有任何限制，因此，丁转让股权给乙无须经过其他股东过半数同意。

（三）人民法院强制转让股东股权

人民法院依照法律规定的强制执行程序转让股东的股权时，应当通知公司及全体股东，其他股东在同等条件下有优先购买权。其他股东自人民法院通知之日起满二十日不行使优先购买权的，视为放弃优先购买权。

（四）有限责任公司股东退出公司

1．股东退出公司的法定条件

《公司法》规定，有下列情形之一的，对股东会该项决议投反对票的股东可以请求公司按照合理的价格收购其股权：①公司连续五年不向股东分配利润，而该公司五年连续盈利，并且符合本法规定的分配利润条件的；②公司合并、分立、转让主要财产的；③公司章程规定的营业期限届满或者章程规定的其他解散事由出现，股东会会议通过决议修改章程使公司存续的。

根据上述规定，股东退出公司应当满足两个条件：一是具备上述三种情形之一；二

是对股东会上述事项决议投了反对票，投赞成票的股东就不能以上述事项为由，要求退出公司。

2. 股东退出公司的法定程序

（1）股东要求退出公司时，应当先请求公司收购其股权。股东请求公司收购其股权时，其所要求的价格不应过高，而应当是合理的价格，这样才能够既满足股东的要求，保护要求退出公司的股东的权益，又不损害公司和其他股东的权益。

（2）依法向人民法院提起诉讼股东请求公司收购其股权，应当尽量通过协商的方式解决。如果协商不成，《公司法》规定，自股东会会议决议通过之日起六十日内，股东与公司不能达成股权收购协议的，股东可以自股东会会议决议通过之日起九十日内向人民法院提起诉讼。

有限责任公司股东转让股权后，公司应当注销原股东的出资证明书，向新股东签发出资证明书，并相应修改公司章程和股东名册中有关股东及其出资额的记载。对公司章程的该项修改不需再由股东会表决。

四、一人有限责任公司的特别规定

（一）一人有限责任公司的概念

一人有限责任公司，是指只有一个自然人股东或一个法人股东的有限责任公司。一人有限责任公司是独立的企业法人，是有限责任公司的一种特殊类型。

（二）一人有限责任公司的特别规定

《公司法》规定，一人有限责任公司的设立和组织机构适用特别规定，没有特别规定的，适用有限责任公司的相关规定。这些特别规定，主要体现在以下几个方面：

（1）一个自然人只能投资设立一个一人有限责任公司，该一人有限责任公司不能投资设立新的一人有限责任公司。

（2）一人有限责任公司应当在公司登记中注明自然人独资或法人独资，并在公司营业执照中载明。

（3）一人有限责任公司不设股东会。法律规定的股东会职权由股东行使，当股东行使相应职权做出决定时，应当采用书面形式，并由股东签名后置备于公司。

（4）一人有限责任公司应当在每个会计年度终了时编制财务会计报告，并经会计师事务所审计。

（5）一人有限责任公司的股东不能证明公司财产独立于股东自己的财产的，应当对公司债务承担连带责任。

五、国有独资公司的特别规定

（一）国有独资公司的概念

国有独资公司，是指国家单独出资、由国务院或地方人民政府授权本级人民政府国有资产监督管理机构履行出资人职责的有限责任公司。国有独资公司的股东只有一个，只能是国有资产监督管理机构。

（二）国有独资公司的特别规定

《公司法》规定，国有独资公司的设立和组织机构适用特别规定，没有特别规定的，适用有限责任公司的相关规定。这些特别规定，具体包括以下几个方面。

（1）国有独资公司章程由国有资产监督管理机构制定，或者由董事会制订报国有资产监督管理机构批准。

（2）国有独资公司不设股东会，由国有资产监督管理机构行使股东会职权。国有资产监督管理机构可以授权公司董事会行使股东会的部分职权，决定公司的重大事项，但公司的合并、分立、解散、增加或减少注册资本和发行公司债券，必须由国有资产监督管理机构决定；其中，重要的国有独资公司合并、分立、解散、申请破产的，应当由国有资产监督管理机构审核后，报本级人民政府批准。上述所称重要的国有独资公司，按照国务院的规定确定。

（3）国有独资公司设董事会，依照法律规定的有限责任公司董事会的职权和国有资产监督管理机构的授权行使职权。董事每届任期不得超过三年。董事会成员中应当有公司职工代表。董事会成员由国有资产监督管理机构委派；但是，董事会成员中的职工代表由公司职工代表大会选举产生。董事会设董事长一人，可以设副董事长。董事长、副董事长由国有资产监督管理机构从董事会成员中指定。

（4）国有独资公司设经理，由董事会聘任或解聘。国有独资公司经理的职权与一般有限责任公司经理的职权相同。经国有资产监督管理机构同意，董事会成员可以兼任经理。

（5）国有独资公司的董事长、副董事长、董事、高级管理人员，未经国有资产监督管理机构同意，不得在其他有限责任公司、股份有限公司或者其他经济组织兼职。

（6）国有独资公司监事会成员不得少于五人，其中职工代表的比例不得低于三分之一，具体比例由公司章程规定。监事会成员由国有资产监督管理机构委派；但是，监事会成员中的职工代表由公司职工代表大会选举产生。监事会主席由国有资产监督管理机构从监事会成员中指定。

第三节　股份有限公司

一、股份有限公司的设立

（一）股份有限公司的设立方式

股份有限公司可以采取发起设立或募集设立的方式设立。发起设立，是指由发起人认购公司应发行的全部股份而设立公司的方式。以发起设立的方式设立股份有限公司的，在设立时，其股份全部由该公司的发起人认购，而不向发起人以外的任何社会公众发行股份。因此，以发起设立方式设立的股份有限公司，在其发行新股之前其全部股份都由发起人持有，公司的全部股东都是设立公司的发起人。募集设立，是指由发起人认购公司应发行股份的一部分，其余股份向社会公开募集或向特定对象募集而设立公司。以募集设立方式设立股份有限公司的，在公司设立时，认购公司应发行股份的人不仅有发起人，而且还有发起人以外的人。因此，法律对采用募集设立方式设立公司规定了较为严格的程序，以保护广大投资者的利益，保证正常的经济秩序。

（二）股份有限公司的设立条件

1. 发起人符合法定人数

发起人是指依法筹办创立股份有限公司事务的人。发起人既可以是自然人，也可以是法人。设立股份有限公司，应当有二人以上二百人以下为发起人，其中须有半数以上的发起人在中国境内有住所。

2. 有符合公司章程规定的全体发起人认购的股本总额或募集的实收股本总额

股份有限公司采取发起设立方式设立的，注册资本为在公司登记机关登记的全体发起人认购的股本总额。在发起人认购的股份缴足前，不得向他人募集股份。股份有限公司采取募集设立方式设立的，注册资本为在公司登记机关登记的实收股本总额。法律、行政法规以及国务院决定对股份有限公司注册资本实缴、注册资本最低限额另有规定的，从其规定。发起人可以用货币出资，也可以用实物、知识产权、土地使用权等可以用货币估价并可以依法转让的非货币财产作价出资；但是，法律、行政法规规定不得作为出资的财产除外。对作为出资的非货币财产应当评估作价，核实财产，不得高估或低估作价。法律、行政法规对评估作价有规定的，从其规定。

3. 股份发行、筹办事项符合法律规定

发起人为设立股份有限公司发行股份，以及在进行其他的筹办事项时，都必须合法律规定的条件和程序，不得违反。

4. 发起人制订公司章程，采用募集方式设立的须经创立大会通过

对于以发起设立方式设立的股份有限公司，由全体发起人共同制订公司章程；对于

以募集设立方式设立的股份有限公司，发起人制订的公司章程，还应当召开有其他认股人参加的创立大会，并经出席会议的认股人所持表决权的过半数通过，方为有效。

股份有限公司章程应当载明下列事项：①公司名称和住所；②公司经营范围；③公司设立方式；④公司股份总数、每股金额和注册资本；⑤发起人的姓名或名称、认购的股份数、出资方式和出资时间；⑥董事会的组成、职权和议事规则；⑦公司法定代表人；⑧监事会的组成、职权和议事规则；⑨公司利润分配办法；⑩公司的解散事由与清算办法；⑪ 公司的通知和公告办法；⑫ 股东大会会议认为需要规定的其他事项。

5. 有公司名称，建立符合股份有限公司要求的组织机构

6. 有公司住所

（三）股份有限公司的设立程序

1. 发起设立的程序

（1）发起人书面认足公司章程规定其认购的股份。

（2）缴纳出资。发起人以书面认足公司章程规定其认购的股份后，应按照公司章程规定缴纳出资。以非货币财产出资的，应对依法进行评估作价，办理财产权的转移手续。发起人不按照规定缴纳出资的，应对按照发起人协议的约定承担违约责任。

（3）选举董事会和监事会。发起人首次缴纳出资后，应当选举董事会和监事会，建立公司的组织机构。

（4）申请设立登记。由选举出的公司董事会向公司登记机关报送公司章程、验资证明等文件，申请设立登记。登记机关审查报送的登记材料，认为符合登记条件的，予以登记注册，向公司签发营业执照。营业执照的签发日期为公司的成立日期。

2. 募集设立的程序

（1）发起人认购股份。发起人认购的股份不得少于公司发行股份的 35%；但是，法律、行政法规另有规定的，从其规定。

（2）向社会公开募集股份。发起人向社会公开募集股份，必须公告招股说明书，并编制认股书。发起人向社会公开募集股份，应当由依法设立的证券公司承销，签订承销协议。

（3）召开创立大会。发行股份的股款缴足后，必须经依法设立的验资机构验资并出具证明。发起人应当在股款缴足之日起三十日内主持召开公司创立大会，创立大会由发起人、认股人组成。发起人应在创立大会召开十五日前将会议的日期通知各认股人或者予以公告。创立大会应有代表股份总数过半数发起人、认股人出席，方可举行。

创立大会的职权有：①审议发起人关于公司筹办情况的报告；②通过公司章程；③选举董事会、监事会成员；④对公司的设立费用进行审核；⑤对发起人用于抵作股款的财产作价进行审核；⑥发生不可抗力或者经营条件发生重大变化直接影响公司设立的，

可以做出不设立公司的决议。创立大会做出上述决议，必须经出席会议的认股人所持表决权的过半数通过。

（4）申请设立登记。创立大会结束后三十日内，由公司董事会向登记机关报送有关文件，申请设立登记。公司登记机关依法核准登记后，应对发给公司企业法人营业执照。公司营业执照签发的日期为公司成立的日期。

股份有限责任公司成立后，发起人未按照公司章程的规定缴足出资的，应当补缴；其他发起人承担连带责任。股份有限公司成立后，发现作为设立公司出资的非货币财产的实际价额显著低于公司章程所定价额的，应当由交付该出资的发起人补足其差额；其他发起人承担连带责任。

（四）股份有限公司发起人承担的责任

根据《公司法》的规定，股份有限公司的发起人应当承担下列责任。

（1）公司不能成立时，对设立行为所产生的债务和费用负连带责任；

（2）公司不能成立时，对认股人已缴纳的股款，负返还股款并加算银行同期存款利息的连带责任；

（3）在公司设立过程中，由于发起人的过失致使公司利益受到损害的，应当对公司承担赔偿责任。

二、股份有限公司的组织机构

股份有限公司的组织机构由股东大会、董事会、监事会等组成。

（一）股东大会

1. 股东大会的性质和组成

股份有限公司股东大会由公司全体股东组成，是公司的权力机构，对公司重大事项行使最终决策权。

2. 股东大会的职权

根据《公司法》的规定，有限责任公司股东会职权的规定，适用于股份有限公司股东大会。

3. 股东大会的形式

股份有限公司股东大会分为年会和临时会议两种。年会，是指依照法律和公司章程的规定每年按时召开的股东大会。《公司法》规定，股东大会应当每年召开一次年会。临时股东大会，是指股份有限公司出现召开临时股东大会的法定事由时，应对在法定期限召开的股东大会。《公司法》规定，有下列情形之一的，应当在二个月内召开临时股东大会：①董事人数不足《公司法》规定的人数或公司章程所规定人数的三分之二时；②公司未弥补的亏损达实收股本总额三分之一时；③单独或合计持有公司股份百分之十以上股东请求时；④董事长认为必要时；⑤监事会提议召开时；⑥公司章程规定的其他情形。

4. 股东大会的召开

股东大会会议由董事会召集，董事长主持；董事长不能履行职务或不履行职务的，由副董事长主持；副董事长不能履行职务或不履行职务的，由半数以上董事共同推举一名董事主持。董事会不能履行或不履行召集股东大会会议职责的，监事会应当及时召集和主持；监事会不召集和主持的，连续九十日以上单独或合计持有公司百分之十以上股份的股东可以自行召集和主持。

召开股东大会会议，应当将会议召开的时间、地点和审议的事项于会议召开二十日前通知各股东；临时股东大会应当于会议召开十五日前通知各股东；发行无记名股票的，应当于会议召开三十日前公告会议召开的时间、地点和审议事项。

单独或合计持有公司百分之三以上股份的股东，可以在股东大会召开十日前提出临时提案并书面提交董事会；董事会应当在收到提案后二日内通知其他股东，并将该临时提案提交股东大会审议。临时提案的内容应当属于股东大会职权范围，并有明确议题和具体决议事项。股东大会不得对上述通知中未列明的事项做出决议。无记名股票持有人出席股东大会会议的，应当于会议召开五日前至股东大会闭会时将股票交存于公司。

5. 股东大会的决议

股东出席股东大会会议，所持每一股份有一表决权，公司持有的本公司股份没有表决权。股东可以委托代理人出席股东大会会议，代理人应当向公司提交股东授权委托书，并在授权范围内行使表决权。

股东大会做出决议，必须经出席会议的股东所持表决权过半数通过。但是，股东大会做出修改公司章程、增加或减少注册资本的决议，以及公司合并、分立、解散或变更公司形式的决议，必须经出席会议的股东所持表决权的三分之二以上通过。

股东大会选举董事、监事，可以依照公司章程的规定或股东大会的决议，实行累积投票制。累积投票制，是指股东大会选举董事或监事时，每一股份拥有与应选董事或监事人数相同的表决权，股东拥有的表决权可以集中使用。

股东大会应当将所议事项的决定做成会议记录，主持人、出席会议的董事应当在会议记录上签名。会议记录应当与出席股东的签名册及代理出席的委托书一并保存。

（二）董事会、经理

1. 董事会的性质和组成

股份有限公司的董事会是股东大会的执行机构，对股东大会负责。董事会由五至十九人组成。董事会成员中可以有公司职工代表。董事会中的职工代表由公司职工通过职工代表大会、职工大会或其他形式民主选举产生。股份有限公司的董事任期由公司章程规定，但每届任期不得超过三年。董事任期届满，连选可以连任。

2. 董事会的职权

股份有限公司董事会的职权，与有限责任公司董事会的职权相同。

3. 董事会的召开

董事会设董事长一人，可以设副董事长。董事长和副董事长由董事会以全体董事的过半数选举产生。董事长召集和主持董事会会议，检查董事会决议的实施情况。副董事长协助董事长工作，董事长不能履行职务或不履行职务的，由副董事长履行职务；副董事长不能履行职务或不履行职务的，由半数以上董事共同推举一名董事履行职务。

董事会每年度至少召开二次会议，每次会议应当于会议召开十日前通知全体董事和监事。代表十分之一以上表决权的股东、三分之一以上董事或监事会，可以提议召开董事会临时会议。董事长应当自接到提议后十日内，召集和主持董事会会议。董事会召开临时会议，可以另定召集董事会的通知方式和通知时限。

4. 董事会的决议

董事会会议应有过半数的董事出席方可举行。董事会做出决议，必须经全体董事的过半数通过。董事会决议的表决，实行一人一票。

董事会会议，应由董事本人出席；董事因故不能出席，可以书面委托其他董事代为出席，委托书中应载明授权范围。董事会应当将会议所议事项的决定做成会议记录，出席会议的董事应当在会议记录上签名。董事应当对董事会的决议承担责任。董事会的决议违反法律、行政法规或公司章程、股东大会决议，致使公司遭受严重损失的，参与决议的董事对公司负赔偿责任。但经证明在表决时曾表明异议并记载于会议记录的，该董事可以免除责任。

5. 经理

股份有限公司设经理，由董事会聘任或解聘。股份有限公司经理的职权与有限责任公司经理的职权基本相同。公司董事会可以决定由董事会成员兼任经理。

（三）监事会

1. 监事会的组成

股份有限公司设监事会，监事会为公司的监督机构，其成员不得少于三人。监事会应当包括股东代表和适当比例的公司职工代表，其中职工代表的比例不得低于三分之一，具体比例由公司章程规定。监事会中的职工代表由公司职工通过职工代表大会、职工大会或其他形式民主选举产生。董事、高级管理人员不得兼任监事。监事的任期每届为三年。监事任期届满，连选可以连任。

2. 监事会的职权

股份有限公司监事会的职权与有限责任公司监事会职权的规定基本相同。监事可以列席董事会会议，并对董事会决议事项提出质询或建议。监事会发现公司经营情况异常，可以进行调查；必要时，可以聘请会计师事务所等协助其工作。监事会行使职权所必需的费用，由公司承担。

3. 监事会的召开

监事会设主席一人，可以设副主席。监事会主席和副主席由全体监事过半数选举产生。监事会主席召集和主持监事会会议；监事会主席不能履行职务或不履行职务的，由监事会副主席召集和主持监事会会议；监事会副主席不能履行职务或不履行职务的，由半数以上监事共同推举一名监事召集和主持监事会会议。

监事会每六个月至少召开一次会议。监事可以提议召开临时监事会会议。监事会的议事方式和表决程序，除《公司法》有规定的外，由公司章程规定。监事会应当将所议事项的决定做成会议记录，出席会议的监事应当在会议记录上签名。

三、上市公司组织机构的特别规定

上市公司，是指其股票在证券交易所上市交易的股份有限公司。《公司法》对上市公司组织及活动原则的特别规定，主要包括以下几个方面。

（一）增加股东大会特别决议事项

上市公司在一年内购买、出售重大资产或者担保金额超过公司资产总额百分之三十的，应当由股东大会做出决议，并经出席会议的股东所持表决权的三分之二以上通过。

（二）上市公司设立独立董事和董事会秘书

独立董事，是指既不是公司股东，又不在公司担任除董事外的其他职务，并与其受聘的上市公司及其主要股东不存在可能妨碍其进行独立客观判断的关系的董事。独立董事除了应履行董事的一般职责外，主要职责在于对控股股东及其选任的上市公司的董事、高级管理人员，以及其与公司进行的关联交易进行监督。《公司法》规定，上市公司设立独立董事，具体办法由国务院规定。

董事会秘书，是指掌管董事会文件并协助董事会成员处理日常事务的人员。《公司法》规定，上市公司设董事会秘书，负责公司股东大会和董事会会议的筹备、文件保管以及公司股东资料的管理、信息披露事务办理等事宜。董事会秘书是董事会设置的服务席位，既不能代表董事会，也不能代表董事长。上市公司董事会秘书是公司的高级管理人员。

（三）增设关联关系董事的表决权排除制度

上市公司董事与董事会会议决议事项所涉及的企业有关联关系的，不得对该项决议行使表决权，也不得代理其他董事行使表决权。该董事会会议由过半数的无关联关系董事出席即可举行，董事会会议所做决议须经无关联关系董事过半数通过。出席董事会的无关联关系董事人数不足三人的，应将该事项提交上市公司股东大会审议。

经典案例

某上市公司董事会成员有11人，根据公司章程的规定，对与其甲股东签订重要采购合同的事宜召开临时董事会，其中，张董事是甲股东的公司董事长，李董事、刘董事因故没有参加会议，表决时有3个董事不同意。

【分析】该董事会能否举行？决议能否通过？

【解析】董事会可以举行，决议不能通过。根据我国《公司法》的规定，上市公司董事与董事会会议决议事项所涉及的企业有关联关系的，不得对该项决议行使表决权，因此，能够行使表决权的董事只有10人。该董事会会议由过半数的无关联关系董事出席即可举行，本公司有无关联关系董事8人参加，已过半数。董事会会议所做决议需经无关联关系董事（10人）过半数通过，即至少应经无关联关系董事6人同意，但决议只有5人同意，因此决议不能通过。

第四节　股份有限公司的股份发行和转让

一、股份发行

（一）股份与股票

1. 股份

股份，是指将股份有限公司的注册资本按相同的金额或比例划分为相等的份额。股份是表示股份有限公司权益的计算单位，是公司资本的最小划分单位，股东根据其出资额度计算出其持有的股份数量，股东权利义务的范围及大小取决于其持有股份的性质和数量。股份具有平等性、不可分性、自由转让和流通性、证券性的特征。

2. 股票

股票是股份资本的表现形式，是体现股份所有权的凭证和有价证券。我国《公司法》规定，股份有限公司的资本划分为股份，每一股的金额相等，以股票的方式表现。股票采用纸面形式或国务院证券监督管理机构规定的其他形式。股票应当载明公司名称、公司登记成立的日期、股票种类、票面及代表的股份数、股票的编号等事项。发起人的股票，应当标明发起人股票字样。

（二）股票的分类

根据不同的标准，可将股票分为以下几类。

1. 记名股和无记名股

这是按照票面上是否记载股东的姓名或名称进行的分类。记名股票，是指在票面上记载股东姓名或名称的股票。我国《公司法》规定，公司向发起人、法人发行的股票，应当为记名股票，并应当记载该发起人、法人的名称或姓名，不得另立户名或以代表人姓名记名。无记名股票，是指在票面上不记载股东姓名或名称的股票。我国《公司法》规定，发行无记名股票的，公司应当记载其股票数量、编号及发行日期。

2. 普通股与优先股

按照股东权利、义务的不同进行的分类。普通股，是指享有普通权利、承担普通义务的股份。依照规定，普通股股东享有决策参与权、利润分配权、优先认股权和剩余资产分配权。优先股，是指享有优先权的股份。公司对优先股的股利须按约定的股利率支付，在公司进行清算时，优先股股东先于普通股股东取得公司剩余财产。但是，优先股股东不参与公司决策，不参与公司红利分配。

3. 国有股、发起人股和社会公众股

按照投资主体性质的不同进行的分类，可分为国有股、发起人股和社会公众股。国有股包括国家股和国有法人股。国家股，是指有权代表国家投资的政府部门或机构以国有资产投入公司形成的股份或依法定程序取得的股份。国有法人股，是指具有法人资格的国有企业、事业及其他单位以其依法占用的法人资产向独立于自己的股份公司出资形成或依法定程序取得的股份。发起人股，是指股份公司的发起人认购的股份。社会公众股，是指个人和机构以合法财产购买并可依法流通的股份。

（三）股份的发行原则

股份发行，是指股份有限公司为设立公司或筹集资金，依照法律规定发售股份的行为。按照股份发行目的不同，股份发行分为为设立公司而发行股份（设立发行）和为增加公司资本而发行股份（增资发行或新股发行）两种类型。

我国股份有限公司股份的发行实行公开、公平、公正的原则，同股同权，同股同利。其中，公开原则是股份发行的核心原则，旨在最大限度地保护社会公众利益，保障投资者在掌握充分和可信的信息情况下做出投资决策。公平和公正原则是对公开原则的重要补充，旨在平等地保护投资者的利益。

（四）股份发行的一般规则

股份有限公司发行股份，无论是设立发行还是新股发行，除应符合法定条件并履行法定程序外，还应当遵守下列规定。

1. 不得折价发行股份

按照股份发行价格与股票票面金额的关系，股份发行价格有平价发行、溢价发行和折价发行三种。平价发行也称面额发行，是指按照股票的票面金额发行股份；溢价发行，是指按照高于股票票面金额的价格发行股份；折价发行，是指按照低于股票票面金额的价格发行股份。我国《公司法》规定，股票发行价格可以按票面金额，也可以超过票面

金额，但不得低于票面金额。

2. 股份发行必须同股同价发行

所谓同股同价发行，是指同次发行的股份，其每股发行条件和价格应当相同，不得在股份的同次发行中采用不同的发行价格和条件。任何单位和个人所认购的股份，每股应当支付相同价额。

二、股份有限公司的股份转让

股份转让，是指股份有限公司的股份持有人依法定条件和程序将其持有的股份让与他人，从而使他人取得股份或增加股份数额的法律行为。

（一）股份转让的法律规定

我国《公司法》对股份有限公司的股份转让做了以下规定。

1. 股份转让的地点

股东转让其股份，应当在依法设立的证券交易场所进行或者按照国务院规定的其他方式进行。

2. 股份转让的方式

记名股票，由股东以背书方式或者法律、行政法规规定的其他方式转让；转让后由公司将受让人的姓名或名称及住所记载于股东名册。股东大会召开前二十日内或者公司决定分配股利的基准日前五日内，不得进行股东名册的变更登记。但是，法律对上市公司股东名册变更登记另有规定的，从其规定。无记名股票的转让，由股东将该股票交付给受让人后即发生转让的效力。

（二）股份转让的限制

1. 对发起人转让股份的限制

根据《公司法》的规定，发起人持有的本公司股份，自公司成立之日起一年内不得转让。公司公开发行股份前已发行的股份，自公司股票在证券交易所上市交易之日起一年内不得转让。

2. 对公司董事、监事、高级管理人员转让股份的限制

根据《公司法》的规定，公司董事、监事、高级管理人员应当向公司申报所持有的本公司的股份及其变动情况，在任职期间每年转让的股份不得超过其所持有本公司股份总数的百分之二十五；所持本公司股份自公司股票上市交易之日起一年内不得转让。上述人员离职后半年内，不得转让其所持有的本公司股份。公司章程可以对公司董事、监事、高级管理人员转让其所持有的本公司股份做出其他限制性规定。

3. 对公司收购自身股票的限制

根据《公司法》的规定，公司不得收购本公司股份。但是，有下列情形之一的除外。

（1）减少公司注册资本；

（2）与持有本公司股份的其他公司合并；

（3）将股份奖励给本公司职工；

（4）股东因对股东大会做出的公司合并、分立决议持异议，要求公司收购其股份的。

公司因上述第（1）项至第（3）项的原因收购本公司股份的，应当经股东大会决议。公司依照上述规定收购本公司股份后，属于第（1）项情形的，应当自收购之日起十日内注销；属于第（2）项、第（4）项情形的，应当在六个月内转让或注销。公司依照上述第（3）项规定收购的本公司股份，不得超过本公司已发行股份总额的百分之五；用于收购的资金应当从公司的税后利润中支出；所收购的股份应当在一年内转让给职工。

4. 对公司股票质押的限制

根据《公司法》的规定，公司不得接受本公司的股票作为质押权的标的。

第五节　公司董事、监事、高级管理人员的资格和义务

一、公司董事、监事、高级管理人员的资格

公司的董事、监事、高级管理人员在公司中处于重要的地位并具有法定的职权。为保证其具有正确履行职责的能力和条件，《公司法》对其任职资格做了限制性的规定。《公司法》规定，有下列情形之一的，不得担任公司的董事、监事、高级管理人员。

（1）无民事行为能力或限制民事行为能力；

（2）因贪污、贿赂、侵占财产、挪用财产或破坏社会主义市场经济秩序，被判处刑罚，执行期满未逾五年，或者因犯罪被剥夺政治权利，执行期满未逾三年；

（3）担任破产清算的公司、企业的董事或者厂长、经理，对该公司、企业的破产负有个人责任的，自该公司、企业破产清算完结之日起未逾三年；

公司法 · 试题

（4）担任因违法被吊销营业执照、责令关闭的公司、企业的法定代表人，并负有个人责任的，自该公司、企业被吊销营业执照之日起未逾五年；

（5）个人所负数额较大的债务到期未清偿。

公司违反上述规定选举、委派董事、监事或聘任高级管理人员的，该选举、委派或聘任无效。董事、监事、高级管理人员在任职期间出现上述所列情形的，公司应当解除其职务。

二、公司董事、监事、高级管理人员的义务

董事、监事、高级管理人员应当遵守法律、行政法规和公司章程，对公司负有忠实义务和勤勉义务。董事、监事、高级管理人员不得利用职权收受贿赂或其他非法收入，不得侵占公司的财产。《公司法》规定，董事、高级管理人员不得有下列行为。

（1）挪用公司资金；

（2）将公司资金以其个人名义或以其他个人名义开立账户存储；

（3）违反公司章程的规定，未经股东会、股东大会或董事会同意，将公司资金借贷给他人或以公司财产为他人提供担保；

（4）违反公司章程的规定或未经股东会、股东大会同意，与本公司订立合同或进行交易；

（5）未经股东会或股东大会同意，利用职务便利为自己或他人谋取属于公司的商业机会，自营或为他人经营与所任职公司同类的业务；

（6）接受他人与公司交易的佣金归为己有；

（7）擅自披露公司秘密；

（8）违反对公司忠实义务的其他行为。

董事、高级管理人员违反上述规定所得的收入应当归公司所有。公司董事、监事、高级管理人员执行公司职务时违反法律、行政法规或公司章程的规定，给公司造成损失的，应当承担赔偿责任。公司股东会或股东大会要求董事、监事、高级管理人员列席会议的，董事、监事、高级管理人员应当列席并接受股东的质询。董事、高级管理人员应当如实向监事会或不设监事会的有限责任公司的监事提供有关情况和资料，不得妨碍监事会或监事行使职权。

重点提示

导入案例(4)中,甲的行为违反了公司法的规定。根据《公司法》的规定,公司的董事、高级管理人员违反公司章程的规定或未经股东会、股东大会同意，不得与本公司订立合同或进行交易。甲作为公司执行董事、总经理，在未得到股东会授权的情况下与公司进行交易,违反法律规定。给公司造成损失的,应承担赔偿责任;所得利益应当归公司所有。

三、股东诉讼

（一）股东代表诉讼

股东代表诉讼，也称股东间接诉讼，是指当董事、监事、高级管理人员或他人违反法律、行政法规或公司章程的行为给公司造成损失，公司拒绝或怠于向该违法行为人请求损害赔偿时，具备法定资格的股东有权代表其他股东，代表公司提起诉讼，请求违法行为人赔偿公司损失的行为。股东代表诉讼的目的，是为了保护公司利益和股东整体利益。根据侵权人身份的不同与具体情况的不同，提起股东代表诉讼有以下几种程序。

1．股东对公司董事、监事、高级管理人员给公司造成损失的行为提起诉讼的程序

（1）股东通过监事会或监事提起诉讼。董事、高级管理人员执行公司职务时违反法律、行政法规或公司章程的规定，给公司造成损失的，有限责任公司的股东、股份有限公司

连续一百八十日以上单独或合计持有公司百分之一以上股份的股东，可以书面请求监事会或不设监事会的有限责任公司的监事向人民法院提起诉讼。

（2）股东通过董事会或董事提起诉讼。监事执行公司职务时违反法律、行政法规或公司章程的规定，给公司造成损失的，有限责任公司的股东、股份有限公司连续一百八十日以上单独或合计持有公司百分之一以上股份的股东，可以书面请求董事会或不设董事会的有限责任公司的执行董事向人民法院提起诉讼。

（3）股东直接提起诉讼。监事会、不设监事会的有限责任公司的监事，或者董事会、执行董事，收到股东的书面请求后，拒绝提起诉讼，或者自收到请求之日起三十日内未提起诉讼，或者情况紧急，不立即提起诉讼将会使公司利益受到难以弥补的损害的，有限责任公司的股东、股份有限公司连续一百八十日以上单独或合计持有公司百分之一以上股份的股东有权为了公司的利益直接以自己的名义向人民法院提起诉讼。

2. 股东对其他人给公司造成损失的行为提起诉讼的程序

公司董事、监事、高级管理人员以外的其他人侵犯公司合法权益，给公司造成损失的，有限责任公司的股东、股份有限公司连续一百八十日以上单独或合计持有公司百分之一以上股份的股东，可以通过监事会或监事、董事会或董事向人民法院提起诉讼，或者直接向人民法院提起诉讼。提起诉讼的具体程序，依照上述股东对公司董事、监事、高级管理人员给公司造成损失的行为提起诉讼的程序进行。

重点提示

导入案例（5）中，丁为公司利益以自己名义直接对甲提起诉讼的做法符合法律规定。根据《公司法》规定，有限责任公司股东对公司董事、监事、高级管理人员给公司造成损失的行为可以提起股东代表诉讼。董事、高级管理人员执行公司职务时违反法律、行政法规或公司章程的规定，给公司造成损失的，有限责任公司的股东应通过监事会向人民法院提起诉讼；监事会自收到请求之日起三十日内未提起诉讼的，有限责任公司股东有权为了公司的利益直接以自己的名义向人民法院提起诉讼。

（二）股东直接诉讼

股东直接诉讼，是指股东对董事、高级管理人员违反规定损害股东利益的行为提起的诉讼。《公司法》规定，公司董事、高级管理人员违反法律、行政法规或公司章程的规定，损害股东利益的，股东可以依法直接向人民法院提起诉讼。

第六节　公司债券

一、公司债券的概念和特征

公司债券，是指公司依照法定条件和程序发行的、约定在一定期限还本付息的有价证券。公司债券与股票相比，具有以下特征。

（1）公司债券的持有人是公司的债权人，对于公司享有民法上规定的债权人的所有权利，而股票的持有人则是公司的股东，享有《公司法》所规定的股东权利；

（2）公司债券的持有人，无论公司是否盈利，对公司享有按照约定给付利息的请求权，而股票持有人，则必须在公司盈利时才能依法获得股利分配；

（3）公司债券到了约定期限，公司必须偿还债券本金，而股票持有人仅在公司解散时方可请求分配剩余财产；

（4）公司债券的持有人享有优先于股票持有人获得清偿的权利，而股票持有人必须在公司全部债务清偿之后，方可就公司剩余财产请求分配；

（5）公司债券的利率一般是固定不变的，风险较小，而股票股利分配的高低与公司经营好坏密切相关，故常有变动，风险较大。

二、公司债券的种类

依照不同的标准，对公司债券可以进行以下分类。

（一）记名公司债券和无记名公司债券

记名公司债券，是指在公司债券上记载债权人姓名或名称的债券。无记名公司债券，是指在公司债券上不记载债权人姓名或名称的债券。区分记名公司债券和无记名公司债券的法律意义在于两者转让的要求不同。记名公司债券的转让，转让人需要在债券上背书；而无记名公司债券的转让，交付债券时，转让即发生法律效力。

（二）可转换公司债券与不可转换公司债券

可转换公司债券，是指可以转换成公司股票的公司债券。这种公司债券在发行时规定了转换为公司股票的条件与办法，当条件具备时，债券持有人拥有将公司债券转换为公司股份的选择权。不可转换公司债券，是指不能转换为公司股票的公司债券。凡在发行债券时未做出转换约定的，均为不可转换公司债券。

三、公司债券的发行

（一）公司债券发行的条件

为筹集生产经营资金，公司可以依照《公司法》的规定发行公司债券。发行公司债券必须符合下列条件。

（1）股份有限公司的净资产额不低于人民币三千万元，有限责任公司的净资产额不低于人民币六千万元；

（2）累计债券总额不超过公司净资产额的百分之四十；

（3）最近三年平均可分配利润足以支付公司债券一年的利息；

（4）筹集的资金投向符合国家产业政策；

（5）债券的利率不得超过国务院限定的利率水平；

（6）国务院规定的其他条件。

有下列情形之一的，公司不得再次发行公司债券。

（1）前一次发行的公司债券尚未募足的；

（2）对已发行的公司债券或其债务有违约或者延迟支付本息的事实，且仍处于继续状态的；

（3）违反规定，改变公开发行公司债券所募资金的用途。

（二）公司债券募集办法

发行公司债券的申请经国务院授权的部门核准后，应当公告公司债券募集办法。公司债券募集办法中应当载明下列主要事项：①公司名称；②债券募集资金的用途；③债券总额和债券的票面金额；④债券利率的确定方式；⑤还本付息的期限和方式；⑥债券担保情况；⑦债券的发行价格、发行的起止日期；⑧公司净资产额；⑨已发行的尚未到期的公司债券总额；⑩公司债券的承销机构。

（三）置备公司债券存根簿

公司债券，可以为记名债券，也可以为无记名债券。公司发行公司债券应当置备公司债券存根簿。发行记名公司债券的，应当在公司债券存根簿上载明下列事项：①债券持有人的姓名或名称及住所；②债券持有人取得债券的日期及债券的编号；③债券总额，债券的票面金额、利率、还本付息的期限和方式；④债券的发行日期。发行无记名公司债券的，应当在公司债券存根簿上载明债券总额、利率、偿还期限和方式、发行日期及债券的编号。

四、公司债券的转让

《公司法》规定，公司债券可以转让，转让价格由转让人与受让人约定。公司债券在证券交易所上市交易的，按照证券交易所的交易规则转让。

根据公司债券种类的不同，公司债券的转让有两种不同的方式。记名公司债券，由债券持有人以背书方式或者法律、行政法规规定的其他方式转让；转让后由公司将受让人的姓名或名称及住所记载于公司债券存根簿。无记名公司债券的转让，由债券持有人将该债券交付给受让人后即发生转让的效力。

公司发行可转换为股票的公司债券，应当按照其转换办法向债券持有人换发股票，但债券持有人对转换股票或不转换股票有选择权。

第七节 公司财务、会计

一、公司财务、会计的基本要求

公司财务、会计是公司经营活动中的一项基础工作。根据《公司法》的规定，公司应当依照法律、行政法规和国务院财政部门的规定建立本公司的财务、会计制度。

公司的财务会计报告是公司重要的会计资料，公司应当在每个会计年度终了时编制财务会计报告，并依法经会计师事务所审计。公司的财务会计报告包括：资产负债表、利润表、现金流量表等报表及辅助。财务会计报告应当依照法律、行政法规和国务院财政部门的规定编制。

有限责任公司应当依照公司章程规定的期限将财务会计报告送交各股东。股份有限公司的财务会计报告应当在召开股东大会年会的二十日前置备于本公司，供股东查阅；公开发行股票的股份有限公司必须公告其财务会计报告。

二、公司的利润分配

（一）利润分配的顺序

根据我国《公司法》《税法》等相关法律的规定，公司应当按如下顺序进行利润分配。

（1）弥补以前年度的亏损，但不得超过税法规定的弥补期限；

（2）缴纳所得税；

（3）弥补在税前利润弥补亏损之后仍存在的亏损；

（4）依法提取法定公积金；

（5）提取任意公积金；

（6）向股东分配利润。

公司弥补亏损和提取公积金后所余税后利润，有限责任公司按照股东实缴的出资比例分配，但全体股东约定不按照出资比例分配的除外；股份有限公司按照股东持有的股份分配，但股份有限公司章程规定不按持股比例分配的除外。

公司股东会或董事会违反规定，在弥补亏损和提取法定公积金之前向股东分配利润的，必须将违反规定分配的利润退还公司。公司持有的本公司股份不得分配利润。

重点提示

导入案例（1）中，文路公司未按照股东的出资比例分配利润并未违反公司法的规定。根据我国《公司法》规定，有限责任公司向股东分配利润应按照股东实缴的出资比例分配，但全体股东约定不按照出资比例分配的除外。案例中股东按照新约定的比例分配利润，是全体股东一致同意的，因此符合《公司法》的规定。

（二）公积金

公积金是公司在资本之外所保留的资金金额，又称为准备金。公司为增强自身财力，扩大营业范围和预防意外亏损，从利润中提取一定的资金，以用于扩大资本或弥补亏损。

1. 公积金的种类

公积金分为盈余公积金和资本公积金两类。

（1）盈余公积金。盈余公积金是从公司税后利润中提取的公积金，分为法定公积金和任意公积金两种。法定公积金按照公司税后利润的百分之十提取，当公司法定公积金累计额为公司注册资本的百分之五十以上时，可以不再提取。任意公积金按照股东会或股东大会决议，从税后利润中提取。

（2）资本公积金。资本公积金是直接由资本原因等形成的公积金。根据《公司法》的规定，股份有限公司以超过股票票面金额的发行价格发行股份所得的溢价款及国务院财政部门规定列入资本公积金的其他收入，应当列为公司资本公积金。

2. 公积金的用途

公司的公积金应当按照规定的用途使用。公司公积金主要有以下用途。

（1）弥补亏损。公司的亏损按照国家税法规定可以用缴纳所得税前的利润弥补，超过用所得税前的利润弥补期限仍未补足的亏损，可以用公司税后利润抵补；发生特大亏损，税后利润仍不足抵补的，可以用公司的公积金抵补。但是，资本公积金不得用于弥补公司的亏损。

（2）扩大公司生产经营。公司可以根据生产经营的需要，用公司的公积金来扩大公司的生产经营规模，增强公司实力。

（3）转增公司资本。公司为了实现增加资本的目的，可以将公积金的一部分转为资本。对用任意公积金转增资本的，法律没有限制，但用法定公积金转增资本时，《公司法》规定，公司所留存该项公积金不得少于转增前注册资本的百分之二十五。

第八节　公司的合并、分立、增资和减资

一、公司的合并

（一）公司合并的形式

公司合并，是指两个或者两个以上的公司依照法定程序变更为一个公司的法律行为。公司合并可以采取吸收合并和新设合并两种形式。一个公司吸收其他公司为吸收合并，被吸收的公司解散。两个以上公司合并设立一个新的公司为新设合并，合并各方解散。

（二）公司合并的程序

1. 签订合并协议

2. 编制资产负债表及财产清单

3. 做出合并决议

有限责任公司的股东会在对公司合并做出决议时，必须经代表三分之二以上表决权的股东通过；股份有限公司的股东大会在对公司合并做出决议时，必须经出席会议的股东所持表决权的三分之二以上通过。国有独资公司的合并决议，由国有资产监督管理机构决定。其中，重要的国有独资公司的合并，应当由国有资产监督管理机构审核后，报本级人民政府批准。

4. 通知债权人

公司应当自做出合并决议之日起十日内通知债权人，并于三十日内在报纸上公告。债权人自接到通知书之日起三十日内，未接到通知书的自公告之日起四十五日内，可以要求公司清偿债务或提供相应的担保。

5. 依法进行登记

公司合并后，登记事项发生变更的，应当依法向公司登记机关办理变更登记；公司解散的，应当依法办理注销登记；设立新公司的，应当依法办理公司设立登记。

（三）公司合并各方的债权、债务

公司合并时，合并各方的债权、债务，应当由合并后存续的公司或新设的公司承继。

二、公司的分立

（一）公司分立的形式

公司分立，是指一个公司依照法定程序分为两个或两个以上公司的法律行为。公司分立有新设分立和派生分立两种。新设分立，是指公司设立两个或两个以上的新公司，原公司解散。派生分立，是指公司另设一个新的公司，原公司继续存在。

（二）公司分立的程序

公司分立的程序与公司合并的程序基本相同，要签订分立协议，编制资产负债表及财产清单，做出分立决议，通知债权人，办理工商登记等。

（三）公司分立前的债务承担

公司分立前的债务由分立后的公司承担连带责任。但是，公司在分立前与债权人就债务清偿达成的书面协议另有约定的除外。

三、公司注册资本的减少和增加

（一）减少注册资本

公司需要减少注册资本时，必须编制资产负债表及财产清单。公司应当自做出减少注册资本决议之日起十日内通知债权人，并于三十日内在报纸上公告。债权人自接到通知书之日起三十日内，未接到通知书的自公告之日起四十五日内，有权要求公司清偿债务或者提供相应的担保。公司减少注册资本，应对依法向公司登记机关办理变更登记。

注册资本·试题

（二）增加注册资本

有限责任公司增加注册资本时，股东认缴新增资本的出资，按照《公司法》设立有限责任公司缴纳出资的有关规定执行。股份有限公司为增加注册资本发行新股时，股东认购新股，应当按照《法公司》设立股份有限公司缴纳股款的有关规定执行。公司增加注册资本，应当依法向公司登记机关办理变更登记。

第九节 公司解散和清算

解散·试题

一、公司解散的原因

《公司法》规定，公司解散的原因有以下几种情形：①公司章程规定的营业期限届满或者公司章程规定的其他解散事由出现时；②股东会或股东大会决议解散；③因公司合并或分立需要解散；④被依法吊销营业执照、责令关闭、撤销；⑤人民法院依法予以解散。

公司有上述第①种情形的，可以通过修改公司章程而存续。公司依照规定修改公司章程的，有限责任公司须持有三分之二以上表决权的股东通过，股份有限公司须经出席股东大会会议的股东所持表决权的三分之二以上通过。

公司经营管理发生严重困难，继续存续会使股东利益受到重大损失，通过其他途径不能解决的，持有公司全部股东表决权百分之十以上的股东，可以请求人民法院解散公司。

二、公司清算

（一）清算组的成立

公司解散时，应对依法进行清算。根据《公司法》的规定，公司应当在解散事由出现之日起十五日内成立清算组。有限责任公司的清算组由股东组成，股份有限公司的清算组由董事或股东大会确定的人员组成。逾期不成立清算组进行清算的，债权人可以申请人民法院指定有关人员组成清算组进行清算。人民法院应当受理该申请，并及时组织清算组进行清算。

（二）清算组的职权

清算组在清算期间行使下列职权：①清理公司财产，分别编制资产负债表和财产清单；②通知、公告债权人；③处理与清算有关的公司未了结的业务；④清缴所欠税款以及清算过程中产生的税款；⑤清理债权、债务；⑥处理公司清偿债务后的剩余财产；⑦代表公司参与民事诉讼活动。清算组在公司清算期间代表公司进行一系列民事活动，全权处理公司经济事务和民事诉讼活动。根据《公司法》的规定，清算组成员应当忠于职守，依法履行清算义务。

（三）清算工作程序

1. 登记债权

清算组应当自成立之日起十日内通知债权人，并于六十日内在报纸上公告。债权人应当自接到通知书之日起三十日内，未接到通知书的自公告之日起四十五日内，向清算组申报其债权。债权人申报债权，应当说明债权的有关事项，并提供证明材料。清算组应当对债权进行登记。在申报债权期间，清算组不得对债权人进行清偿。

2. 清理公司财产，制订清算方案

清算组在清理公司财产、编制资产负债表和财产清单后，应当制订清算方案，并报股东会、股东大会或人民法院确认。

清算组在清理公司财产、编制资产负债表和财产清单后，发现公司财产不足清偿债务的，应当依法向人民法院申请宣告破产。

3. 清偿债务

公司财产在分别支付清算费用、职工的工资、社会保险费用和法定补偿金，缴纳所欠税款，清偿公司债务后的剩余财产，有限责任公司按照股东的出资比例分配，股份有限公司按照股东持有的股份比例分配。清算期间，公司存续，但不得开展与清算无关的经营活动。公司财产在未依照前款规定清偿前，不得分配给股东。

4. 公告公司终止

公司清算结束后，清算组应当编制清算报告，报股东会、股东大会或人民法院确认，并报送公司登记机关，申请注销公司登记，公告公司终止。

本章小结

1. 公司，是指依照《公司法》的规定设立的、以营利为目的的企业法人。按照不同的标准，公司有不同的分类。

2.《公司法》规定，在我国只能设立有限责任公司和股份有限公司。

3. 有限责任公司具有股东责任的有限性、设立程序的简便性和股东人数的相对稳

定性等特点。有限责任公司的设立必须符合法律规定的条件和程序。有限责任公司的组织机构为股东会、董事会和经理、监事会，并分别行使其法定的职权。规模较小、股东人数较少的有限责任公司可以不设董事会和监事会。国有独资公司不设股东会，股东会的部分职权由董事会行使。有限责任公司的董事、监事每届任期为三年，连选可以连任。但是公司的董事、经理和财务负责人不得兼任监事。一人有限公司是有限责任公司的一种特殊形式。股东单一，不设股东会，一个自然人只能投资设立一个一人有限责任公司等，它具有自己的特点。

4. 股份有限公司具有股东责任有限性、股东人数广泛性、股份的等额性、设立程序的复杂性等特征。股份有限公司的设立也必须符合法定的条件和程序。股份有限公司的设立可采取发起设立和募集设立两种方式，公司必须设立股东大会、董事会、经理和监事会，并分别行使法定职权。根据《公司法》的规定，股份有限公司可以发行股票来设立公司或增加公司的资本，符合条件的，股份有限公司的股票可以上市交易。股份有限公司、国有独资公司、两个以上的国有企业或其他两个以上的国有投资主体投资设立的有限责任公司，为筹集生产经营资金，可以发行公司债券。上市公司的债券可以转换成股票。

5. 无论是有限责任公司，还是股份有限公司，都必须实行严格的财务制度，按规定报送公司财务会计报告、提取法定公积金和法定公益金。公司在生产经营中，发生合并、分立、解散、清算等，都必须严格遵守法律规定，进行相应的公告、清算、登记等。

基础知识测评

1. 公司的概念和特征分别是什么？
2. 试分析有限责任公司与股份有限公司的异同。
3. 设立有限责任公司应当具备哪些条件？
4. 股份有限公司的设立方式与条件有哪些？
5. 简述股份与股票的关系。
6. 简述公司董事、经理和监事的任职资格与义务。

岗位能力测评

1. 某股份有限公司于 2015 年 3 月 28 日召开董事会会议，该次会议召开情况及讨论的有关问题有：①公司董事会由七名董事组成。出席该次会议的董事有董事王某、张某、李某、陈某；董事何某、孙某、肖某因事不能出席会议，其中，孙某电话委托董事王某代为出席会议并表决，肖某委托董事会秘书杨某代为出席会议并表决。②根据总经理提名，出席本次会议的董事讨论并一致同意，聘任顾某为公司财务负责人，并决定给予顾某年薪10万元；董事会会议讨论通过了公司内部机构设置的方案，表决时，董事张某反对，其他董事表示同意。③该次董事会会议记录，由出席董事会会议的全体董事和列席会议的监事签名后存档。

根据上述情况，回答下列问题：

（1）出席该次董事会会议的董事人数是否符合规定？董事孙某、肖某委托他人出席该次董事会会议是否有效？为什么？

（2）董事会通过的两项决议是否符合规定？为什么？

（3）指出本题③所述内容中不规范之处，并说明理由。

2. 宏达公司是一家老字号食品企业，后改制成为宏达食品股份有限公司，伊美饮料有限公司是其股东之一。2010 年 6 月，宏达公司董事长张某为伊美饮料公司向该市工商银行支行的 200 万元贷款做连带保证。2013 年 6 月，借款期满，伊美饮料公司由于破产无法偿还贷款本息。该工商银行支行即根据保证合同的约定，从宏达食品股份有限公司的账上直接划扣贷款本金 200 万元以及利息 9 万元。宏达食品股份有限公司的股东王某以董事长张某违法对饮料公司提供担保并对宏达公司造成损害为由，向人民法院提起了对张某的诉讼，要求张某向宏达食品股份有限公司承担损害赔偿责任。

根据上述情况，回答下列问题：

（1）作为公司股东的王某能否起诉张某？为什么？

（2）王某起诉张某需要满足什么条件？

（3）王某起诉张某应符合的法定程序是什么？

（4）本案应如何判决？

职考链接

1. 甲、乙、丙、丁、戊于 2010 年共同投资设立了 A 有限责任公司（下称 A 公司），出资比例为 22%，30%，20%，20%，8%。2014 年 A 公司发生有关事项如下：

（1）3 月，甲向银行申请贷款时请求 A 公司为其提供担保。为此甲提议召开临时股东会，董事会如期召开了股东会，会议就 A 公司为甲提供担保事项进行表决时，甲、乙、戊赞成，丙、丁反对，股东会做出了为甲提供担保的决议。

（2）6 月，因 A 公司实力明显增强，乙提议将公司变更为股份有限公司。为此董事会按期召开了股东会，会议就变更公司形式事项进行表决时，乙、丙、丁赞成，甲、戊反对，股东会做出了变更公司形式的决议。

根据公司法律制度的规定，回答下列问题：

（1）甲是否有权提议召开临时股东会？简答说明理由。

（2）股东会做出的为甲提供担保的决议是否合法？简要说明理由。

（3）股东会做出的变更公司形式的决议是否合法？简要说明理由。

2. 2015 年 6 月，A 公司、B 公司、C 公司和陈某共同投资设立 D 有限责任公司（以下简称 D 公司）。D 公司章程规定，①公司注册资本 500 万元。②A 公司以房屋作价 120 万元出资，B 公司以机器设备作价 100 万元出资；陈某以货币 100 万元出资；C 公司出资 180 万元，首期以原材料作价 100 万元出资，余额以知识产权出资。2015 年 12 月前缴足。③公司设股东会，一名执行董事和一名监事。④股东按照 1 ∶ 1 ∶ 1 ∶ 1 行使表决权。公司章程对出资及表决权事项未做其他特殊规定。

公司设立后，A 公司、B 公司和陈某按照公司章程的规定实际缴纳了出资，并办理了相关手续，C 丙公司按公司章程规定缴纳首期出资后，于 2015 年 11 月以特许经营权作价 80 万元缴足出资。

2017 年 6 月，因股东之间经营理念存在诸多冲突且无法达成一致，陈某提议解散 D 公司。D 公司召开股东会就该事项进行表决。A 公司、B 公司和陈某赞成，C 公司反对。于是股东会做出了解散丁公司的决议。D 公司进入清算程序。

清算期间，清算组发现如下情况：

（1）由于市场行情变化，A 公司出资的房屋贬值 10 万元。

（2）B 公司出资时机器设备的实际价额为 70 万元，明显低于公司章程所定价额 100 万元。清算组要求 A 公司补足房屋贬值 10 万元，A 公司拒绝；要求 B 公司和其他股东对 B 公司实际出资价额的不足承担相应的民事责任。

根据上述资料和公司法律制度的规定，回答下列问题：

（1）指出 D 公司股东出资方式中的不合法之处。

（2）D 公司设一名执行董事和一名监事是否合法？

（3）D 公司股东会做出解散公司的决议是否合法？说明理由。

（4）A 公司拒绝补足房屋贬值 10 万元是否合法？说明理由。

（5）对 B 公司的实际出资价额的不足，B 公司和其他股东应分别承担什么民事责任？

拓展实训

1. **实训项目**：制定公司章程

2. **实训目的**：通过实训，加深学生对公司法条文的理解和应用，掌握对公司章程的写作，了解公司章程在公司设立、运行、解散等方面的重要性。

3. **实训内容**：

根据《公司法》及下面的公司创办资料，要求学生制定公司章程，为创办公司做准备。

公司创办资料：

（1）拟公司名称：北京木森科技发展有限责任公司（公司名称已经过工商部门名称预登记）。

（2）注册地址：北京市海淀区商业街 1 号；邮编：100000。

（3）公司投资人及拟注册资本：

张力：出资额4万元，出资方式现金；

王佳：出资额2万元，出资方式现金；

刘英：出资额2万元，出资方式知识产权（著作权）；

丁瑶：出资额1万元，实物；

赵祥：出资额1万元，出资方式现金；

注册资本共10万元。

（4）以现金出资的，均为一次交付。以非货币方式出资的，均办理评估作价和过户手续。

（5）经营范围：计算机技术咨询服务、计算机软硬件、网络科技、网络技术、通信工程、网络工程、电子计算机与电子技术信息。

（6）公司设一名执行董事，一名监事。（执行董事、监事首届任期三年）

第四章
合同法律制度

岗位要求

知识目标

- 了解合同的概念和分类，格式条款及缔约过失责任的概念、应用，合同变更和转让的条件及法律后果，合同权利义务终止的具体情形，免除违约责任的适用情形
- 理解合同法的调整范围和基本原则，要约和承诺的概念及应用
- 掌握合同订立的方式，有效合同、无效合同、可变更可撤销合同和效力待定合同的类型，合同履行过程中的抗辩权及保全措施，保证、抵押、质押、留置和定金在合同担保中的适用、效力及当事人的权利义务，法定解除合同的适用条件，承担违约责任的形式

能力目标

- 能判断当事人双方的合同是否成立，合同成立的时间以及合同条款的效力
- 能有效适用合同的担保方式规避风险，担保债权实现
- 会利用解除合同的法定条件和违约责任的承担方式维护自身权益
- 能审阅具体合同，规避条款漏洞
- 会起草简单的合同

关键词

- 要式　双务　要约　承诺　格式条款　恶意串通　重大误解　显失公平　乘人之危　无权代理　无权处分　同时履行抗辩　后履行抗辩　不安抗辩　代位权　撤销权　保证　抵押　质押　留置　定金　合同解除　违约责任

导入案例

2016年4月，甲公司因欠乙公司货款100万元不能按时偿还，向乙公司请求延期至2017年4月1日还款，并愿意以本公司所有的三台生产设备进行抵押和一辆轿车进行质押，为其履行还款义务提供担保。乙公司同意了甲公司的请求，并与甲公司订立了书面抵押合同和质押合同。甲公司将用于质押的轿车的机动车登记证书交乙公司保管，但未就抵押和质押办理任何登记手续，也未向乙公司交付用于抵押的设备和质押的轿车。

2016年5月1日，甲公司将用于抵押的三台设备出租给丙公司（甲公司已书面告知丙公司这三台设备已经抵押的事实），将用于质押的轿车出租给丁公司，租期均为一年。

2016年8月1日，甲公司未经乙公司同意，将用于抵押的三台设备出售给不知情的戊公司。随后，甲公司通知丙公司：本公司已将出租的三台设备卖给戊公司，要求解除租赁合同，丙公司可不再支付剩余9个月的租金，并请其将这三台设备交付给戊公司。丙公司表示同意，且立即向戊公司交付了这三台设备。

2017年4月1日，甲公司仍无力向乙公司偿还货款。乙公司在调查了解甲公司资产状况时得知，庚公司欠甲公司到期货款100万元，甲公司怠于行使对庚公司的到期债权。

2017年4月15日，乙公司对庚公司提起了代位权诉讼。

【讨论分析】

1．甲公司以三台设备设定抵押时，未办理任何登记手续，也未向乙公司交付用于抵押的设备，乙公司的抵押权是否已经设立？

2．乙公司是否有权就用于抵押的三台设备向戊公司行使抵押权？

3．甲公司以其轿车设定质押时，未办理任何登记手续，也未向乙公司交付用于质押的轿车，乙公司的质权是否已经设立？

4．乙公司是否有权对庚公司提起代位权诉讼？

第一节　合同法概述

一、合同的概念和分类

（一）合同的概念

《合同法》规定："本法所称合同，是指平等主体的自然人、法人及其他组织之间设立、变更或终止民事权利义务关系的协议。"法人，是指依法成立的能够独立享有民事权利并承担民事义务的组织，包括机关、事业单位、社会团体、企业等。其他组织，是指不具备法人资格的合伙企业、个人独资企业以及分支机构等。合同具有以下法律特征。

（1）合同是平等主体之间的民事法律行为。

（2）合同是以设立、变更、终止民事权利义务为目的的民事法律行为。

（3）合同是当事人意思表示一致而达成的协议。

（二）合同的分类

根据不同的标准可以对合同进行不同的分类。

1. 单务合同和双务合同

根据双方当事人是否互负义务为标准，合同可以分为单务合同和双务合同。

单务合同，是指仅有一方负担给付义务的合同，如赠予合同。双务合同，是指当事人双方互负给付义务的合同，如买卖合同。在合同的履行过程中，当事人行使抗辩权的前提必须是在同一双务合同中，在单务合同中，当事人不能行使抗辩权。

2. 要式合同和不要式合同

根据合同成立是否需要采用特定的形式和手续可以划分为要式合同与不要式合同。

要式合同，是指需要特定形式或手续才能成立的合同，如房屋买卖合同属于要式合同。不要式合同，是指不需要采用特定形式或手续即可成立的合同。

3. 诺成合同和实践合同

根据是否需要交付标的物合同才能成立为标准，分为诺成合同和实践合同。

诺成合同，是指当于人一方的意思表示一旦经对方同意即能产生法律效果的合同，如买卖合同。实践合同，是指除当事人意思表示一致外，还要求以标的物的实际交付合同才能成立的合同，如自然人之间的借贷合同、保管合同、定金合同等。

4. 主合同和从合同

根据合同是否具有从属性为标准，分为主合同和从合同。

主合同，是指不需依附于其他合同而能独立存在的合同；从合同，是指必须依附于其他合同而存在的合同。如借款合同是主合同，为借款合同而设立的抵押合同是从合同。

5. 有名合同和无名合同

根据法律上是否规定了一定合同的名称与规则，合同分为有名合同和无名合同。

有名合同，是指法律上确定了一定名称的合同与规则。《合同法》分则确认了 15 种有名合同：买卖合同；供用电、水、气、热力合同；赠予合同；借款合同；租赁合同；融资租赁合同；承揽合同；建设工程合同；运输合同；技术合同；保管合同；仓储合同；委托合同；行纪合同；居间合同。无名合同，是指法律上尚未确定一定的名称和规则的合同，如劳务合同、电子商务合同等。无名合同只要不违反法律的禁止性规范或社会公共利益，同样具有法律效力。

二、合同法的概念和调整范围

（一）合同法的概念

合同法是调整合同关系的法律规范的总称。我国现行合同法是 1999 年 3 月 15 日第九届全国人民代表大会第二次会议通过的《中华人民共和国合同法》，自 1999 年 10 月 1

日起施行。该法分为总则、分则、附则三篇，共二十三章四百二十八条。为保障《合同法》的顺利实施，最高人民法院分别于 1999 年 12 月 1 日、2009 年 2 月 9 日通过了关于适用《〈中华人民共和国合同法〉若干问题的解释（一）》《〈中华人民共和国合同法〉若干问题的解释（二）》并发布实施。

知识窗

2012 年 3 月 31 日通过的《最高人民法院关于审理买卖合同纠纷案件适用法律问题的解释》和 2015 年 6 月 23 日通过的《最高人民法院关于审理民间借贷案件适用法律若干问题的规定》在合同法的实践应用中具有很强的实用价值。

（二）合同法的调整范围

合同法调整的是平等主体之间的民事关系，主要调整法人、其他组织之间的经济贸易合同关系，同时还包括自然人之间的买卖、租赁、借贷、赠予等合同关系。政府的经济管理活动，属于行政管理关系，不是民事关系，不适用《合同法》；企业、单位内部的管理关系，不是平等主体之间的关系，也不适用《合同法》；有关婚姻、收养、监护等有关身份关系的协议，不适用《合同法》的规定，由其他法律调整。

三、合同法的基本原则

（一）平等原则

在订立、履行合同的过程中，当事人的法律地位一律平等，任何一方不得将自己的意志强加给另一方。

（二）自愿原则

当事人依法享有自愿订立合同的权利，任何单位和个人不得非法干预。自愿原则也称合同的自由原则，但当事人在享有合同自由的同时，不得违反法律的强制性规定和社会公共利益。

（三）公平原则

合同法规定，当事人应当遵循公平原则，确定各方的权利和义务。

（四）诚实信用原则

诚实信用要求当事人订立合同时恪守诺言、诚实不欺，在交易活动中善意地行使权利、履行义务。

（五）合法原则

当事人订立、履行合同，应当遵守法律、行政法规，尊重社会公德，不得扰乱社会经济秩序，损害社会公共利益。

第二节 合同的订立

合同的订立，是双方或多方当事人做出意思表示，并达成一致的一种状态。它描述的是订约人从接触、洽商直至达成合意的全过程。

一、合同的形式与合同的内容

（一）合同的形式

当事人订立合同，可以采取书面形式、口头形式和其他形式。

1. 口头形式

口头形式的合同方便易行，但缺点是发生争议时难以举证确认责任，不够安全。

2. 书面形式

对法律、行政法规规定须采用书面形式的合同，当事人应采用书面形式。当事人自行约定合同采用书面形式的，也应采用书面形式。书面形式，是指合同书、信件和数据电文（包括电报、电传、传真、电子数据交换和电子邮件）等各种可以有形地表现所载内容的形式。

3. 其他形式

视频·其他合同的形式

当事人未用语言或文字明确表示订立合同的意思，但根据当事人的行为或特定情形可推定合同成立，包括推定、默示等形式。

（二）合同的内容

合同的内容即合同的各项条款。在不违反法律强制性规定的情况下，合同的内容由当事人约定，一般包括以下条款：①当事人的名称或姓名和住所；②标的，即合同双方当事人权利义务所共同指向的对象，标的可以是物，也可以是行为；③数量，即对标的的量的规定，是对标的的计量；④质量，主要指标的品种、型号、规格、等级等；⑤价款或报酬；⑥履行期限、地点和方式；⑦违约责任；⑧解决争议的方法。

上述八项内容中，标的和数量条款是合同成立的必备条款，不可或缺；其他条款欠缺可由当事人事后协商或依法律规定加以确认，不影响合同的成立。

二、格式条款

格式条款指一方当事人为与不特定多数人订立合同需重复使用而单方预先拟定的，并在订立合同时不允许对方协商变更的条款。由于格式条款是由一方当事人事先拟订的，且在合同谈判中不容对方协商修改，双方的法律地位处于不平等状态，因此，格式条款内容往往欠缺公平性。

我国《合同法》对格式条款的规定主要表现在以下几个方面。

（1）提供格式条款一方的义务。采用格式条款订立合同的，提供格式条款的一方应遵循公平原则确定当事人之间的权利和义务，并采取合理的方式提请对方注意免除或限制其责任的条款，按照对方的要求，对该条款予以说明。

（2）格式条款无效的情形。格式条款具有合同法规定的条款无效情形的，或提供格式条款一方免除其责任、加重对方责任、排除对方主要权利的，该条款无效。有造成对方人身伤害的免责条款，有故意或重大过失造成对方财产损失的免责条款，均为无效条款。

（3）对格式条款的解释规则。对格式条款的理解发生争议的，应按照通常理解予以解释。对格式条款有两种以上解释的，应做出不利于提供格式条款一方的解释。格式条款和非格式条款不一致的，应采用非格式条款。

热点透析

分析“店堂告示”的效力如何

提示：实践中，常见“禁止自带酒水”“收取包间最低消费”“贵重物品丢失概不负责”等店堂告示，经营者以格式条款、通知、声明、店堂告示等方式，做出排除或限制消费者权利、减轻或免除经营者责任、加重消费者责任等对消费者不公平、不合理的规定，这样的格式条款，其内容无效。

三、合同订立的方式

格式条款·试题

当事人订立合同，应当采取要约、承诺的方式。

（一）要约

要约是希望和他人订立合同的意思表示。发出要约的当事人称为要约人，要约所指向的对方当事人称为受要约人。

1. 要约应具备的条件

（1）内容具体确定。要约的内容必须具备使合同得以成立的全部主要条款，受要约人一经承诺合同即可成立。

（2）表明一经受要约人承诺，要约人即受该意思表示的约束。只要受要约人做出承诺，合同即告成立，要约人就要受到合同的约束。

2. 要约邀请

要约邀请是希望他人向自己发出要约的意思表示。要约邀请与要约不同：要约是以订立合同为目的的法律行为，一经发出就会产生一定的法律效果；要约邀请是合同的准备阶段，其目的是让他人向自己发出要约，不属于订立合同的行为，没有法律约束力。我国《合同法》规定，寄送的价目表、拍卖公告、招标公告、招股说明书等均为要约邀请；商业广告，视其内容确定是要约还是要约邀请，若内容符合要约规定条件的，则视为要约，否则是要约邀请。

热点透析

你认为“悬赏广告”是要约还是要约邀请

提示：所谓悬赏广告就是明确写明“赏金××元”，内容具体确定，如果要约人并未表示不受该意思表示的约束，则“悬赏广告”构成要约。受要约人若承诺则合同成立，要约人必须履行合同，否则构成违约。

3．要约生效时间

我国合同法采取“到达主义”确定合同的生效时间，即要约到达受要约人时生效。采用数据电文形式订立合同，收件人指定特定系统接收数据电文的，该数据电文进入该特定系统的时间，视为到达时间；未指定特定系统的，该数据电文进入收件人的任何系统的首次时间，视为到达时间。需要注意的是，到达受要约人，并不是指要约一定实际到达受要约人或其代理人手中，要约只要送达到受要约人通常的地址、住所或能够控制的地方（如邮箱等）即视为送达。

4．要约的撤回、撤销

要约撤回，是指要约发出后、生效前，要约人做出的取消要约的意思表示。《合同法》规定，撤回要约的通知应当在要约到达受要约人之前或与要约同时到达受要约人。

要约撤销，是指要约人在要约生效后、受要约人承诺前，使要约丧失法律效力的意思表示。《合同法》规定，撤销要约的通知应当在受要约人做出承诺通知之前到达受要约人。由于撤销要约可能会给受要约人带来不利的影响，损害受要约人的利益，《合同法》规定，有下列情形之一的，要约不得撤销：①要约人确定了承诺期限或者其他形式明示要约不可撤销；②受要约人有理由认为要约是不可撤销的，并且已经为履行合同做了准备工作。

5．要约的失效

要约失效是指要约丧失法律约束力。根据《合同法》的规定，有下列情形之一的，要约失效：①拒绝要约的通知到达要约人；②要约人依法撤销要约；③承诺期限届满，受要约人未做出承诺；④受要约人对要约的内容做出实质性变更。

（二）承诺

承诺是受要约人完全同意要约的意思表示。

要约 · 试题

1．承诺应具备的要件

承诺生效必须具备如下要件：

（1）承诺必须由受要约人做出。只有受要约人才有资格做出承诺，第三人不能做出承诺。第三人向要约人做出的同意要约的意思表示，应视为其向要约人发出的要约。

（2）承诺必须在有效期限内做出。只有在要约有效期限内做出承诺，才能使合同成立。受要约人超过承诺期限发出承诺的，为迟延承诺，除要约人及时通知受要约人该承诺有效的以外，视为新要约。

导入案例解析

2. 承诺生效的时间

根据《合同法》的规定，承诺生效时合同成立。承诺自通知到达要约人时生效。

3. 承诺的撤回

承诺可以撤回。撤回承诺的通知应当在承诺通知到达要约人之前或与承诺通知同时到达要约人。承诺不可撤销。

经典案例

A公司急需钢材，遂同时向甲、乙、丙三个厂家发出函电，函电内容如下："我公司急需建筑用二号钢材100吨，每吨6 000元，送货上门，本函电有效期10天。"甲厂于收到函件后第二天回复："如果每吨7 000元，我厂将送货上门。"并未等到A公司的回函，甲厂于第四天送货上门，A公司无奈急用，遂接货，并于当日结清货款。乙厂于收到函件后第五天回复："你方要求全部同意，明日到货。"并于第六天将钢材运到，A公司称已经购买了100吨钢材，不再需要乙厂的货物，因此拒收货物并拒绝赔偿乙厂的运费损失。丙厂于收到函件后第八天直接将货物运到A公司指定地点，A公司称并未同意丙厂送货，双方之间不存在生效合同，因此拒收丙厂货物。

【分析】A公司与甲、乙、丙三厂的合同是否成立？于何时成立？A公司应怎样做才能避免出现此类情形？

【解析】A公司与甲厂的合同于第四天接货时成立，第二天的回函是要约，第四天A公司接货是承诺。A公司与乙厂的合同于第五天回函时成立，A公司最初的函电是要约，乙厂第五天的回函是承诺。A公司与丙厂的合同于第八天到货时成立，A公司最初的函电是要约，丙厂第八天的送货行为是承诺。综上，A公司与三厂的合同均成立，需履行合同，否则承担违约责任。实践中为避免此类情形出现，一般有两种解决办法：第一，A公司首先发出的函件不要构成要约，内容不要太具体确定，构成要约邀请即可，等对方回复后由自己来承诺，这样合同是否成立的主动权在自己；第二，不要同时发给多个受要约人，否则要承担多份合同同时成立的风险。

四、合同成立的时间和地点

（一）合同成立的时间

根据《合同法》的规定，承诺生效时合同成立。由于合同的形式不同，确定合同成立的时间标准也不同。根据《合同法》的规定，当事人采用合同书形式订立合同的，自双方当事人签字或盖章时合同成立；当事人采用信件、数据电文等形式订立合同，要求签订确认书的，签订确认书时合同成立。法律、行政法规规定，当事人约定采用书面形式订立合同，当事人未采用书面形式或者采用合司书形式订立合同，当事人未签字、盖章，但当事人一方已经履行主要义务，对方接受的，合同成立。

（二）合同成立的地点

承诺生效的地点为合同成立的地点。采用数据电文形式订立合同的，收件人的主营业地为合同成立的地点；没有主营业地的，其经常居住地为合同成立的地点。当事人另有约定的，从其约定。

五、缔约过失责任

缔约过失责任

缔约过失责任，是指当事人在订立合同的过程中，因违背诚实信用原则致使合同不能成立、不能生效或被撤销，给对方造成损失时应承担的损害赔偿责任。

《合同法》的规定，当事人在订立合同过程中有下列情形之一，给对方造成损失的，应当承担损害赔偿责任：①假借订立合同，恶意进行磋商；②故意隐瞒与订立合同有关的重要事实或提供虚假情况；③泄露或不正当地使用对方的商业秘密；④有其他违背诚实信用原则的行为。

知识窗

缔约过失责任与违约责任不同，违约责任产生于合同生效之后，适用于生效合同，赔偿的是可期待利益的损害；缔约过失责任则发生在合同成立之前，适用于合同未成立、未生效、无效等情况，赔偿的是信赖利益的损失。信赖利益损失小于或等于可期待利益的损失。

第三节　合同的效力

视频·合同的效力

合同的效力，又称合同的法律效力，是指已成立的合同具有的法律约束力。合同的成立与合同的效力不同，合同成立与否取决于当事人之间是否就合同内容达成一致，而合同具有怎样的效力取决于法律做出怎样的评价。《合同法》对合同的效力规定了四种情况：①有效合同；②无效合同；③可撤销合同；④效力待定合同。

一、有效合同

有效合同是符合法律规定的生效要件的合同。

（一）合同的生效要件

1. 行为人具有相应的民事行为能力

任何合同都是以当事人的意思表示为基础，并以产生一定的法律效果为目的的，因此，行为人必须具备与订立某项合同相应的民事行为能力。

2. 意思表示真实

意思表示，是指行为人将其产生、变更和终止民事权利和民事义务的意思表示于外部的行为。意思表示真实，是指表意人的表示行为应当真实反映其内心的意思。

3. 不违反法律或社会公共利益

合同不违反法律，是指合同各项条款都必须符合法律、行政法规的强行性规定。合同在内容上不得违反社会公共利益。社会公共利益指我国社会生活的政治基础、社会秩序、道德准则和风俗习惯等，与国外立法中的公序良俗有相似之处。

（二）合同的生效时间

我国《合同法》对合同生效的时间规定了以下三种情形。

（1）依法成立的合同，自成立时生效。

（2）法律、行政法规规定应当办理批准、登记等手续生效的，依照其规定办理批准、登记等手续后生效。法律、行政法规规定合同应办理登记手续，但未规定登记后生效的，当事人未办理登记手续不影响合同的效力，但合同标的物所有权及其他物权不能转移。

（3）当事人对合同的效力可以约定附条件、附期限。附生效条件的合同，自条件成就时生效。如甲与乙约定，当甲的弟弟考上外地大学，甲的房屋就让乙居住（租赁合同生效），这就是附生效条件的合同。附解除条件的合同，自条件成就时失效。例如，丙与丁约定，当丙的弟弟大学毕业从外地分配到北京工作，丁就从丙的房屋中搬出（解除租赁合同），这就是附解除条件的合同。当事人对合同的效力可以约定附期限，附生效期限的合同，自期限届至时生效；附终止期限的合同，自期限届满时失效。

知识窗

条件与期限是有区别的，条件具有合法性、不确定性、未来性等特点，而期限具有确定性、未来性等特点。期限是未来一定可以到来的一个期限，而条件成就与否处于不确定性状态，这是二者最根本的区别。

二、无效合同

无效合同，是指合同虽然已经成立，但因其违反法律、行政法规或社会公共利益，因而不发生法律效力的合同。合同的无效分为全部无效与部分无效两种情况。对于合同内容部分无效的合同，无效内容不影响其他部分效力的，其他部分仍然有效。

（一）无效合同的情形

根据《合同法》的规定，有下列情形之一的，合同无效。

（1）一方以欺诈、胁迫的手段订立合同，损害国家利益。

（2）恶意串通，损害国家、集体或第三人利益。

（3）以合法形式掩盖非法目的。

（4）损害社会公共利益。

（5）违反法律、行政法规的强制性规定。

另外，《合同法》还对免责条款的无效情形做了规定。根据规定，下列免责条款无效。

（1）造成对方人身伤害的；

（2）因故意或重大过失造成对方财产损失的。

（二）无效合同的法律后果

无效合同自始就没有法律约束力，任何人均可主张。合同部分无效，不影响其他部分效力的，其他部分仍然有效。合同无效后，因合同取得的财产，应当予以返还；不能返还或没有必要返还的，应当折价补偿。有过错的一方应当赔偿对方因此受到的损失，双方都有过错的，应当各自承担相应的责任。当事人恶意串通，损害国家、集体第三人利益的，因此取得的财产收归国家所有或返还集体、第三人。

三、可撤销合同

可撤销合同，是指合同当事人订立合同时意思表示不真实，通过享有撤销权的当事人向人民法院或仲裁机构行使撤销权，使已经生效的合同变更或归于无效的合同。

（一）可撤销合同的情形

1. 因重大误解而订立的合同

重大误解，是指行为人做出意思表示时，对涉及合同法律效果的重要事项存在认识上的显著缺陷，其后果是使行为人受到较大的损失，以至于根本达不到缔约目的。重大误解包括对合同性质的误解，如将出卖误认为赠予；对标的物品种的误解；对标的物质量的误解等。对标的物的规格、数量、包装、履行方式、履行地点、履行期限等内容发生误解，给误解人造成较大损失的，也应构成重大误解。

2. 显失公平的合同

显失公平，是指一方当事人利用对方当事人紧迫或缺乏经验的情况，使订立合同的双方权利和义务极不对等，经济利益上极不平衡的情形。

3. 以欺诈、胁迫的手段或乘人之危订立的合同

一方以欺诈、胁迫的手段或乘人之危，使对方在违背真实意思的情况下订立的合同，受损害方有权请求人民法院或仲裁机构变更或撤销。须注意的是，因一方欺诈、胁迫而订立的合同，若损害到国家利益，则为无效合同。

（二）撤销权的行使与消灭

撤销权，是指合同一方当事人凭单方撤销的意思表示使合同等法律行为的效力溯及既往地归于消灭的权利。对于因重大误解订立的合同和在订立时显失公平的合同，当事人任何一方均有权请求人民法院或仲裁机构变更或撤销合同；对于一方以欺诈、胁迫的手段或乘人之危使对方在违背真实意思的情况下订立的合同，则只有受损害方当事人才可以行使撤销请求权，请求人民法院或仲裁机构变更或撤销合同。

有下列情形之一的，撤销权消灭：①具有撤销权的当事人自知道或应知道撤销事由之日起一年内没有行使撤销权；②具有撤销权的当事人知道撤销事由后明确表示或以自

己的行为表示放弃撤销权。

撤销权人行使了撤销权的，被撤销的合同，同无效合同一样，自始没有法律约束力。未履行的合同不再履行，已履行的合同应停止履行。已经从合同对方取得的财产，应返还对方；财产已不存在或由第三人善意取得的，应折价偿还。因自己的过错给对方造成损失的，应承担赔偿损失的责任；双方都有过错的，则各自承担相应的责任。

四、效力待定合同

效力待定合同，是指合同的有效或无效处于不确定状态，尚待享有形成权的第三人的追认来确定的合同。效力待定合同包括以下几种类型。

（一）限制民事行为能力人依法不能独立订立的合同

限制民事行为能力人依法不能独立订立的合同属于效力待定的合同，经法定代理人追认后，该合同有效。相对人可以催告法定代理人在一个月内予以追认。法定代理人未做表示的，视为拒绝追认。但纯获利益的合同或者与其年龄、智力、精神健康状况相适应而订立的合同，不必经法定代理人追认。例如，张某，15 岁，买了一双普通的球鞋，因为该合同与其年龄、智力等相适应，因此不必经法定代理人追认就有效。

（二）无代理权人以他人名义订立的合同

无代理权人以他人名义订立的合同包括三种情况：①无权代理人自始没有代理权而以他人名义订立的合同；②无权代理人超越代理权订立的合同；③无权代理人在代理权终止后订立的合同。行为人没有代理权，超越代理权或者代理权终止后以被代理人名义订立的合同，未经被代理人追认，对被代理人不发生效力，由行为人承担责任。相对人可以催告被代理人在一个月内予以追认。被代理人未做表示的，视为拒绝追认。

（三）无处分权人处分他人财产的合同

无处分权人处分他人财产的合同属于效力待定合同，经权利人追认或无处分权人订立合同后取得处分权的，该合同有效。

热点透析

你认为“租个女友回家过年”所订立的合同，效力如何

提示：租赁合同是出租人将租赁物交付承租人使用、收益，由承租人支付租金的合同。也就是说，租金合同的标的物只能是物。另外，协议双方采取的是一种虚构事实、隐瞒真相的方式，本身带有明显的欺骗性质，违反了诚实信用和善良风俗等社会公共利益，因而是无效合同。

第四节　合同的履行

合同的履行，是指债务人全面地、适当地完成约定的义务，以使债权人的债权得到完全实现。另外，在合同的履行过程中，当事人应当遵循诚实信用原则来完成合同中规定的各项义务，同时还要根据合同的性质、目的和交易习惯履行通知、协助、保密等义务。

一、合同履行的规则

（一）合同部分条款没有约定或约定不明确时的履行规则

根据《合同法》的规定，合同生效后，当事人就质量、价款或报酬、履行地点等内容没有约定或约定不明确时，应适用以下履行规则。

1. 协议补充

《合同法》规定，合同生效后，当事人就质量、价款或报酬、履行地点等内容没有约定或约定不明确的，可以协议补充。

2. 根据合同有关条款或交易习惯确定

当事人不能达成补充协议时，根据《合同法》的规定，可按照合同的有关条款或交易习惯确定。

3. 法律补救

《合同法》规定，当事人就有关内容约定不明确，依照上述方法仍不能确定的，适用以下规定。

（1）对质量要求不明确的，按照国家标准、行业标准履行；没有国家标准、行业标准的，按照通常标准或符合合同目的的特定标准履行。

（2）价款或报酬约定不明确，按照订立合同时履行地的市场价格履行；依法应当执行政府定价或政府指导价的，按照规定履行。

（3）履行地点不明确，给付货币的，在接受货币一方的所在地履行，其他标的在履行义务的一方的所在地履行。

（4）履行期限不明确的，债务人可以随时履行，债权人也可以随时要求履行，但应当给对方必要的准备时间。

（5）履行方式不明确的，按照有利于实现合同目的的方式履行。

（6）履行费用的负担不明确的，由履行义务的一方负担。

（二）涉及第三人的合同履行规则

1. 向第三人履行的合同

向第三人履行的合同，是指当事人约定，由债务人向第三人履行债务，第三人直接取得债权的合同。债权人可以要求债务人在未向第三人履行债务或履行债务不符合约定时，承担违约责任。债务人按照合同向第三人履行时，应当通知第三人。

2. 由第三人履行的合同

由第三人履行合同，是指当事人约定，由第三人向债权人履行债务的合同。该合同必须征得第三人同意，第三人只负担向债权人履行，不承担合同责任，如第三人不履行债务或履行债务不符合约定时，债务人应向债权人承担违约责任。

二、合同履行中的抗辩权

双务合同的当事人互负对待给付义务，当事人一方所享有的合同权利，即为对方所承担的合同义务。在双务合同的履行过程中，当事人享有履行抗辩权。双务合同履行抗辩权，是指在符合法定条件时，当事人一方对抗对方当事人的履行请求权，暂时拒绝履行其债务的权利。履行抗辩权是一种自助权，当事人在符合法定条件时，可以自己行使该权利，不必经人民法院或仲裁机构确认。履行抗辩权的行使，在于阻止合同请求权的效力，但其本身并不消灭合同的履行效力，在产生履行抗辩权的原因消失后，债务人应当履行合同。《合同法》规定了双务合同的三种履行抗辩权：同时履行抗辩权、不安抗辩权、后履行抗辩权。

（一）同时履行抗辩权

1. 概念

同时履行抗辩权，是指双务合同的当事人应同时履行义务的，一方在他方未履行之前，有权拒绝对方的履行请求。《合同法》规定，当事人互负债务，没有先后履行顺序的，应当同时履行。一方在对方履行之前有权拒绝其履行要求，一方在对方履行债务不符合约定时，有权拒绝其相应的履行要求。

2. 构成要件

同时履行抗辩权的行使，须具备以下构成要件：

（1）当事人因同一双务合同而互负债务。

（2）双方当事人互负的债务没有先后履行顺序且均已届清偿期。

（3）对方当事人未履行债务或未按约定履行债务。

（4）对方的对待给付是可能履行的。

法律设定同时履行抗辩权的目的是使双方当事人同时履行自己的债务，同时实现自己的债权。如果对方当事人的履行已经不可能时，同时履行的目的不可能达到，当事人只能通过其他途径寻求救济。

经典案例

甲学校、乙公司签订了一份定做学生校服的合同。合同约定：甲学校向乙公司订购服装 500 套，每套 100 元，总计价款 5 万元，8 月 30 日钱货两清。乙公司如期完成了 500 套服装的加工，甲学校却以资金紧张为由请求乙公司先交付服装，待学生开学收齐学费后，再交服装款 5 万元，乙公司拒绝了甲学校的要求。

【分析】乙公司拒绝甲学校的要求合法吗？为什么？

【解析】乙公司的拒绝行为是合法的，行使的是同时履行抗辩权。本案例中，双方当事人约定“钱货两清”，表明双方没有先后履行顺序，应当同时履行，一方不履行或履行不符合约定的，对方有权拒绝履行。

3. 法律效力

同时履行抗辩权属于一时的、延缓的抗辩权，只是暂时阻止对方当事人请求权的行使，非永久的抗辩权，不具有消灭对方请求权的效力。对方当事人一旦完全履行了合同义务，同时履行抗辩权消灭，当事人应当履行自己的义务。

（二）不安抗辩权

不安抗辩权

1. 概念

不安抗辩权，是指在双务合同中，应当先履行债务的一方当事人有确切证据证明对方的经营状况严重恶化，或者转移财产、抽逃资金以逃避债务，或者丧失商业信誉，以及有丧失或可能丧失履行债务能力的其他情形时，中止履行自己债务的权利。设立不安抗辩权制度是为了保护先履行债务当事人的合法权益。

2. 构成要件

（1）当事人因双务合同而互负债务。

（2）一方当事人应先履行债务。在双务合同中，当事人的履行有先后顺序时，先履行一方应当先履行债务。但是，如果后履行一方当事人出现或发生丧失或可能丧失履行债务能力的情形时，为避免先履行债务一方当事人对待给付不能实现的风险，先履行债务一方可以暂停履行。

（3）后履行一方有不能对待给付的现实危险。不安抗辩权制度保护先履行一方是有条件的，不允许其在后履行一方有履行能力的情况下行使不安抗辩权，只能在有不能为对待给付的现实危险，害及先履行一方的债权实现时，才能行使不安抗辩权。根据《合同法》的规定，应当先履行债务的当事人，有确切证据证明对方有下列情形之一的，可以中止履行：①经营状况严重恶化；②转移财产、抽逃资金以逃避债务；③丧失商业信誉；④有丧失或可能丧失履行债务能力的其他情形。

（4）不安抗辩权的行使人是履行债务顺序在前的一方当事人。

3. 法律效力

不安抗辩权的效力表现为为中止履行及解除合同。

（1）中止履行。中止履行，是指暂停履行合同或延期履行合同。先履行一方有确切证据证明后履行一方丧失或可能丧失履行能力时，有权中止履行合同，当后履行一方提供担保时，先履行一方应恢复履行。

（2）解除合同。先履行一方中止履行后，后履行一方在合理期限内未恢复履行能力并且未提供适当担保的，先履行一方有权解除合同。

（3）通知及举证义务。

①通知义务。通知义务即主张不安抗辩权的当事人，应当立即通知对方。不安抗辩权的行使，取决于权利人一方的意思，无须征得对方的同意。但为避免给对方当事人造成损害，同时也便于对方及时提供担保，《合同法》规定主张不安抗辩权的当事人应当及时通知对方。

②举证义务。主张不安抗辩权的当事人应提供证据证明对方存在丧失或可能丧失履行能力的情形。为防止不安抗辩权的滥用，防止先履行一方借不安抗辩权随意中止合同的履行，《合同法》规定，主张不安抗辩权的一方应负举证义务；如果没有确切证据而中止合同履行的，中止履行的一方应当承担违约责任。

（三）后履行抗辩权

1. 概念

后履行抗辩权，是指当事人互负债务，有先后履行顺序的，先履行一方未履行之前，后履行一方拒绝履行自己债务的权利。先履行一方履行债务不符合约定的，后履行一方有权拒绝其相应的履行要求。

重点提示

后履行抗辩权不同于同时履行抗辩权。后履行抗辩权发生于有先后履行顺序的双务合同中，而同时履行抗辩权发生于双方当事人的债务没有先后履行顺序的双务合同中；后履行抗辩权不同于不安抗辩权。不安抗辩权与后履行抗辩权都是在双方当事人的债务有先后履行顺序的双务合同中，但不安抗辩权是先履行一方所享有的权利，而后履行抗辩权是后履行一方所享有的权利。

2. 构成要件

抗辩权 · 试题

构成后履行抗辩权须符合以下要件：

（1）须双方当事人因同一双务合同互负债务。

（2）合同债务的履行须有先后履行顺序。

（3）先履行一方未履行债务或其履行债务不符合约定。

（4）后履行抗辩权的行使人是履行义务顺序在后的一方当事人。

三、合同的保全

合同的保全，是指在合同关系生效后，债权人为防止债务人的财产不当减少而危害其债权，对合同关系之外的第三人所采取的保护债权的法律措施。合同的保全措施包括两种：一是债权人有权代债务人之位向第三人行使债务人的权利，即债权人的代位权制度；二是债权人有权撤销债务人与第三人之间所为的法律行为，即债权人的撤销权制度。

（一）代位权

1. 概念

债权人的代位权，是指因债务人怠于行使其对第三人的到期债权，对债权人造成损害，债权人为保全自己的债权，可以向人民法院请求以自己的名义代位行使债务人的债权。债权人的代位权不同于代理权，债权人的代位权是债权人以自己的名义行使债务人的债权的权利，而代理权是指债权人作为债务人的代理人以债务人的名义对第三人行使债务人的权利。

2. 成立要件

债权人代位权的成立，必须同时具备以下四个要件。

（1）债权人对债务人的债权合法。

（2）须债务人享有对第三人的合法债权。债权人代位权的行使是为了增加债务人的财产，以保证债权人债权的实现，因而必须存在债务人享有对第三人的合法债权。但是，如果债务人对第三人的债权是专属于债务人自身的债权，如基于抚养关系、扶养关系、赡养关系、继承关系产生的给付请求权和劳动报酬、退休金、养老金、抚恤金、安置费、人身伤害赔偿请求权等权利，债权人不得代位行使。

债务·试题

（3）须债务人怠于行使对第三人的到期债权，损害到对债权人履行债务。怠于行使，是指债务人客观上应行使而不行使，只有在债务人怠于行使对第三人的到期债权时，债权人的代位权才能成立。

（4）债务人与债权人的合同关系已到期，债务人已陷于迟延履行。

3. 代位权的行使

债权人的代位权是债权人的一项权利，债权人在行使代位权时应当符合法律的规定，即应符合下列要求：①代位权行使的主体是债权人。②代位权的行使须以债权人自己的名义。③代位权行使须以诉讼的方式为之。代位权的行使涉及债的关系以外的第三人，必须通过诉讼程序以法院裁判的方式行使，债权人不得自己迳行行使。④代位权行使以保全债权为必要限度。债权人行使代位权的范围，以保全债权人的债权为必要限度，对超出部分人民法院不予支持。⑤债权人行使代位权的必要费用，由债务人负担。

热点透析

请分析，如果提起代位权诉讼，原告需要向法院提交什么证据。

提示：代位权诉讼对于原告（债权人）的举证责任要求较高，原告需要证明两个债权债务关系的存在而且已经到期，分别是债权人与债务人、债务人与次债务人之间的债权债务关系。对于原告而言，证明债权人与债务人之间的债权债务关系较为容易，但证明债务人与次债务人之间的债权债务关系就比较困难了，也就是这个原因，实践中代位权诉讼很难用来保全债权的实现。

（二）撤销权

1. 概念

撤销权指债权人对债务人实施的危及债权实现的减少财产行为，可以请求人民法院予以撤销的权利。根据《合同法》的规定，因债务人放弃其到期债权或无偿转让财产，对债权人造成损害的，债权人可以请求人民法院撤销债务人的行为。债务人以明显不合理的低价转让财产，对债权人造成损害，并且受让人知道该情形的，债权人可以请求人民法院撤销债务人的行为。

2. 成立要件

（1）须有债务人的行为。撤销权之目的在于撤销债务人行为的法律效力，故须以存在债务人的行为为前提。债务人的行为包括放弃到期债权、无偿转让财产、以明显不合理的低价转让财产等行为。

（2）债务人的行为须害及债权。债务人的所谓害及债权是指因债务人的行为，致使债权不能完全受清偿。如果债务人的行为不影响债权人债权实现的，债权人不得行使撤销权。

（3）须债务人有恶意。这是债权人行使撤销权的主观要件，即债务人与第三人进行该行为时，明知该行为有害于债权人而故意为之。对于低价转让的有偿行为，须以债务人和受让人的主观恶意为要件，债权人的撤销权才能成立。对于无偿转让行为，撤销权的成立不以债务人和第三人的恶意为要件。

3. 撤销权的行使及效力

（1）撤销权的行使。债权人的撤销权由债权人行使。撤销权的行使，应以诉讼方式为之。债权人撤销权的行使范围以保全债权人的债权为必要限度。撤销权的行使，应在法定期间内进行。我国《合同法》规定，撤销权自债权人知道或应当知道撤销事由之日起一年内行使。自债务人的行为发生之日起五年内没有行使撤销权的，该撤销权消灭。

（2）撤销权的效力。债权人撤销权行使的效力，依法院的判决而发生，其效力及于债权人、债务人和第三人。对于债权人而言，行使撤销权的债权人可以请求第三人将所得的利益返还给债务人。对债务人及第三人而言，债务人的行为一经法院撤销，自始没有法律效力。

热点透析

在合同法律关系中，会出现一方当事人转移财产、逃避债务的行为；在离婚诉讼中，通常也会出现一方当事人转移夫妻共同财产的行为。请分析，针对这些行为，如何利用法律维护自身权益。

提示：若出现债务人转移财产、逃避债务的行为，或者夫妻一方转移共同财产的行为，当事人可以利用撤销权来维护自身权益。但是，需要向法院提供转移财产的线索，这对当事人的举证责任要求比较高。

第五节　合同的担保

一、合同担保的概念与种类

合同的担保，是指依据法律规定或当事人的约定，为保证合同履行或债权实现而采取的法律保障措施。根据《物权法》和《担保法》的规定，债权人在借贷、买卖等民事活动中，为保障实现其债权，需要担保的，可以依法设立担保物权。

担保物权人在债务人不履行到期债务或者发生当事人约定的实现担保物权的情形，依法享有就担保财产优先受偿的权利，但法律另有规定的除外。担保物权的担保范围包括主债权及其利息、违约金、损害赔偿金、保管担保财产和实现担保物权的费用。第三人为债务人向债权人提供担保的，可以要求反担保。反担保人可以是债务人，可以是债务人之外的其他人。

根据我国《物权法》和《担保法》的规定，合同的担保包括保证、抵押、质押、留置和定金五种方式。其中，保证属于人的担保，定金属于金钱担保，其余为物的担保。

二、保证

（一）保证和保证人

1. 保证的概念

保证，是指保证人与债权人约定，当债务人不履行自己的债务时，保证人将按照约定履行债务或承担责任的担保方式。在保证关系中，涉及的有三方当事人：债权人、债务人和保证人。涉及三个不同的法律关系：一是债权人与债务人之间的主债权债务关系，它是保证关系存在的前提和保证担保对象；二是保证人与债务人之间的委托保证关系；三是保证人与债权人之间的保证关系，这是保证法律关系的主要方面，即通常所说的保证关系。

2. 保证人

根据《合同法》的规定，具有代为清偿债务能力法人、其他组织或公民，可以作保证人。国家机关、学校、幼儿园、医院等以公益为目的的事业单位、社会团体，企业法人的分支机构、职能部门不得作保证人，但经国务院批准为使用外国政府或者国际经济组织贷款进行转贷的除外。企业法人的分支机构有法人书面授权的，可以在授权范围内提供保证。

（二）保证合同与保证方式

1. 保证合同

保证人与债权人应当以书面形式订立保证合同。保证合同一般应写明被保证的主债权种类、数额、债务人履行债务的期限、保证的方式、保证担保的范围、保证的期间等内容。保证合同可以单独订立，也可以附于主合同之中。

知识窗

担保合同无效的法律责任

《担保法》规定，担保合同被确认无效后，债务人、担保人、债权人有过错的，应当根据其过错各自承担相应的民事责任。《最高人民法院关于适用〈中华人民共和国担保法〉若干问题的解释》对担保合同无效的法律责任做了以下规定。

（1）主合同有效而担保合同无效，债权人无过错的，担保人与债务人对主合同债权人的经济损失，承担连带赔偿责任；债权人、担保人有过错的，担保人承担民事责任的部分，不应超过债务人不能清偿部分的二分之一。

（2）主合同无效而导致担保合同无效，担保人无过错的，担保人不承担民事责任；担保人有过错的，担保人承担民事责任的部分，不应超过债务人不能清偿部分的三分之一。

（3）担保人因无效担保合同向债权人承担赔偿责任后，可以向债务人追偿。

2. 保证方式

保证分为一般保证和连带责任保证两种方式。

（1）一般保证。保证人和债权人在保证合同中约定，当债务人不能履行债务时，由保证人承担保证责任的，为一般保证。

一般保证的保证人享有先诉抗辩权。所谓先诉抗辩权，是指在主合同纠纷未经审判或仲裁，并就债务人财产依法强制执行仍不能履行债务前，对债权人可以拒绝承担保证责任。

（2）连带责任保证。当事人在保证合同中约定保证人与债务人对债务承担连带责任的，为连带责任保证。

连带责任保证的债务人在主合同规定的债务履行期届满仍未履行债务的，债权人既可以请求债务人履行债务，也可以请求保证人在其保证范围内承担保证责任。当事人对保证方式没有约定或约定不明确的，按照连带责任保证承担保证责任。

知识窗

同一债务有两个以上保证人的法律处理

同一债务有两个以上保证人的，保证人应当按照保证合同约定的保证份额，承担保证责任。各保证人与债权人没有约定保证份额的，应当认定为连带共同保证。连带共同保证的债务人在主合同规定的债务履行期届满没有履行债务的，债权人可以要求债务人履行债务，也可以要求任何一个保证人承担全部保证责任，保证人负有担保全部债权实现的义务。已经承担保证责任的保证人，有权向债务人追偿，或者要求承担连带责任的其他保证人清偿其应当承担的份额。连带共同保证的保证人相互之间约定各自承担的份额，不能对抗债权人。连带共同保证的保证人承担保证责任后，向债务人不能追偿的部分，由各连带保证人按其内部约定的比例分担；没有约定的，平均分担。

（三）保证责任

1. 保证责任的范围

保证人在约定的保证担保范围内承担保证责任。保证担保的范围包括主债权及利息、违约金、损害赔偿金以及实现债权的费用。保证合同另有约定的，按照约定。当事人对保证所担保的范围没有约定或约定不明确的，保证人应当对全部债务承担责任。

2. 主合同变更与保证责任承担

（1）债权让与的保证责任。在保证期间，债权人依法将主债权转让给第三人的，保证债权同时转让，保证人在原保证担保的范围内对受让人承担保证责任。但是，保证人与债权人事先约定仅对特定的债权人承担保证责任或者禁止债权转让的，保证人不再承担保证责任。

（2）债务转移的保证责任。债权人许可债务人转让债务的，应当取得保证人书面同意，保证人对未经其同意转让的债务部分，不再承担保证责任。但是，保证人仍应对未转让部分的债务承担保证责任。

（3）债务合同变更的保证责任。债权人与债务人对主合同数量、价款、币种、利率等内容做了变动，未经保证人同意的，如果减轻债务人的债务的，保证人仍应当对变更后的合同承担保证责任；如果加重债务人的债务的，保证人对加重的部分不承担保证责任。债权人与债务人对主合同履行期限做了变动，未经保证人书面同意的，保证期间为原合同约定的或法律规定的期间。债权人与债务人协议变动主合同内容，但并未实际履行的，保证人仍应承担保证责任。

3. 保证担保与物的担保并存的保证责任

同一债权既有保证又有物的担保的，属于共同担保。根据《物权法》的规定，被担保的债权既有物的担保又有人的担保，债务人不履行到期债务可发生当事人约定的实现担保物权的情形，债权人应当按照约定实现债权；没有约定或约定不明确，债务人自己提供物的担保的，债权人应当先就该物的担保实现债权；第三人提供物的担保的，债权人可以就物的担保实现债权，也可以要求保证人承担保证责任。提供担保的第三人承担保证责任后，有权向债务人追偿。

（四）保证期间

保证人在与债权人约定的保证期间或法律规定的保证期间内承担保证责任。保证人与债权人未约定保证期间的，保证期间为主债务履行期届满之日起六个月。在合同约定的保证期间或法律规定的保证期间内，债权人未对债务人提起诉讼或申请仲裁的，或者债权人未要求保证人承担保证责任的，保证人免除保证责任。

三、抵押

（一）抵押与抵押合同

1. 抵押的概念

抵押，是指为担保债务的履行，债务人或第三人不转移财产的占有，将该财产作为债权的担保，当债务人不履行到期债务或者发生当事人约定的实现抵押权的情形时，债权人有权就该财产优先受偿。

享有抵押权的债权人称为抵押权人，提供财产的债务人或第三人称为抵押人，提供担保的财产为抵押财产。

2. 抵押合同

根据我国法律规定，抵押人和抵押权人应当以书面形式订立抵押合同。抵押合同应当包括以下内容：①被担保的主债权种类、数额；②债务人履行债务的期限；③抵押财产的名称、数量、质量、状况、所在地、所有权权属或使用权权属；④担保的范围包括主债权及利息、违约金、损害赔偿金和实现抵押权的费用；⑤当事人认为需要约定的其他事项。抵押合同不完全具备以上规定内容的，可以补正。

抵押权人在债务履行期届满前，不得与抵押人约定债务人不履行到期债务时抵押财产归债权人所有。如果当事人在抵押合同中有这样的条款，该条款无效。该条款的无效不影响抵押合同其他部分内容的效力。

（二）抵押财产

1. 可以设立抵押权的财产

根据《中华人民共和国物权法》和《中华人民共和国担保法》的规定，债务人或第三人有权处分的下列财产可以抵押：①建筑物和其他地上定着物；②建设用地使用权；③以招标、拍卖、公开协商等方式取得的荒地等土地承包;④生产设备、原材料、半成品、产品；⑤正在建造的建筑物、船舶、航空器；⑥交通运输工具；⑦法律、行政法规未禁止抵押的其他财产。抵押人可以将上述所列财产一并抵押。

2. 不得设立抵押权的财产

根据《中华人民共和国物权法》和《中华人民共和国担保法》的规定，下列财产不得抵押：①土地所有权；②耕地、宅基地、自留地、自留山等集体所有的土地使用权，但法律规定可以抵押的除外；③学校、幼儿园、医院等以公益为目的的事业单位、社会团体的教育设施、医疗卫生设施和其他社会公益设施；④所有权、使用权不明或有争议的财产;⑤依法被查封、扣押、监管的财产;⑥法律、行政法规规定不得抵押的其他财产。

以建筑物抵押的，该建筑物占有范围内的建设用地使用权一并抵押。以建设用地使用权抵押的，该土地上的建筑物一并抵押。

知识窗

赋予"两权"抵押融资功能

国务院《关于开展农村承包土地的经营权和农民住房财产权抵押贷款试点的指导意见》(国发〔2015〕45号)规定，在符合条件的地区，开展农村承包土地的经营权和农民住房财产权(简称"两权")抵押贷款试点，赋予"两权"抵押融资功能，维护农民土地权益。农民住房财产权设立抵押的，须将宅基地使用权与住房所有权一并抵押。试点涉及突破《中华人民共和国物权法》第一百八十四条、《中华人民共和国担保法》第三十七条等相关法律条款，由国务院按程序提请全国人大常委会授权，允许试点地区在试点期间暂停执行相关法律条款。

抵押 · 试题

(三)抵押权的设立

1. 登记是抵押权的设立条件

以建筑物和其他土地附着物、建设用地使用权，以及以招标、拍卖、公开协商等方式取得的荒地等土地承包经营权，或者正在建造的建筑物设定抵押的，应当办理抵押物登记。抵押权自登记时设立。

以上述财产设定抵押，如果当事人未办理登记，虽然抵押权没有设立，但是抵押合同已经生效。抵押物登记记载的内容与抵押合同约定的内容不一致的，以登记记载的内容为准。

2. 登记为对抗第三人的效力

以生产设备、原材料、半成品、产品、交通运输工具或正在建造的船舶、航空器抵押，或者以法律规定的其他动产设定抵押的，抵押权自抵押合同生效时设立；未经登记，不得对抗善意第三人。

以其他财产抵押的，可以自愿办理抵押物登记，抵押合同自签订之日起生效。当事人未办理抵押物登记的，不得对抗第三人。

重点提示

导入案例中，由于甲公司是以法律规定的动产设定抵押，当事人自愿办理登记，抵押权自抵押合同生效时设立，未经登记，不得对抗善意第三人。由此可知，乙公司在甲公司不履行到期债务时，有权对三台生产设备行使抵押权；但甲公司未经乙公司同意，将用于抵押的三台设备出售给不知情的戊公司，乙公司无权就用于抵押的三台设备向戊公司行使抵押权。

(四)抵押的效力

抵押担保的范围包括主债权及利息、违约金、损害赔偿金和实现抵押权的费用。抵押合同另有约定的，从其规定。

1. 抵押权对抵押物所生孳息及已存在租赁权的效力

债务人不履行到期债务或者发生当事人约定的实现抵押权的情形，致使抵押财产被人民法院依法扣押的，自扣押之日起抵押权人有权收取该抵押财产的天然孳息或法定孳息，但抵押权人未通知应当清偿法定孳息的义务人的除外。孳息的清偿顺序为：①充抵收取孳息的费用；②主债权的利息；③主债权。

订立抵押合同前抵押财产已经出租的，原租赁关系不受该抵押权的影响。抵押人将已经抵押的财产出租时，如果抵押人未书面告知承租人该财产已抵押的，抵押人对出租抵押物造成承租人的损失承担赔偿责任；如果抵押人已书面告知承租人该财产已经抵押的，抵押权实现造成承租人的损失，由承租人自己承担。抵押权设立后抵押财产出租的，该租赁关系不得对抗已登记的抵押权。

2. 抵押期间抵押物的转让

抵押期间，抵押人未经抵押权人同意，不得转让抵押财产，但受让人代为清偿债务消灭抵押权的除外。抵押期间，抵押人经抵押权人同意转让抵押财产的，应当将转让所得的价款向抵押权人提前清偿债务或提存。转让的价款超过债权数额的部分归抵押人所有，不足部分由债务人清偿。

3. 抵押权转移及消灭的从属性

抵押权不得与债权分离而单独转让或作为其他债权的担保。债权转让的，担保该债权的抵押权一并转让，但法律另有规定或当事人另有约定的除外。

4. 抵押财产价值减少或毁损的处理

抵押人的行为足以使抵押财产价值减少的，抵押权人有权要求抵押人停止其行为。抵押财产价值减少的，抵押权人有权要求恢复抵押财产的价值，或者提供与减少的价值相应的担保。抵押人不恢复抵押财产的价值也不提供担保的，抵押权人有权要求债务人提前清偿债务。

在抵押物灭失、毁损或被征用的情况下，抵押权人可以就该抵押物的保险金、赔偿金或补偿金优先受偿。

（五）抵押权的实现

1. 抵押权实现的方式

债务人不履行到期债务或者发生当事人约定的实现抵押权的情形，抵押权人可以与抵押人协议以抵押财产折价或以拍卖、变卖该抵押财产所得的价款优先受偿。协议损害其他债权人利益的，其他债权人可以在知道或应当知道撤销事由之日起一年内请求人民法院撤销该协议。

抵押权人与抵押人未就抵押权实现方式达成协议的，抵押权人可以请求人民法院拍卖、变卖抵押财产。

2. 抵押权的顺位规则

抵押·试题

抵押权人可以放弃抵押权或抵押权的顺位。抵押权人与抵押人可以协议变更抵押权顺位及被担保的债权数额等内容，但抵押权的变更，未经其他抵押权人书面同意，不得对其他抵押权人产生不利影响。

债务人以自己的财产设定抵押，抵押权人放弃该抵押权、抵押权顺位或变更抵押权的，其他担保人在抵押权人丧失优先受偿权益的范围内免除担保责任，但其他担保人的承诺仍然提供担保的除外。

3. 抵押权的次序规则

同一财产向二个以上债权人抵押的，顺序在先的抵押权与该财产的所有权同属一人时，该财产的所有权人可以以其抵押权对抗顺序在后的抵押权；顺序在后的抵押权所担保的债权先到期的，抵押权人只能就抵押物价值超出顺序在先的抵押担保债权的部分受偿；顺序在先的抵押权所担保的债权先到期的，抵押权实现后的剩余价款应予提存，留待清偿顺序在后的抵押担保债权。

同一财产向二个以上债权人抵押的，拍卖、变卖抵押财产所得的价款依照下列规定清偿：①抵押权已登记的，按照登记的先后顺序清偿；顺序相同的，按照债权比例清偿；②抵押权已经登记的先于未登记的受偿；③抵押权未登记的，按照债权比例清偿。

同一债权有二个以上抵押人的，债权人放弃债务人提供的抵押担保的，其他抵押人可以请求人民法院减轻或免除其应当承担的担保责任。

重点提示

抵押人所担保的债权不得超出其抵押物的价值。财产抵押后，该财产的价值大于所担保债权的余额部分，可以再次抵押。

四、质押

质押分为动产质押和权利质押。

（一）动产质押

1. 概念

动产质押，是指债务人或第三人将动产移交债权人占有，作为债务履行的担保，当债务人不履行到期债务或者发生当事人约定的实现质权的情形时，债权人有权依法以该动产折价或以拍卖、变卖该动产的价款优先受偿。

在质押法律关系中，债权人为质权人，债务人或第三人为出质人，交付的动产为质押财产。

2. 质押合同

当事人应当采取书面形式订立质押合同。质押合同一般包括以下条款：①被担保债权的种类和数额；②债务人履行债务的期限；③质押财产的名称、数量、质量、状况；

④担保的范围；⑤质押财产交付的时间；⑥当事人认为需要约定的其他事项。除质押合同另有约定外，质押担保的范围包括主债权及利息、违约金、损害赔偿金、质物保管费用和实现质权的费用。

质押合同自成立时生效，质权自出质人交付质押财产时设立。

质权人在债务履行期届满前，不得与出质人约定债务人不履行到期债务时质押财产归债权人所有。

导入案例中，甲公司以其轿车设定质押时，未办理任何登记手续，也未向乙公司交付用于质押的轿车，根据法律规定，质权自出质人交付质押财产时设立。由此可知，乙公司的质权未设立，当甲公司不履行到期债务时，乙公司不能就轿车行使优先受偿权。

重点提示

3. 质权人对质物的权利和责任

质权·试题

（1）质权人有权收取质押财产的孳息，但合同另有约定的除外。孳息应当先冲抵收取孳息的费用。

（2）质权人在质权存续期间，未经出质人同意，擅自使用、处分质押财产，给出质人造成损害的，应当承担赔偿责任。

（3）质权人负有妥善保管质押财产的义务；因保管不善致使质押财产毁损、灭失的，应当承担赔偿责任。质权人的行为可能使质押财产毁损、灭失的，出质人可以要求质权人将质押财产提前清偿债权的，应当扣除未到期部分的利息

（4）因不可归责于质权人的事由可能使质押财产毁损或者价值明显减少，足以危害质权人权利的，质权人有权要求出质人提供相应的担保；出质人不提供的，质权人可以拍卖、变卖质押财产，并与出质人通过协议将拍卖、变卖所得的价款提前清偿债务或者提存。

（5）质权人在质权存续期间，未经出质人同意转质，造成质押财产毁损、灭失的，质权人应当承担赔偿责任。

4. 质权的实现

债务人履行债务或者出质人提前清偿所担保的债权的，质权人应当返还质押财产。

债务人不履行到期债务或者发生当事人约定的实现质权的情形，质权人可以与出质人协议以质押财产折价，也可以以拍卖、变卖质押财产所得的价款优先受偿。质押财产折价或变卖的，应当参照市场价格。

出质人可以请求质权人在债务履行期届满后及时行使质权；质权人不行使的，出质人可以请求人民法院拍卖、变卖质押财产。

出质人请求质权人及时行使质权，因质权人怠于行使权利造成损害的，由质权人承担赔偿责任。

质押财产折价或拍卖、变卖后，其价款超过债权数额的部分归出质人所有，不足部

分由债务人清偿。

为债务人质押担保的第三人，在质权人实现质权后，有权向债务人追偿。

出质人与质权人可以协议设立最高额质权。

（二）权利质押

1. 概念

权利质押，是指债务人或第三人以其财产权利交付债权人作为债权的担保，当债务人不履行债务时，债权人有权依照法律规定，以该财产权利折价或以拍卖、变卖该财产权利的价款优先受偿。

根据我国《中华人民共和国物权法》和《中华人民共和国担保法》的规定，下列权利可以质押：

①汇票、支票、本票；

②债券、存款单；

③仓单、提单；

④可以转让的基金份额、股权；

⑤依法可以转让的商标专用权、专利权、著作权中的财产权。

⑥应收账款；

⑦法律、行政法规规定可以出质的其他财产权利。

2. 权利质押合同的生效时间

权利质押合同因出质标的不同，合同生效的时间也不同。

（1）以汇票、支票、本票、债券、存款单、仓单、提单出质的，当事人应当订立书面合同。质权自权利凭证交付质权人时起设立；没有权利凭证的，质权自有关部门办理出质登记时设立。汇票、支票、本票、债券、存款单、仓单、提单的兑现日期或提货日期先于主债权到期的，质权人可以兑现或提货，并与出质人协议将兑现的价款或提取的货物提前清偿债务或提存。

（2）以基金份额、质权出质的，当事人应当订立书面合同。以基金份额、证券登记结算机构登记的股权出质的，质权自证券登记结算机构办理出质登记时设立；以其他股权出质的，质权自工商行政管理部门办理出质登记时设立。基金份额、股权出质后，不得转让，但经出质人与质权人协商同意的除外。出质人转让基金份额、股权所得的价款，应当向质权人提前清偿债务或提存。

视频 · 抵押与质押

（3）以注册商标专用权、专利权、著作权等知识产权中的财产权出质的，当事人应当订立书面合同。质权自有关主管部门办理出质登记时设立。知识产权中的财产权出质后，出质人不得转让或许可他人使用，但经出质人与质权人协商同意的除外。出质人转让或许可他人使用出质的知识产权中的财产权所得的价款，应当向质权人提前清偿债务或提存。

（4）以应收账款出质的，当事人应当订立书面合同。质权自信贷征信机构办理出质登记时设立。应收账款出质后，不得转让，但经出质人与质权人协商同意的除外。出质人转让应收账款所得的价款，应当向质权人提前清偿债务或提存。

五、留置

（一）留置与留置权

留置，是指债权人按照合同约定占有债务人的动产，债务人不按照合同约定的期限履行债务的，债权人有权扣留该财产，以该财产折价或以拍卖、变卖该财产的价款优先受偿的一种债权担保方式。其中，债权人为留置权人，占有的动产为留置财产。

留置担保的范围包括主债权及利息、违约金、损害赔偿金、留置物保管费用和实现留置权的费用。

只有债权人因保管合同、运输合同、加工承揽合同以及法律规定可以留置的其他合同而占有债务人动产，债务人不履行债务的，债权人方可行使留置权。当事人可以在合同中约定不得留置的动产。法律规定或当事人约定不得留置的动产，不得留置。

（二）留置权的实现

留置权人负有妥善保管留置财产的义务；因保管不善致使留置财产毁损、灭失的，应当承担赔偿责任。留置权人有权收取留置财产的孳息。孳息应当先充抵收取孳息的费用。

留置权人与债务人应当约定留置财产后的债务履行期间；没有约定或约定不明确的，留置权人应当给债务人两个月以上履行债务的期间，但鲜活易腐等不易保管的动产除外。债务人逾期未履行的，留置权人可以与债务人协议以留置财产折价，也可以就拍卖、变卖留置财产所得的价款优先受偿。留置财产折价或拍卖、变卖的，应当参照市场价格。

债务人可以请求留置权人在债务履行期届满后行使留置权；留置权人不行使的，债务人可以请求人民法院拍卖、变卖留置财产。留置财产折价或拍卖、变卖后，其价款超过债权数额的部分归债务人所有，不足部分由债务人清偿。

留置权人在债权未受全部清偿前，留置物为不可分物的，留置权人可以就其留置物的全部行使留置权。留置的财产为可分物的，留置物的价值应当相当于债务的金额。

留置 · 试题

同一动产上已设立抵押权或质权，该动产又被留置的，留置权人优先受偿。

留置权因下列原因而消灭：①留置权人放弃留置权；②留置物灭失、毁损而无代位物；③与留置物有牵连关系的债权消灭；④债务人另行提供价值相当的担保并为债权人接受；⑤实现留置权；⑥丧失对留置财产的占有。

六、定金

（一）概念

定金，是指合同当事人约定一方向对方交付一定数额的货币以担保合同的履行的担保方式。债务人履行债务后，定金抵作价款或收回。交付定金的一方不履行约定的债务的，无权要求返还定金；收受定金的一方不履行债务的，则应双倍返还定金。

定金合同应当采用书面形式，既可以是单独订立的书面合同，包括当事人之间具有担保性质的信函、传真等，也可以是主合同中的定金条款。定金合同是实践合同，自实际交付定金之日起生效。

（二）定金的数额

定金的数额由当事人自主协商确定，但双方约定的定金数额不得超过主合同标的额的百分之二十，当事人约定的定金数额超过主合同标的额百分之二十的，超过的部分，人民法院不予支持。

知识窗

定金 · 试题

定金与预付款

定金不同于预付款。虽然二者都具有预付的性质，都是在合同履行前由一方支付一定数额的金钱给对方当事人，但二者的性质不同，其区别在于：①定金的主要作用是担保，是债的一种担保方式；而预付款则属于履行给付的一部分，其主要作用是为对方履行合同提供资金上的帮助，不具有担保的作用。②交付定金的协议是从合同，只有在交付定金后才能成立；而交付预付款的协议属于主合同的部分内容，只要双方当事人的意思表示一致即可成立。③定金的双方当事人在不能履行合同时，适用定金罚则，丧失定金或双倍返还定金；而预付款在交付后不能履行合同时，不发生丧失或双倍返还的效力。

第六节　合同的变更和转让

一、合同的变更

依法订立的合同，即具有法律约束力，受法律保护，当事人必须全面履行合同规定的义务，任何一方都不得擅自变更或解除。但是，在合同的履行过程中，由于主客观情况的变化，使原合同的履行已经不可能或不必要时，为了减少不必要的损失，当事人可以依法变更合同。

（一）合同变更的概念

合同的变更，是指依法成立的合同没有履行或没有完全履行时，当事人双方根据客观情况的变化，依照法律规定的条件和程序，就其内容进行修改和补充而达成的协议。合同的变更是在合同主体不改变的前提下，对合同内容的变更，合同的性质和标的性质并不改变，实质上仍是同一合同，其可能表现为标的数量和质量的变更，也可能表现为履行的期限、地点和方式的变更，还可能表现为价款或酬金的变更等。合同变更必须以有效成立的合同为对象；凡未成立或无效的合同，不存在变更的问题。

（二）合同变更的条件

（1）原已存在合同关系。合同的变更，是指改变原合同关系，无原合同关系便不存在合同变更。

（2）合同内容已发生变化。合同内容的变化包括标的物数量的增减、标的物品质的改变、价金或酬金的增减、履行期限的变更、履行地点的变更等。

（3）合同的变更须依当事人协议。根据《合同法》第七十七条的规定，当事人协商一致，可以变更合同。双方当事人协商达不成协议的，不发生合同变更的法律效力。当事人对合同变更的内容约定不明确的，推定为未变更。

（4）遵守法律规定的形式。法律要求对合同变更须采取办理批准、登记手续等特定形式的，应遵守法律要求的形式。

二、合同的转让

合同的转让，是指合同当事人一方将其合同的权利和义务全部或部分转让给第三人。合同的转让是合同主体的变更，合同的内容保持不变。合同的转让可分为三种情形：债权让与、债务承担、债权债务的概括转移。

（一）债权让与

债权让与，是指债权人与第三人协商，在不改变债的内容的情形下，将其债权转让给第三人享有的一种法律制度。债权让与须具备以下条。

（1）须存在有效的债权。有效的债权，是指债权真实、合法并且未消灭。

（2）让与的债权具有可让与性。根据《合同法》的规定，下列债权不得让与：

①具有人身性质的债权不得让与。例如，以特定身份为基础的债权，如退休金受领权、养老金请求权等债权不得让与。

②当事人约定不得让与的债权不得让与。

③依照法律规定不得让与的债权不得让与。例如，《中华人民共和国担保法》规定，最高额抵押所担保的主合同债权不得转让。

（3）通知债务人。债权的让与是债权人与第三人就债权让与达成的协议。债务人不是债权让与协议的当事人，债权人的变更对债务人承担的义务没有影响，债务人的意志不能影响债权让与的效力，因此，无须征得债务人的同意。但是，债权让与以后，债务人须向受让人履行债务，因而，债权人应当通知债务人。根据《合同法》的规定，债权人转让权利的，应当通知债务人。未经通知，该转让对债务人不发生效力。

（二）债务承担

债务承担，是指不改变债的内容，债务人将其负担的债务转移给第三人承担。债务承担须具备以下条件。

（1）须存在合法有效的债务。合法有效的债务是债务承担的前提。

（2）债务具有可转移性。债务人转移的债务必须具有可转移性，不可转移的债务不能成立债务承担。主要包括：在性质上不能转移的债务，如演出合同中的演出义务等；当事人约定不能转移的债务，以及不作为的债务都是不能转移的债务。

（3）第三人与债务人达成承担债务的协议。

（4）须经债权人同意。债的关系建立在债权人对债务人履行能力的了解和信任的基础上，债务人的支付能力对于债权人权利的实现至关重要。当债务人将债务转移于第三人时，可能会影响到债权人债权的实现，只有经债权人同意的债务承担合同才能有效；未经债权人同意而转移债务的债务承担协议对债权人并无效力。

（三）债权债务的概括转移

债权债务的概括转移，是指债权和债务同时转移归第三人享有和承担。债权债务概括转移与债权让与、债务承担的不同之处在于：转移的内容包括债权和债务两个方面，由第三人全部继受债权债务；而债权让与和债务承担只是单纯地转移债权或转移债务，第三人成为新的债权人或债务人。

债权债务的概括转移又可分为合同承受和因当事人合并、分立发生的权利义务转让。

（1）合同承受，是指当事人一方经对方同意，将自己在合同中的权利和义务一并转让给第三人。由于合同承受既有债权的让与，又有债务的承担，所以，《合同法》规定转让方必须征得对方当事人的同意。

（2）因当事人合并、分立发生的权利和义务转让。对当事人订立合同后发生合并的，法律规定，由合并后的法人或其他组织行使合同权利，履行合同义务。对于当事人订立合同后分立的，《合同法》规定，除债权人和债务人另有约定的以外，由分立的法人或其他组织对合同的权利和义务享有连带债权，承担连带债务。

第七节　合同的权利义务终止

一、合同权利义务终止的概念

合同权利义务终止，又称合同的终止或合同的消灭，是指合同当事人双方终止合同关系，合同确立的权利、义务关系随之消灭。根据《合同法》的规定，导致合同权利义务终止的事件有债务已按约定履行、合同的解除、抵销、提存、免除、混同、法律或当事人约定终止的其他情形七种情形。

二、合同权利义务终止的具体情形

（一）债务已按照约定履行

因履行而终止，即当事人已经按照合同的约定全面履行了各自的义务，表明当事人缔约目的已经得到实现，因此，这是导致合同的权利义务终止的最为正常的原因。

（二）合同的解除

合同的解除，是指合同有效成立以后，因当事人一方的意思表示或者双方协议，提前终止合同效力的行为。合同解除可分为约定解除和法定解除两种情况。

1. 约定解除

约定解除分为协议解除和约定解除权两种情况。协议解除即当事人协商一致，可以解除合同。也就是说，当事人未在合同中约定解除条件，但在合同履行完毕前，经双方协商一致而解除合同。约定解除权即当事人可以约定一方解除合同的条件。解除合同的条件成就时，解除权人可以解除合同。

经典案例

2016 年 3 月，甲企业与乙公司签订了一份租赁协议。协议书约定：甲企业将其位于展览路的 10 间街面房租给乙公司使用，期限为二年，自 2016 年 3 月 12 日起至 2019 年 3 月 11 日止，每年租金 80 万元。协议书还规定，乙方在租赁期间，如果甲方的业务扩大，需要租房和场地时，甲方有权提前终止合同和调整租房位置，乙方应服从甲方的意见。协议签订后，双方按照约定履行。2017 年 12 月 1 日，甲方以本单位欲成立一分公司需用租给被告的房屋为由，要求提前终止合同。乙方以各种理由拖延，以致影响了分公司的正常开业、经营。甲方无奈，向法院起诉，请求与乙方解除合同。

【分析】法院应如何处理？

【解析】法院应支持甲方的主张，解除双方之间的合同，乙方拖延如给甲方造成损失的，应赔偿损失。该案中，甲企业与乙公司的租房合同属于约定解除合同的情形，当约定的情形出现时，当事人有权解除合同。乙方以各种理由拖延属于违反约定的行为，应承担相应的违约责任。

2. 法定解除

合同的法定解除，是由法律直接规定解除的条件，当此种条件具备时，当事人就可以解除合同。根据《合同法》的规定，有下列情形之一的，当事人可以解除合同。

（1）因不可抗力致使不能实现合同目的。只有发生了不可抗力致使不能实现合同目的，当事人才可以解除合同，但如果发生了不可抗力，仍能履行的，则不能解除合同。

（2）因预期违约解除合同。在履行期限届满之前，当事人一方明确表示或以自己的行为表明不履行主要债务的，对方可以解除合同。

（3）当事人一方迟延履行主要债务，经催告后在合理期限内仍未履行的，对方可以解除合同。

（4）当事人一方迟延履行债务或有其他违约行为致使不能实现合同目的。

（5）法律规定的其他情形。

《最高人民法院关于适用合同法若干问题的解释（二）》规定，合同成立以后客观情况发生了当事人在订立合同时无法预见、非不可抗力造成的不属于商业风险的重大变化，继续履行合同对于一方当事人明显不公平或者不能实现合同目的，当事人请求人民法院变更或解除合同的，人民法院应当根据公平原则，并结合案件的实际情况确定是否变更或者解除。

经典案例

2016 年 4 月 1 日，张某到新浪潮服装店定做了一套结婚礼服，准备 5 月 1 日结婚时穿。双方约定，面料按照张某的要求由服装店提供，该礼服只能由该服装店的刘某加工制作（刘某为该店最好的结婚礼服裁剪师），必须在 2016 年 5 月 1 日前交付。随后张某预先支付了服装费 980 元。4 月 30 日，张某到服装店取礼服时，张某的礼服刚刚开始剪裁，5 月 1 日前不可能完成。张某非常生气，要求与服装店解除合同，并返还服装加工费 980 元，服装店不同意返还加工费。由于婚期将至，张某只好去婚纱中心租了一套结婚礼服在婚礼上使用。5 月 3 日，服装店将礼服送至张某处，张某拒收。双方争执不下，张某向法院起诉要求与服装店解除合同，返还服装费 980 元，并赔偿精神损失费 1 000 元。

【分析】法院应如何处理？

【解析】法院应支持张某的主张，解除双方的合同，服装店应返还服装费，并赔偿张某的损失。该案中，张某与服装店签订的加工结婚礼服的合同，属于法定解除的情形之一，当事人一方迟延履行主要债务或有其他违约行为致使不能实现合同目的的，可以解除合同。合同解除后，尚未履行的不再履行；已经履行的，返还原物、赔偿损失。张某解除合同的主张，法院应予支持。

合同解除后，尚未履行的，终止履行；已经履行的，根据履行情况和合同性质，当事人可以要求恢复原状、采取其他补救措施。合同解除后，不影响合同约定的争议处理条款的效力，也不影响当事人要求赔偿损失的权利。因此，合同解除后使一方遭受损失的，除依法或依约可以免除责任外，应由有过错的一方承担责任。

（三）抵销

抵销，是指合同当事人互负债务，各以其债权冲抵债务，而使其债务与对方的债务在对等额内相互消灭。抵销既消灭了互负的债务，也消灭了互享的债权，是法律确认的能独立消灭合同权利义务的原因。当事人主张抵销的，应通知对方。通知自到达对方时生效。抵销不得附条件或附期限。

根据有关法律规定，下列债务不能抵销：

（1）按合同性质不能抵销。有些合同不实际履行就不能达到订立合同的目的，如债务标的为劳务的合同及咨询、培训、医疗合同。

（2）按照约定应当向第三人给付的债务。如果双方当事人在订立合同时已约定债务人应向第三人履行义务，则债务人不得以对合同对方当事人享有债权而主张抵销该义务，否则将损害第三人的利益。

（3）因故意实施侵权行为产生的债务。这种债务是对被害人的赔偿，如允许抵销，则意味着可以用金钱补偿对债务人的人身和财产权利的任意侵犯，是有悖社会正义的。

（4）法律规定不得抵销的其他情形。如被人民法院查封、扣押、冻结的财产，当事人已无处分权，不能用来抵销债务。

（四）提存

提存，是指因债权人无正当理由拒绝接受履行，或因其他原因致使债务人难于履行债务时，债务人将履行的标的物提交给提存机关，以消灭债务的行为。提存后可以认定债务已经履行，债务人和债权人之间的债权债务消灭。建立提存制度对防止和解决债权债务关系长期悬而不决的状态，维护债务人的合法权益，具有重要意义。

《合同法》规定，有下列情形之一，难以履行债务的，债务人可以将标的提存。

（1）债权人无正当理由拒绝受领。如在仓储合同中，存储期届满，仓单持有人不提取仓储物，保管人催告其在合理期限内提取货物后，逾期仍不提取的，保管人可以提存该货物。

（2）债权人下落不明，包括债权人失踪，其财产尚无代管人；债权人不清、地址不详、无法查找等情形。

（3）债权人死亡未确定继承人或丧失民事行为能力未确定监护人，此时债权人的财产没有合法的管理人，债务人无法交付。

（4）法律规定的其他情形。

标的物提存后，除了债权人下落不明外，债务人应当及时通知债权人或债权人的继承人、监护人。标的物不适于提存或提存费用过高的，债务人依法可以拍卖或变卖标的物，提存所得的价款。

提存期间，提存物的孳息归债权人所有，提存费用由债权人负担。标的物提存后，毁损、灭失的风险由债权人承担。债权人可以随时领取提存物，但债权人对债务人负有到期债务的，在债权人未履行债务或提供担保之前，提存部门根据债务人的要求应当拒绝其领取提存物。

债权人领取提存物的权利，自提存之日起五年内不行使而消灭，提存物扣除提存费用后收归国家所有。

（五）免除

免除，是指债权人以消灭债为目的而放弃债权的单方意思表示。债权人放弃债权，使债务人免除清偿债务，因此，免除也是合同终止的一种方法。

债权人免除债务人部分或全部债务的，合同的权利义务部分或全部终止。免除债权，债权的从权利如担保权利、利息权利、违约金请求权等也随之消灭。

（六）混同

混同，是指债权、债务归于一人，致使合同权利义务终止的法律事实。例如，甲企业欠乙企业货款 10 万元，后二者合并为一个新的法人，则原欠货款的债权、债务关系自然归于终止。《合同法》规定，债权和债务同归于一人的，合同的权利义务终止，但涉及第三人利益的除外。

（七）法律规定或当事人约定终止的其他情形

三、合同权利义务终止的法律后果

（1）负债字据的返还。负债字据是债权、债务关系的证明，债权人应当在合同关系消灭后，将负债字据返还债务人。

（2）在合同当事人之间发生后合同义务。《合同法》规定，合同的权利义务终止后，当事人应当遵循诚实信用原则，根据交易习惯履行通知、协助、保密等义务。

（3）合同中关于解决争议的办法、结算和清理条款的效力。《合同法》规定，合同无效、被撤销或终止的，不影响合同中独立存在的有关解决争议办法的条款的效力；合同的权利义务终止，不影响合同中结算和清理条款的效力。

第八节　违约责任

一、违约责任的概念

违约责任，是指违反合同的民事责任，是合同当事人一方不履行合同义务或履行合同义务不符合约定时，依照法律规定或者合同约定所承担的法律责任。

二、承担违约责任的方式

根据《合同法》的规定，当事人一方不履行合同义务或履行合同义务不符合约定的，应当承担继续履行、采取补救措施或赔偿损失等违约责任。当事人一方明确表示或者以自己的行为表明不履行合同义务的，对方可以在履行期限届满之前要求其承担违约责任。

（一）继续履行

订立合同的目的是实现合同的约定，即实际履行合同。继续履行合同既是为了实现合同目的，又是一种违约责任。当事人一方未支付价款或报酬的，对方可以要求其支付价款或报酬。当事人一方不履行非金钱债务或履行非金钱债务不符合约定的，对方可以要求履行，但有下列情形之一的除外：①法律上或事实上不能履行；②债务的标的不适于强制履行或履行费用过高；③债权人在合理期限内未要求履行。

（二）采取补救措施

补救措施主要是指矫正或修补履行不当中的一些缺陷，使缺陷得以消除的一种措施。受害方有权根据受损害的性质及损失的大小，合理地选择要求对方承担修理、更换、重作、减少价款或报酬等违约责任。

（三）赔偿损失

赔偿损失，又称损害赔偿，是指合同当事人不履行合同义务或履行合同义务不符合约定时，依法赔偿对方当事人所受损失的违约责任方式。赔偿损失是违约责任中最重要的责任方式。损失赔偿额应当相当于因违约所造成的损失，包括合同履行后可以获得的利益，但不得超过违反合同一方订立合同时预见到或应当预见到的因违反合同可能造成的损失。

当事人一方违约后，对方应当采取适当措施防止损失的扩大；没有采取适当措施致使损失扩大的，不得就扩大的损失要求赔偿。当事人因防止损失扩大而支出的合理费用，由违约方承担。

热点透析

实践中，只要对方违约在先，我方就一定没有责任吗

提示：在履行合同过程中，如果一方当事人违约在先，对方当事人应当采取适当措施防止损失的扩大。例如，一方当事人提交货物数量不符合约定，这时对方当事人应先接货，再追究对方的违约责任。如果对方当事人以“违约在先”为由拒绝接货，导致货物全部毁损、灭失，则对扩大的损失不能要求赔偿。

（四）支付违约金

违约金，是指合同当事人一方由于不履行合同或履行合同不符合约定时，按照合同的约定，向对方支付一定数额的货币，也可以约定因违约产生的损失赔偿额的计算方法。违约金是对不能履行或不能完全履行合同行为的一种带有惩罚性质的经济补偿手段，不论违约的当事人是否已给对方造成损失，都应当支付。

根据《合同法》的规定，约定的违约金低于造成的损失的，当事人可以请求人民法院或仲裁机构予以增加；约定的违约金过分高于造成的损失的，当事人可以请求人民法院或仲裁机构予以适当减少。

当事人可以通过反诉或抗辩的方式，请求人民法院依照《合同法》第一百一十四条第二款的规定调整违约金。当事人依法请求人民法院增加违约金的，增加后的违约金数额以不超过实际损失额为限。增加违约金以后，当事人又请求对方赔偿损失的，人民法院不予支持。当事人主张约定的违约金过高请求予以适当减少的，人民法院应当以实际损失为基础，兼顾合同的履行情况、当事人的过错程度以及预期利益等综合因素，根据公平原则和诚实信用原则予以衡量，并做出裁决。当事人约定的违约金超过造成损失的30%的，一般可以认定为“过分高于造成的损失”。

（五）定金

当事人可以根据《担保法》的规定，约定一方向对方给付定金作为债权的担保。债务人履行债务后，定金应当抵作价款或者收回。给付定金的一方不履行约定的债务的，无权要求返还定金；收受定金的一方不履行约定的债务的，应当双倍返还定金。当事人既约定违约金，又约定定金的，一方违约时，对方可以选择适用违约金或者定金条款，二者不可并用。

三、违约责任的免除

（一）概念

违约责任的免除，是指在合同的履行过程中，由于法律规定或当事人约定的免责事由致使当事人不能履行合同义务或履行合同义务不符合约定的，当事人可以免于承担违约责任。

（二）违约责任的免除事由

1. 不可抗力

不可抗力是免除合同当事人不履行合同债务的主要事由。根据《合同法》的规定，因不可抗力不能履行合同的，根据不可抗力的影响，部分或全部免除责任，但法律另有规定的除外。当事人迟延履行后发生不可抗力的，不能免除责任。当事人一方因不可抗力不能履行合同的，应当及时通知对方，以减轻可能给对方造成的损失，并应当在合理期限内提供证明。

2. 合同有特别约定

合同订立时，当事人有特别约定，当发生合同不能履行或不适当履行又符合这些免责条款时，通常也可免除违约人的责任。

3. 法律有特别规定

合同订立时，法律有特别规定，当发生合同不履行或不能适当履行又符合这些免责条款时，也可免除违约者的责任。如《合同法》规定，承运人对运输过程中货物的毁损、灭失承担损害赔偿责任，但承运人证明货物的毁损、灭失是因不可抗力、货物本身的自然性质或合理损耗以及托运人、收货人的过错造成的，不承担损害赔偿责任。

本章小结

本章主要介绍了合同的订立、效力、履行、担保、变更、转让、终止及违约责任等内容。

1. 合同订立的程序包括要约、承诺两个阶段。要约到达受要约人时生效。承诺生效时合同成立。依法成立的合同，自成立时生效。

2. 合同的效力包括有效合同、无效合同、可撤销合同和效力待定合同四种。

3. 合同生效后，当事人就质量、价款或报酬、履行地点等内容没有约定或约定不明确时，应协议补充，根据合同有关条款或交易习惯确定，或者依据法律规定补救。

4. 合同履行中的抗辩权包括同时履行抗辩权、后履行抗辩权、不安抗辩权。合同的保全措施有代位权和撤销权两种。

5. 合同担保的方式包括保证、抵押、质押、留置、定金。具有代为清偿债务能力法人、其他组织或公民，可以作保证人。国家机关、学校、幼儿园、医院等以公益为目的的事业单位、社会团体，企业法人的分支机构、职能部门不得作保证人，保证包括一般保证和连带责任保证。抵押是不转移对抵押物占有的担保方式；质押是转移对质押物占有的担保方式，质押包括动产质押和权利质押。债权人因保管合同、运输合同、加工承揽合同或者法律规定可以留置的其他合同而占有债务人动产，债务人不履行债务的，债权人方可行使留置权。定金合同自实际交付定金之日起生效，定金的数额由当事人自主协商确定，但双方约定的定金数额不得超过主合同标的额的20%。

6. 合同的变更是在合同主体不改变的前提下，对合同内容的变更，合同的性质和标的性质并不改变。

7. 合同的转让是合同主体的变更，合同的内容保持不变。合同的转让可分为三种情形：债权让与、债务承担、债权债务的概括转移。

8. 合同权利义务终止的具体情形有：债务已按照约定履行、合同的解除、抵销、提存、免除、混同、法律或当事人约定终止的其他情形。

9. 违约责任的承担方式主要有继续履行、赔偿损失、支付违约金、定金、补救措施等。因不可抗力不能履行合同的，根据不可抗力的影响，部分或全部免除责任。

基础知识测评

1. 什么是要约？要约应当具备的条件有哪些？
2. 什么是承诺？承诺应当具备的条件有哪些？
3. 简述合同无效与可撤销合同的情形和法律后果。
4. 简述合同履行抗辩权的种类、适用条件。
5. 代位权与撤销权的区别是什么？
6. 抵押和质押的区别是什么？
7. 简述合同解除的适用条件。
8. 违约责任的承担方式有哪些？

岗位能力测评

1. 甲公司向乙宾馆发出一封电报："现有一批电器，其中电视机80台，每台售价3 400元;电冰箱100台,每台售价2 800元,总销售优惠价52万元。如有意购买,请告知。"

乙宾馆接到该电报后，遂向甲公司回复称："只欲购买甲公司50台电视机，每台电视机付款3 200元；60台电冰箱，每台电冰箱付款2 500元，共计支付总货款31万元，货到付款。"

甲公司接到乙宾馆的电报后，决定接受乙宾馆的要求。甲乙签订了买卖合同，约定交货地点为乙宾馆，如双方发生纠纷，选择A仲裁机构仲裁解决。

甲公司同时与丙运输公司签订了合同，约定由丙公司将货物运至乙宾馆。丙公司在运输货物途中遭遇洪水，致使部分货物毁损。丙公司将剩余的未遭损失的货物运至乙宾馆，乙宾馆要求甲公司将货物补齐后一并付款。

甲公司迅速补齐了货物，但乙宾馆以资金周转困难为由，表示不能立即支付货款，甲公司同意乙宾馆推迟一个月付款。一个月后经甲公司催告，乙宾馆仍未付款。于是，甲公司通知乙宾馆解除合同，乙宾馆不同意解除合同。甲公司拟向法院起诉，要求解除合同，并要求乙宾馆赔偿损失。

根据上述情况，回答下列问题：

（1）甲公司向乙宾馆发出的电报是要约还是要约邀请?

（2）乙宾馆的回复是要约还是承诺？为什么?

（3）丙公司是否应对运货途中的货物毁损承担损害赔偿责任？为什么?

（4）甲公司能否解除与乙宾馆的买卖合同？为什么?

（5）甲公司能否向法院起诉？为什么?

2. 甲公司与乙公司于2016年5月20日签订了设备买卖合同,甲为买方,乙为卖方。双方约定：①由乙公司于10月30日前分两批向甲公司提供设备10套，价款合计为150万元；②甲公司向乙公司给付定金25万元；③如一方迟延履行，应向另一方支付违约金20万元；④由丙公司作乙公司的保证人，在乙公司不能履行债务时，丙公司承担一般保证责任。

合同生效后，甲公司因故未向乙公司给付定金。

7月1日，乙公司向甲公司交付了3套设备，甲公司支付了45万元的货款。

9月，这种设备价格大幅上涨，乙公司向甲公司提出变更合同，要求将剩余的7套设备价格提高到每套20万元，甲公司不同意，随后乙公司通知甲公司解除合同。

11月1日，甲公司仍未收到剩余的7套设备，从而严重影响了其正常生产，并因此遭受了50万元的经济损失。于是，甲公司诉至法院，要求乙公司增加违约金数额并继续履行合同；同时要求丙公司履行一般保证责任。

根据上述情况，回答下列问题：

（1）合同约定甲公司向乙公司给付 25 万元定金是否合法？定金合同是否生效？

（2）乙公司通知甲公司解除合同是否合法？为什么？

（3）甲公司要求增加违约金的数额依法能否成立？

（4）甲公司要求乙公司继续履行合同依法能否成立？

（5）丙在什么条件下应当履行一般保证责任？

职考链接

1. 甲乙两公司采用合同书形式订立了一份买卖合同，双方约定由甲公司向乙公司提供 100 台精密仪器，甲公司于 8 月 31 日前交货，并负责将货物运至乙公司，乙公司在收到货物后 10 日内付清货款。合同订立后双方均未签字盖章。7 月 28 日，甲公司与丙运输公司订立货物运输合同，双方约定由丙公司将 100 台精密仪器运至乙公司。8 月 1 日，丙公司先运了 70 台精密仪器至乙公司，乙公司全部收到，并于 8 月 8 日将 70 台精密仪器的货款付清。8 月 20 日，甲公司掌握了乙公司转移财产、逃避债务的确切证据，随即通知丙公司暂停运输其余 30 台精密仪器，并通知乙公司中止交货，要求乙公司提供担保；乙公司及时提供了担保。8 月 26 日，甲公司通知丙公司将其余 30 台精密仪器运往乙公司，丙公司在运输途中发生交通事故，30 台精密仪器全部毁损，致使甲公司 8 月 31 日前不能按时全部交货。9 月 5 日，乙公司要求甲公司承担违约责任。

根据上述内容，分别回答下列问题。

（1）甲乙公司订立的买卖合同是否成立？并说明理由。

（2）甲公司 8 月 20 日中止履行合同的行为是否合法？并说明理由。

（3）乙公司 9 月 5 日要求甲公司承担违约责任的行为是否合法？并说明理由。

（4）丙公司对货物毁损应承担什么责任？并说明理由。

2. 2015 年 10 月 12 日，甲公司与乙银行签订合同，借款 3 000 万元用于技术改造，期限 3 年。甲公司以所属 10 台数控机床向乙银行提供抵押担保，但未办理抵押登记。同时，应乙银行的要求，丙公司为甲公司的前述债务向乙银行提供了连带责任保证，但未约定与抵押担保的责任承担顺序。

后因甲公司厂房坍塌，抵押的 9 台数控机床毁损，仅 1 台幸存。经乙银行请求，甲公司又将所属一幅建设用地的使用权抵押给乙银行，为所欠乙银行 3 000 万元借款提供担保。为此，双方于 2016 年 3 月 10 日签订抵押合同，并约定，若甲公司到期不能还款，则该建设用地使用权归乙银行。双方办理了抵押登记。

甲公司为解决流动资金短缺，2016 年 4 月 10 日，甲公司又将该机床以 500 万元的价格卖给了不知情的丁公司。丁公司依约于签订合同的当日提走了该数控机床，并拟于 4 月底之前将价款支付给甲公司。

根据上述内容，分别回答下列问题：

（1）甲公司与乙银行约定"如甲公司到期不能按时还款，则建设用地使用权归乙银行"是否有效？并说明理由。

（2）甲公司与丁公司之间买卖数控机床的合同是否有效？并说明理由。

（3）乙银行能否对甲公司已售出的数控机床行使抵押权？并说明理由。

（4）乙银行可否选择不行使其在建设用地使用权上的抵押权，而先要求丙公司就甲公司所负担的全部债务承担保证责任？并说明理由。

拓展实训

实训项目：房屋租赁合同的写作。

实训目的：通过实训，使学生熟悉合同的格式、掌握合同的条款，培养学生的法律意识，提高学生法律文书的书写能力以及运用合同法解决现实问题的能力。

实训内容：每位同学以自己家现住的房屋为租赁物，写一份房屋租赁合同。

实训考核：由教师针对合同的样式是否规范、合同的条款是否完备、语言的表示是否为法律语言等方面进行评分。

第五章
竞争法律制度

岗位要求

知识目标

- 了解竞争法的概念、调整对象、原则，反垄断法和反不正当竞争法的联系与区别
- 理解反垄断法和反不正当竞争法的概念、特征、基本内容
- 掌握不正当竞争行为和垄断行为的具体呈现形式

能力目标

- 能判断某一行为是否属于不正当竞争行为
- 能判断某一行为是否属于垄断行为
- 会利用法律知识保护自己的合法权益

关键词

- 竞争法　反不正当竞争法　不正当竞争行为　商业贿赂　虚假宣传
商业秘密诋毁商誉　垄断　垄断行为　垄断协议　市场支配地位　经营者集中
行政垄断

导入案例

奇虎公司旗下的“奇虎360”“360安全软件”系列产品及瑞星公司旗下的“瑞星”杀毒软件系列均具有一定规模和影响力，形成了自身杀毒软件品牌，在业界及社会上享有一定的知名度和商业信誉。奇虎公司系360安全卫士软件6.1.5.1009的著作权人。

2010年2月2日，瑞星公司在其经营的www.rising.com.cn网站上发表了题目为《瑞星揭露黑幕：奇虎360给用户装“后门”》文章，内容为：“360安全卫士在安装进用户电脑时，会私下开设‘后门’，更为可怕的是此‘后门’存在巨大安全隐患。黑客可以利用此后门对系统注册表和用户信息进行任意操作，如读取、修改、删除等。安全专家认为，这种‘后门’即使是为了进行所谓‘底层操作、方便杀毒’，也是完全不可原谅的。此‘后门’一旦被黑客利用，后果不堪设想。此前，3721插件通过利用‘恶意驱动、恶意后门、强制安装、不能卸载’的手段，强行发展了近亿用户，后来以1.2亿美元的价格出售给了国外某公司。”

瑞星公司呼吁：“希望奇虎尽快公开给用户安装‘后门’的源代码，说清楚此‘后门’的真正用途，并尽快进行改正。我们真心希望，原来制造流氓软件的公司，能够投身到安全行业中来，而不要试图用‘免费的流氓软件’来侵犯用户隐私。”此外，瑞星公司在其客户端软件上，不时出现“瑞星揭露免费安全软件黑幕”“360安全卫士为用户装‘后门’，可能被黑客利用，面临极大风险”等弹窗。

在法院审理过程中，瑞星公司始终未能提供证据证明其在《瑞星揭露黑幕：奇虎360给用户装“后门”》一文中的相关判断来自具有定论的科学判断，即除瑞星公司自身外，并没有任何一家具有资质和权威性的国家或部门主管机关在此之前曾就“360安全卫士”软件的安全性问题做出与瑞星公司相同的判断。

【讨论分析】

1. 什么是竞争？瑞星公司为什么要揭露奇虎360的“后门”黑幕？

2. 瑞星公司发表《瑞星揭露黑幕：奇虎360给用户装“后门”》一文的行为是否构成不正当竞争行为？

3. 若瑞星公司的行为构成不正当竞争行为，那么，构成了何种不正当竞争行为？

第一节　概述

一、竞争法

（一）竞争法的概念

竞争法，是指以市场竞争关系和市场竞争管理关系为调整对象，以消除竞争的消极作用、维护公平竞争为目的的法律规范的总称。

在学理上，竞争法有广义和狭义之分。广义的竞争法包括反不正当竞争法与反垄断法，狭义竞争法仅指反垄断法。本章采用广义竞争法的观点。竞争的消极作用表现为不正当竞争、垄断和限制竞争。相比较而言，垄断和限制竞争的联系更加密切，存在很大程度的交叉，在实践中有时很难明确区分。因此，现代竞争法相应的分为反不正当竞争法和反垄断法两大部分，即反垄断法中包含了反限制竞争的规定。

（二）竞争法的调整对象

竞争法的调整对象有两类：一是市场竞争关系，指市场上的生产经营主体在竞争过程中所形成的社会关系，是一种横向的平等关系；二是市场竞争管理关系，指国家经济管理机关依法在监督、管理市场竞争过程中所形成的社会关系。这类关系的一方是具有竞争管理职权的国家经济管理机关，另一方是市场上参与竞争的生产经营主体，他们之间是管理与被管理、命令与服从的关系，是一种纵向的不平等关系。

（三）竞争法的原则

对于竞争法的原则，学者们各有观点。主要有：二原则说，即自由竞争与公平竞争原则；三原则说，即适度自由原则、实质公平原则、整体效率优先原则；四原则说，即自治竞争、公平竞争、诚实信用、合法竞争原则；五原则说，即自愿、平等、公平、诚实信用、遵守公认的商业惯例原则；等等。本章采用五原则说。

二、反垄断法与反不正当竞争法的联系

（一）反垄断法与反不正当竞争法同属竞争法范畴

反不正当竞争法与反垄断法有许多相似之处，相互交叉，互为补充。如果一个国家只是反对垄断，而不反对不正当竞争行为，企业就可能滥用它们的自由竞争权利，随意侵犯其他企业的正当权益，或者侵犯消费者的利益。因此，在市场经济条件下，反对限制竞争和反对不正当竞争是同等重要的任务。

（二）垄断和不正当竞争存在转化和因果关系

反不正当竞争法和反垄断法不仅互为条件，很多情况下也是交叉存在的。垄断和不正当竞争也存在转化和因果关系，如不正当竞争行为可能会使竞争得到恶性发展，从而产生垄断。制止不正当竞争行为可以将一些垄断行为消灭在萌芽状态中。

知识窗

竞争法在我国的历史非常短暂，随着市场经济的建立，方开启我国竞争法理论研究和制度建设的历史。1993 年《中华人民共和国反不正当竞争法》的颁布是一个重要的里程碑。经过 20 多年的理论探索和法律实践，我国竞争法律体系已初具规模和形态，2007 年《中华人民共和国反垄断法》的颁布是一个重要的标志。然而，法律的颁布并不意味着一劳永逸和万事大吉，很多问题和困惑依然存在。

三、反垄断法与反不正当竞争法的区别

反不正当竞争法是从微观方面规制排除或限制经营者的不正当经营活动的行为，从

而保证各竞争参与者之间的有序竞争；而反垄断法则是从宏观角度对市场竞争中的垄断行为进行规制，旨在保护有效竞争格局，使竞争更加充分、竞争结构更加合理。二者互为补充，并从不同角度对市场竞争行为进行调整，共同维护市场公平、公正，健康有序地发展。

（一）立法目的不同

反不正当竞争法主要是反对经营者出于竞争的目的，违反市场交易中诚实信用的原则和公认的商业道德，通过不正当的手段攫取他人竞争优势的行为。因此，它首先保护的是受不正当竞争行为损害的善意经营者的利益，以维护公平竞争的市场秩序。从这个意义上讲，反不正当竞争法所追求的价值理念是公平竞争。

反垄断法则是从维护市场的竞争性出发，目的是保证市场上有足够的竞争者，以便使交易对手和消费者在市场上有选择商品的权利。根据反垄断法的理论，只有当市场上出现了垄断或垄断趋势的时候，政府方可干预市场，干预的目的是降低市场集中度，调整市场结构。因此，概括地说，反垄断法所追求的价值理念是自由竞争，目的是保障企业有自由参与市场竞争的权利，提高经济效益和消费者的社会福利。

（二）规制对象不同

反不正当竞争法主要是关注市场上企业间的相互竞争行为，目的是制止不正当竞争行为；反垄断法关注的则是竞争者之间的协调行为，目的是防止市场上形成排除竞争或严重限制竞争的局面。因此，一个违反了反垄断法的行为，如竞争者之间商定商品或服务的价格，因为这个行为没有损害任何竞争者的利益，从而不会违反反不正当竞争法。另外，不正当竞争的行为如假冒商标或假冒专利，这些行为因为不会影响市场竞争结构，不会减少市场上竞争者的数目，反垄断法也不会把它们视为违法行为。当然，反垄断法中也有一些关于企业市场行为的规范，特别是禁止滥用市场支配地位的规定，例如，禁止这种企业实施搭售行为或价格歧视行为等。然而，反垄断法制止这些行为不是出于这些行为不公平或不正当（当然这些行为是不公平或不正当的），而是因为这些行为会加强行为人已经取得的市场支配地位，从而恶化市场上的竞争条件。因此，反垄断法关于企业市场行为的规则只是针对那些拥有市场支配地位的大企业。

第二节　反不正当竞争法

一、反不正当竞争法概述

（一）不正当竞争行为的概念

不正当竞争行为，是指经营者在生产经营活动中，违反反不正当竞争法规定，扰乱市场竞争秩序，损害其他经营者或消费者的合法权益的行为。不正当竞争行为的主体是参与市场活动的经营者，具体包括从事商品生产、经营或提供服务的自然人、法人和非法人组织。不正当竞争行为具有违法性，主要表现在违反了反不正当竞争法的规定。

（二）不正当竞争行为的危害

不正当竞争行为具有超出一般民事侵权行为的社会危害性，表现在不但损害了其他经营者的合法权益而且扰乱了社会经济秩序。具体说，不正当竞争行为影响和阻碍社会生产的发展；导致市场上交易成本增加，经济运行效益降低；造成社会资源严重浪费和损失；严重损害了消费者的权益。

（三）反不正当竞争法的概念

广义的反不正当竞争法是调整在制止不正当竞争过程中发生的社会关系的法律规范的总称。狭义的反不正当竞争法，是指有关反不正当竞争法的规范性法律文件。全国人大常委会于 1993 年 9 月 2 日通过《中华人民共和国反不正当竞争法》（以下简称《反不正当竞争法》），2017 年 11 月 4 日第十二届全国人民代表大会常务委员会第三十次会议修订，自 2018 年 1 月 1 日起施行。该法的立法目的是保障社会主义市场经济健康发展，鼓励和保护正当竞争，制止不正当竞争，保护经营者和消费者的合法权益。另外，该法作为经济法的部门法，与反垄断法、知识产权法、合同法、侵权行为法等有密切的联系。

知识窗

新修订的《反不正当竞争法》有哪些新亮点

1. 更合理界定适用范围

新修订的《反不正当竞争法》对“不正当竞争行为”的定义增加了“或损害消费者合法权益”的内容，并且对提供服务的经营者删除了“营利性”要求，解决了以往对《反不正当竞争法》适用范围的争议。今后，任何自然人、法人和非法人组织，实施了扰乱市场竞争秩序、损害其他经营者或消费者合法权益的行为，都应当受到《反不正当竞争法》的规制。例如，有些虚假广告，其本身可能没有直接诋毁竞争对手，但它极有可能导致消费者受骗以致人身财物受损，新修订的《反不正当竞争法》可直接认定其为不正当竞争的行为。

2. 修订完善“仿冒混淆”行为的规定

新修订的《反不正当竞争法》对于商业标识的范围界定更加广泛也更加明确，增加了原来没有的“有一定影响的域名主体部分、网站名称、网页等”；对名称和姓名更加明确为“有一定影响的企业名称（简称、字号等）、社会组织名称（简称等）、姓名（笔名、艺名、译名等）”；还加了兜底性条款，以应对实践中可能出现的新类型的仿冒（混淆）行为，此举也大大提高了新修订的《反不正当竞争法》的稳定性和适用性。

首次明确混淆行为，其核心判断标准为“引人误认”。“引人误认”除了包括引人误认为是他人商品，还包括误认为与他人存在特定联系。具体而言就是，以前的《反不正当竞争法》强调的是商品仿冒，即消费者错把与 A 商品极端相似的 B 商品当成 A 商品而购买来了；而新修订《反不正当竞争法》的“混淆”概念更加广义，它还包括没有把B商品当成A商品，但可能认为B商品是A商品这个厂家的二线商品，或者让消费者认为B商品与A商品这种大牌有合作，进而认定它的品质。而这些，新修订的《反不正当竞争法》都将予以打击并严惩。

3. 有效衔接《中华人民共和国商标法》

对其中“将他人注册商标、未注册驰名商标作为企业名称中的字号使用，误导公众构成不正当竞争的，适用《反不正当竞争法》的规定处理”这一情形在新修订的《反不正当竞争法》中予以规制，更加契合查处仿冒混淆行为的实际情况，更有利于制止市场混淆行为。

4. 更合理界定商业贿赂行为

新修订的《反不正当竞争法》明确了商业贿赂中争取交易机会和竞争优势的目的性，限定了受贿人范围，对员工商业贿赂行为做出了特别规定。进一步合理界定受贿人范围或受贿人属性，即“能够影响交易的人”。新修订的《反不正当竞争法》明确“能够影响交易的人”包括：交易相对方的工作人员，受交易相对方委托办理相关事务的单位或个人，利用职权或影响力影响交易的单位或个人。明确了作为《反不正当竞争法》的商业贿赂和作为《中华人民共和国刑法》中的贿赂的区别，强调它是为了谋取交易机会或竞争优势，也就是说非这种目的或效果的贿赂，即使是在商业活动之中也不能认定为商业贿赂。

5. 商业秘密更受保护

商业秘密作为知识产权的一种形式，越来越受到世界各国的关注与重视，但商业秘密确实存在不好界定、难以界定且取证难的问题。新修订的《反不正当竞争法》对商业秘密保护的条款进行了修改，其对于商业秘密的定义由原法的“不为公众所知悉、能为权利人带来经济利益、具有实用性并经权利人采取相应保密措施的技术信息和经营信息”改为“不为公众所知悉、具有商业价值并经权利人采取相应保密措施的技术信息和经营信息”，很明显，不再强调其“实用性”。商业秘密的保护首先是权力人的自我保护，要有必要的保护手段；其次，得明确告诉接触到这个信息的相关人员这是商业秘密，不可外传也不可擅自使用，并要和他签订相关保密合同；最后，要有相应的保密措施，如电脑专人专用，设置密码、密钥等。

6. 新增对互联网领域不正当竞争行为的规制

随着互联网经济的兴起，该领域的各种不正当竞争行为也随之迅速冒泡，有些甚至有愈演愈烈的趋势。传统如虚假宣传、违法广告、仿冒假冒等，新发如刷单炒信、删除差评、虚构交易等，而“刷单炒信”无疑是其中最典型、最突出的。“刷单炒信”通过虚假交易生成不真实的销量数据、用户好评，对消费者的购物决策产生严重误导，这种行为不仅侵犯了消费者的知情权，还使商家获得了不公平的竞争优势，使没有刷单的诚信商家失去了部分交易机会，扰乱了市场秩序。新修订的《反不正当竞争法》一方面对虚假宣传的具体内容给予明确，明确经营者不得对其商品的“销售状况”“用户评价”等做虚假或引人误解的商业宣传，欺骗、误导消费者；另一方面明确经营者不得通过组织虚假交易等方式，帮助其他经营者进行虚假或引人误解的商业宣传。最后，新修订的《反不正当竞争法》还明确规定“刷单炒信”和帮助“刷单炒信”行为将被处以20万元以上100万元以下罚款；情节严重的，处以100万元以上200万元以下罚款，可以吊销营业执照。

二、不正当竞争行为的表现形式

不正当竞争行为具体包括混淆行为、商业贿赂行为、虚假宣传行为、侵犯商业秘密的行为、不正当有奖销售行为、诋毁商誉行为、妨碍和破坏网络产品或服务正常运行的行为。

（一）混淆行为

经营者不得实施下列混淆行为，引人误认为是他人商品或与他人存在特定联系。

（1）擅自使用与他人有一定影响的商品名称、包装、装潢等相同或近似的标识；

（2）擅自使用他人有一定影响的企业名称（简称、字号等）、社会组织名称（简称等）、姓名（笔名、艺名、译名等）；

（3）擅自使用他人有一定影响的域名主体部分、网站名称、网页等；

（4）其他足以引人误认为是他人商品或与他人存在特定联系的混淆行为。

在中国境内具有一定的市场知名度，为相关公众所知悉的商品，应当认定为知名商品。认定知名商品，应当考虑该商品的销售时间、销售区域、销售额和销售对象，进行任何宣传的持续时间、程度和地域范围，作为知名商品受保护的情况等因素，进行综合判断。在不同地域范围内使用相同或近似的知名商品特有的名称、包装、装潢，在后使用者能够证明其善意使用的，不构成不正当竞争行为。因后来的经营活动进入相同地域范围而使其商品来源足以产生混淆，在先使用者请求责令在后使用者附加足以区别商品来源的其他标识的，应当予以支持。

商标 · 试题

（二）商业贿赂行为

经营者不得采用财物或其他手段贿赂下列单位或个人，以谋取交易机会或竞争优势。

（1）交易相对方的工作人员；

（2）受交易相对方委托办理相关事务的单位或个人；

（3）利用职权或影响力影响交易的单位或个人。

经营者在交易活动中，可以以明示方式向交易相对方支付折扣，或者向中间人支付佣金。经营者向交易相对方支付折扣、向中间人支付佣金的，应当如实入账。接受折扣、佣金的经营者也应当如实入账。经营者的工作人员进行贿赂的，应当认定为经营者的行为；但是，经营者有证据证明该工作人员的行为与为经营者谋取交易机会或竞争优势无关的除外。

（三）虚假宣传行为

经营者不得对其商品的性能、功能、质量、销售状况、用户评价、曾获荣誉等做虚假或引人误解的商业宣传，欺骗、误导消费者。经营者不得通过组织虚假交易等方式，帮助其他经营者进行虚假或引人误解的商业宣传。

经营者具有下列行为之一，足以造成相关公众误解的，可以认定为引人误解的虚假宣传行为。

（1）对商品做片面的宣传或对比的；

（2）将科学上未定论的观点、现象等当作定论的事实用于商品宣传的；

（3）以歧义性语言或其他引人误解的方式进行商品宣传的。

（四）侵犯商业秘密的行为

商业秘密，是指不为公众所知悉、具有商业价值并经权利人采取相应保密措施的技术信息和经营信息。根据《反不正当竞争法》的规定，经营者不得实施下列侵犯商业秘密的行为。

（1）以盗窃、贿赂、欺诈、胁迫或其他不正当手段获取权利人的商业秘密；

（2）披露、使用或允许他人使用前述手段获取的权利人的商业秘密；

（3）违反约定或违反权利人有关保守商业秘密的要求，披露、使用或允许他人使用其所掌握的商业秘密。

另外，第三人明知或应知商业秘密权利人的员工、前员工或其他单位、个人实施上述所列违法行为，仍获取、披露、使用或允许他人使用该商业秘密的，视为侵犯商业秘密。

（五）不正当有奖销售行为

根据《反不正当竞争法》的规定，经营者进行有奖销售不得存在下列情形。

（1）所设奖的种类、兑奖条件、奖金金额或奖品等有奖销售信息不明确，影响兑奖；

（2）采用谎称有奖或故意让内定人员中奖的欺骗方式进行有奖销售；

（3）抽奖式的有奖销售，最高奖的金额超过五万元。

反不正当竞争法·试题

（六）诋毁商誉行为

根据《反不正当竞争法》的规定，经营者不得编造、传播虚假信息或误导性信息，损害竞争对手的商业信誉、商品声誉。

重点提示

导入案例中，首先，瑞星公司与奇虎公司经营范围和业务内容类似，是具有直接竞争关系的市场经营主体。其次，瑞星公司始终未能提供证据证明其判断来自具有定论的科学判断。在这种情况下，瑞星公司在文中所使用的措辞也超出了陈述事实或传播信息的范围，对奇虎公司的商业信誉和商品声誉产生了不良影响。由此可见，瑞星公司发布

《瑞星揭露黑幕：奇虎360给用户装"后门"》一文等行为，对奇虎公司商业信誉和商品声誉造成了损害，构成商业诋毁行为。

（七）妨碍和破坏网络产品或服务正常运行的行为

新增互联网领域专门内容

经营者利用网络从事生产经营活动，应当遵守反不正当竞争法的各项规定。经营者不得利用技术手段，通过影响用户选择或者其他方式，实施下列妨碍、破坏其他经营者合法提供的网络产品或服务正常运行的行为。

（1）未经其他经营者同意，在其合法提供的网络产品或服务中，插入链接、强制进行目标跳转；

（2）误导、欺骗、强迫用户修改、关闭、卸载其他经营者合法提供的网络产品或服务；

（3）恶意对其他经营者合法提供的网络产品或服务实施不兼容；

（4）其他妨碍、破坏其他经营者合法提供的网络产品或服务正常运行的行为。

三、对涉嫌不正当竞争行为调查

（一）履行调查职责的职能部门

根据《反不正当竞争法》的规定，我国县级以上人民政府履行工商行政管理职责的部门对不正当竞争行为进行查处；法律、行政法规规定由其他部门查处的，依照其规定。各级人民政府应当采取措施，制止不正当竞争行为，为公平竞争创造良好的环境和条件。同时，行业组织应当加强行业自律，引导、规范会员依法竞争，维护市场竞争秩序。国务院建立反不正当竞争工作协调机制，研究决定反不正当竞争重大政策，协调处理维护市场竞争秩序的重大问题。

（二）调查措施

监督检查部门调查涉嫌不正当竞争行为，可以采取以下措施。

（1）进入涉嫌不正当竞争行为的经营场所进行检查；

（2）询问被调查的经营者、利害关系人及其他有关单位、个人，要求其说明有关情况或者提供与被调查行为有关的其他资料；

（3）查询、复制与涉嫌不正当竞争行为有关的协议、账簿、单据、文件、记录、业务函电和其他资料；

（4）查封、扣押与涉嫌不正当竞争行为有关的财物；

（5）查询涉嫌不正当竞争行为的经营者的银行账户。

监督检查部门调查涉嫌不正当竞争行为，应当遵守《中华人民共和国行政强制法》和其他有关法律、行政法规的规定，并应当将查处结果及时向社会公开。监督检查部门及其工作人员对调查过程中知悉的商业秘密负有保密义务。

监督检查部门调查涉嫌不正当竞争行为，被调查的经营者、利害关系人及其他有关单位、个人应当如实提供有关资料或情况。对涉嫌不正当竞争行为，任何单位和个人有权向监督检查部门举报，监督检查部门接到举报后应当依法及时处理。监督检查部门应当向社会公开受理举报的电话、信箱或电子邮件地址，并为举报人保密。对实名举报并提供相关事实和证据的，监督检查部门应当将处理结果告知举报人。

四、违反《反不正当竞争法》的法律责任

（一）法律责任的形式

经营者违反《反不正当竞争法》的规定，给他人造成损害的，应当依法承担民事责任。对涉嫌不正当竞争行为进行调查的职能部门有权对违法的经营者进行查处，要求其承担罚款、吊销营业执照等行政责任。经营者以及监督检查部门的工作人员违反《反不正当竞争法》的规定，构成犯罪的，依法追究刑事责任。

（二）赔偿数额的确定

因不正当竞争行为受到损害的经营者的赔偿数额，按照其因被侵权所受到的实际损失确定；实际损失难以计算的，按照侵权人因侵权所获得的利益确定。赔偿数额还应当包括经营者为制止侵权行为所支付的合理开支。

经营者违反《反不正当竞争法》实施混淆行为、侵犯商业秘密的行为，权利人因被侵权所受到的实际损失、侵权人因侵权所获得的利益难以确定的，由人民法院根据侵权行为的情节判决给予权利人三百万元以下的赔偿。

经营者违反反不正当竞争法规定，应当承担民事责任、行政责任和刑事责任，其财产不足以支付的，优先用于承担民事责任。

（三）不正当竞争行为的法律责任

不正当竞争行为的法律责任

1. 混淆行为的法律责任

经营者违反《反不正当竞争法》实施混淆行为的，由监督检查部门责令停止违法行为，没收违法商品。违法经营额五万元以上的，可以并处违法经营额五倍以下的罚款；没有违法经营额或违法经营额不足五万元的，可以并处二十五万元以下的罚款。情节严重的，吊销营业执照。

经营者登记的企业名称构成混淆行为的，应当及时办理名称变更登记；名称变更前，由原企业登记机关以统一社会信用代码代替其名称。

2. 商业贿赂行为的法律责任

经营者违反《反不正当竞争法》实施商业贿赂行为的，由监督检查部门没收违法所得，处十万元以上三百万元以下的罚款。情节严重的，吊销营业执照。

3. 虚假宣传行为的法律责任

经营者违反《反不正当竞争法》实施虚假宣传行为的，由监督检查部门责令停止违法行为，处二十万元以上一百万元以下的罚款；情节严重的，处一百万元以上二百万元以下的罚款，可以吊销营业执照。同时，经营者属于发布虚假广告的，依照《中华人民共和国广告法》的规定处罚。

4. 侵犯商业秘密行为的法律责任

经营者违反《反不正当竞争法》侵犯商业秘密的，由监督检查部门责令其停止违法行为，处十万元以上五十万元以下的罚款；情节严重的，处五十万元以上三百万元以下的罚款。

5. 不正当有奖销售行为的法律责任

经营者违反《反不正当竞争法》进行有奖销售的，由监督检查部门责令其停止违法行为，处五万元以上五十万元以下的罚款。

6. 诋毁商誉行为的法律责任

经营者违反《反不正当竞争法》损害竞争对手商业信誉、商品声誉的，由监督检查部门责令其停止违法行为，消除影响，处十万元以上五十万元以下的罚款；情节严重的，处五十万元以上三百万元以下的罚款。

7. 妨碍和破坏网络产品或者服务正常运行的行为的法律责任

经营者违反《反不正当竞争法》妨碍、破坏其他经营者合法提供的网络产品或服务正常运行的，由监督检查部门责令其停止违法行为，处十万元以上五十万元以下的罚款；情节严重的，处五十万元以上三百万元以下的罚款。

第三节 反垄断法

一、反垄断法概述

（一）垄断

垄断的原意是独占，即一个市场上只有一个经营者，经营者以独占或有组织联合等形式，凭借其经济优势或行政权力，操纵或支配市场，限制或排除竞争。

（二）反垄断法的概念

广义的反垄断法，是指调整国家规制垄断过程中所发生的社会关系的法律规范的总称；狭义的反垄断法，是指有关反垄断法的规范性法律文件。我国于 2007 年 8 月 30 日，第十届全国人民代表大会常务委员会第二十九次会议通过的《中华人民共和国反垄断法》（以下简称《反垄断法》），于 2008 年 8 月 1 日起施行。该法的宗旨是：预防和制止垄断行为，保护市场公平竞争，提高经济运行效率，维护消费者利益和社会公共利益，促进社会主义市场经济健康发展。

（三）《反垄断法》适用范围

中国反垄断法平等地适用于市场主体即经营者。对违反规定实施垄断行为的经营者、行政机关以及法律、法规授予的具有管理公共事务职能的组织滥用行政权力排除、限制竞争属于《反垄断法》的调整范围。在法律空间效力上，我国《反垄断法》既适用在中国境内发生的垄断行为，也适用在中国境外发生的对中国境内市场竞争产生排除、限制影响的垄断行为，即具有域外效力。在法律的时间效力上，按照“法不溯及既往”的一般原则，《反垄断法》对它生效以前的行为不具有溯及力。需要特别说明的是，《反垄断法》不直接规制垄断状态，而规制垄断行为。

二、垄断行为的表现形式

（一）垄断协议行为

1. 垄断协议行为的概念

垄断协议，是指排除、限制竞争的协议、决定或其他协同行为。垄断协议行为，是指两个以上市场主体以合同、协议、企业团体的决议及企业间的协同行为等形式排斥、限制竞争的行为。

垄断协议可以分为横向垄断协议、纵向垄断协议。《反垄断法》对横向垄断协议和纵向垄断协议分别做出了禁止规定。

2. 横向垄断协议行为

横向垄断协议，是指处于产业链同一环节的两个或两个以上经营者所为的垄断协议行为。如彩电销售商之间的固定价格、划分市场的行为。根据《反垄断法》规定，禁止具有竞争关系的经营者达成下列垄断协议：①固定或变更商品价格；②限制商品的生产数量或销售数量；③分割销售市场或原材料采购市场；④限制购买新技术、新设备或限制开发新技术、新产品；⑤联合抵制交易；⑥国务院反垄断执法机构认定的其他垄断协议。

3. 纵向垄断协议行为

纵向垄断协议，是指处于同一产业链上下环节（有交易关系或供求关系）的两个或两个以上经营者所为的垄断协议行为。例如，电脑整机生产商和电脑整机销售商之间所为的垄断协议行为。根据《反垄断法》规定，禁止经营者与交易相对人达成下列垄断协议：①固定向第三人转售商品的价格；②限定向第三人转售商品的最低价格；③国务院反垄断执法机构认定的其他垄断协议。

知识窗

垄断协议行为的豁免

在实际生活中，部分垄断协议行为有利有弊，并且可能利大于弊，因此，经营者能够证明所达成的协议属于下列情形之一的，可以免予处罚：①为改进技术、研究开发新产品的；②为提高产品质量、降低成本、提高效率，统一产品规格、标准或者实行专业化分工的；③为提高中小经营者经营效率，增强中小经营者竞争力的；④为实现节约能源、保护环境、救灾救助等社会公共利益的；⑤因经济不景气，为缓解销售量严重下降或生产明显过剩的；⑥为保障对外贸易和对外经济合作中的正当利益的；⑦法律和国务院规定的其他情形。

（二）滥用市场支配地位

市场支配地位，是指经营者在相关市场内具有能够控制商品价格、数量或其他交易条件，或者能够阻碍、影响其他经营者进入相关市场能力的市场地位。而滥用市场支配地位是指具有市场支配地位的企业，利用这种支配地位危害竞争，对市场其他主体进行不公平交易，损害竞争对手和社会公共利益及其他私人利益的行为。

禁止具有市场支配地位的经营者从事下列滥用市场支配地位的行为：①以不公平的高价销售商品或以不公平的低价购买商品；②没有正当理由，以低于成本的价格销售商品；③没有正当理由，拒绝与交易相对人进行交易；④没有正当理由，限定交易相对人只能与其进行交易或只能与其指定的经营者进行交易；⑤没有正当理由搭售商品，或者在交易时附加其他不合理的交易条件；⑥没有正当理由，对条件相同的交易相对人在交易价格等交易条件上实行差别待遇；⑦国务院反垄断执法机构认定的其他滥用市场支配地位的行为。

（三）经营者集中行为

1. 经营者集中的概念

经营者集中，是指经营者通过合并、收购、委托经营、联营或其他形式，集合经营者经济力，提高市场地位的行为。经营者集中是获得市场支配地位最常见的途径之一。因此，经营者集中行为的规制，也就成为反垄断规制的一项重要内容。

经营者集中包括两种情形：①经营者合并；②经营者通过合同等方式取得对其他经营者的控制权或者能够对其他经营者施加决定性影响。

2. 经营者合并

经营者合并，是指两个或两个以上经营者合并为一个经营者，从而导致经营者集中的行为。

根据参与合并的经营者在产业链上的关系，经营者可以分为横向合并和纵向合并。横向合并，是指处于同一产业链同一环节的经营者之间的合并；纵向合并，是指处于同一产业链上下环节的经营者之间的合并。

3. 经营者控制

经营者控制，是指经营者通过收购、委托经营、联营和其他方式控制其他经营者，从而导致经营者集中的行为。

根据获得控制权的途径，可以分为股权式控制、联营式控制和债权式控制。根据控制的内容，可以分为财产型控制、业务型控制和人事型控制。根据控制和被控制的经营者所处的产业链关系，又可以分为横向控制和纵向控制。

由于基于上述控制关系，形成了紧密的经济关系，使参与者迅速提高市场支配地位，为实施滥用市场支配地位行为提供了前提。因此，经营者合并和经营者控制都需要进行规制。

知识窗

经营者集中申报制度

经营者集中，有利于提高企业的规模经济，促进企业间的人力、物力、财力及技术方面的合作，从而有利于提高企业效率和竞争力。然而，过度的经营者集中可能产生或加强市场支配地位，导致排除或限制竞争。因此，《反垄断法》鼓励经营者通过依法实施集中等方式做大做强，同时依法规制经营者集中行为，规定经营者集中达到国务院规定的申报标准的，应当事先向国务院反垄断执法机构申报，未申报的不得实施集中。根据《反垄断法》的规定，参与集中的所有经营者上一会计年度在全球范围内的营业额合计超过 100 亿元人民币，并且其中至少两个经营者上一会计年度在中国境内的营业额均超过 4 亿元人民币；参与集中的所有经营者上一会计年度在中国境内的营业额合计超过 20 亿元人民币，并且其中至少两个经营者上一会计年度在中国境内的营业额均超过 4 亿元人民币。上述两项标准之间是并列关系，经营者集中达到其中一项标准即应当事先向国务院反垄断执法机构申报。

（四）行政性垄断

1. 行政性垄断的概念

行政性垄断，是指行政机关和法律、法规授权的具有管理公共事务的职能的组织，滥用行政权力，违反法律规定实施的排除、限制竞争的行为。

2. 行政性垄断的表现

（1）行政性强制交易。行政性强制交易，是指行政机关滥用行政权力，违反法律规定，限定或者变相限定经营者、消费者经营、购买、使用其指定的经营者提供的商品。

（2）行政性限制市场准入。行政性限制市场准入，是指行政机关滥用行政权力，违反法律规定，妨碍商品和服务在地区之间的自由流通，排除或限制市场竞争的行为。包括：①对外地商品设定歧视性收费项目、实行歧视性收费标准，或者规定歧视性价格；②对外地商品规定与本地同类商品不同的技术要求、检验标准，或者对外地商品采取重复检验、重复认证等歧视性技术措施，限制外地商品进入本地市场；③采取专门针对外地商品的行政许可，限制外地商品进入本地市场；④设置关卡或采取其他手段，阻碍外地商品进入或本地商品运出；⑤滥用行政权力，以设定歧视性资质要求、评审标准或不依法发布信息等方式，排斥或限制外地经营者参加本地的招标投标活动；⑥妨碍商品和服务在地区之间自由流通的其他行为。

（3）行政性强制经营者限制竞争。行政性强制经营者限制竞争，是指行政机关滥用行政权力，违反法律规定，强制经营者从事反垄断法所禁止的排除或限制市场竞争的行为。例如，强制本地区、本部门的企业合并，或者通过经营者控制组建企业集团；强制经营者通过协议等方式固定价格、划分市场、联合抵制等。

三、反垄断调查及法律责任

（一）反垄断调查

1. 反垄断调查的职能部门

我国反垄断调查机构主要为行政机构，即商务部、国家工商行政管理局、国家发展和改革委员会。省、自治区、直辖市行政区域内，与商务部、国家工商行政管理总局、国家发展和改革委员会三家中央机构有垂直关系的相关机构经国务院反垄断执法机构的授权后可以成为反垄断调查机构。

2. 反垄断调查职能部门的职责

商务部主要负责依法对经营者集中行为进行反垄断审查，指导企业在国外的反垄断应诉工作，开展双、多边竞争政策交流与合作。国家工商行政管理总局在反垄断方面的主要负责垄断协议、滥用市场支配地位、滥用行政权力排除、限制竞争方面的反垄断执法工作。依法查处不正当竞争、商业贿赂等经济违法行为。国家发展和改革委员会负责依法查处价格违法行为和价格垄断行为等。

（二）违反《反垄断法》的法律责任

1. 经营者实施垄断行为的法律责任

（1）民事责任。经营者实施垄断行为，给他人造成损失的，依法承担民事责任。由于《反垄断法》没有对民事责任做出具体规定，按照一般法与特别法的关系原则，特别法有不同规定的，特别法优先；特别法缺乏规定的，参照一般法进行补充。在民事责任的承担上，可以参照《反不正当竞争法》的规定执行，即经营者违反法律规定，给被侵害的经营者造成损害的，应当承担损害赔偿责任，被侵害的经营者的损失难以计算的，赔偿额为侵权人在侵权期间因侵权所获得的利润，并应承担被侵害的经营者因调查该不正当竞争行为所支付的合理费用。

（2）行政责任。①制止违法行为，没收违法所得。对违法达成并实施垄断协议、违法滥用市场支配地位、违法实施集中的经营者应责令停止违法行为。没收违法所得；责令停止实施集中、限期处分股份或资产。②拆分企业。拆分企业是对违法的经营者集中采取的行政责任承担方式。经营者违法实施集中的，由国务院反垄断执法机构责令停止实施集中、限期处分股份或资产、限期转让营业以及采取其他必要措施恢复到集中前的状态。③罚款。经营者违法达成并实施垄断协议的，可处上一年度销售额百分之一以上百分之十以下的罚款；尚未实施所达成的垄断协议的，可以处五十万元以下的罚款。行业协会违法组织本行业的经营者达成垄断协议的，反垄断执法机构可以处五十万元以下的罚款。对滥用市场支配地位的违法经营者，可处上一年度销售额百分之一至百分之十范围内的罚款。对违法实施集中的经营者，可以处五十万元以下的罚款。④撤销登记。行业协会违反《反垄断法》的规定，组织本行业的经营者达成垄断协议，情节严重的，社会团体登记管理机关可以依法撤销登记。

2. 滥用行政权力排除、限制竞争的法律责任

（1）责令改正。行政机关和法律、法规授权的具有管理公共事务职能的组织滥用行政权力，实施排除、限制竞争行为的，由上级机关责令改正。

（2）行政处分。对滥用行政权力排除、限制竞争的行政机关和法律、法规授权的具有管理公共事务职能的组织中的直接负责的主管人员和其他直接责任人员依法给予处分。

（3）行政建议。反垄断执法机构可以向滥用行政权力排除、限制竞争的行政机关和法律、法规授权的具有管理公共事务职能组织的有关上级机关提出依法处理的建议。

重点提示

滥用行政权力排除、限制竞争的行政机关和具有管理公共事务职能的组织在《反垄断法》中承担的均为行政责任，没有承担民事责任的法律规定。

3. 经营者妨碍执法的法律责任

对反垄断执法机构依法实施的审查和调查，拒绝提供有关材料、信息，或者提供虚假材料、信息，或者隐匿、销毁、转移证据，或者有其他拒绝、阻碍调查行为的，由反垄断执法机构责令改正，对个人可以处二万元以下的罚款，对单位可以处二十万元以下的罚款；情节严重的，对个人处二万元以上十万元以下的罚款，对单位处二十万元以上一百万元以下的罚款；构成犯罪的，依法追究刑事责任。

4. 反垄断执法人员执法过程中违法行为的法律责任

反垄断执法机构工作人员滥用职权、玩忽职守、徇私舞弊或者泄露执法过程中知悉的商业秘密，构成犯罪的，依法追究刑事责任；尚不构成犯罪的，依法给予行政处分。

本章小结

本章对竞争法的定义、调整对象、原则，以及反垄断法和反不正当竞争法的联系与区别、概念、特征、基本内容进行了简单的介绍，并对不正当竞争行为和垄断行为进行了分析。

1. 不正当竞争行为具体包括混淆行为、商业贿赂行为、虚假宣传行为、侵犯商业秘密的行为、不正当有奖销售行为、诋毁商誉行为、妨碍和破坏网络产品或服务正常运行的行为。经营者违反《反不正当竞争法》规定，给他人造成损害的，应当依法承担民事责任。经营者的合法权益受到不正当竞争行为损害的，可以向人民法院提起诉讼。因不正当竞争行为受到损害的经营者的赔偿数额，按照其因被侵权所受到的实际损失确定；实际损失难以计算的，按照侵权人因侵权所获得的利益确定。

2. 垄断行为实际上是一种违反竞争法规定的行为，其目的在于扩张自己的经济规模或形成对自己有利的经济地位。垄断行为包括垄断协议行为、经营者滥用市场支配地位、经营者集中和行政垄断行为。为预防和制止垄断行为，保护市场公平竞争，维护消费者利益和社会公共利益，反垄断法对垄断行为进行了规制，并制定了一套行之有效的法律责任制度。

基础知识测评

1. 什么是竞争法？竞争法的调整对象是什么？
2. 反垄断法与反不正当竞争法的区别是什么？
3. 什么是不正当竞争行为？有哪几种表现形式？
4. 简述经营者违反反不正当竞争法的法律责任。
5. 什么是垄断协议？
6. 如何认定经营者具有市场支配地位？
7. 经营者集中包括哪几种情形？
8. 简述经营者违反反垄断法的法律责任。

岗位能力测评

1. 上华有限公司主营氨基酸、多肽类产品的生产和销售，在其十余年的经营活动中投入大量成本整理形成了客户名单。2009 年，上华有限公司与张某签订劳动合同，指派其负责国际市场开发，并明确约定：在合同期及解除合同的两年内，张某不得擅自公开、转让或使用上华有限公司的商业秘密，也不得直接或间接从事与上华有限公司业务相近或构成竞争关系的工作。后双方未再续签劳动合同，2013 年 2 月，张某从上华有限公司离职。2013 年 3 月张某与上佳有限公司签订劳动合同，而后通过电子邮件，向上华有限公司多家客户单位的业务负责人提供相关产品的订货信息，且达成一笔交易。上华有限公司得知上述情形后，认为张某和上佳有限公司共同侵犯了其商业秘密诉至法院。法院认为，两被告侵害了原告的商业秘密，判决两被告在判决生效之日起两年内停止使用原告的商业秘密，共同赔偿经济损失 15 万元。

根据上述资料，分析：张某与上佳有限公司是否侵犯了上华有限公司的商业秘密？为什么？

2. 甲公司向法院诉称，由于其降低了对某搜索竞价排名的投入，乙公司即对甲公司网站在自然排名结果中进行了全面屏蔽，从而导致甲公司业绩大幅度降低。而乙公司这种利用中国搜索引擎市场的支配地位对原告的网站进行屏蔽的行为，违反了我国《反垄断法》的规定，构成滥用市场支配地位强迫原告进行竞价排名交易的行为。故请求法院判令乙公司赔偿甲公司经济损失 1 20 万元，解除对甲公司网站的屏蔽并恢复全面收录。乙公司辩称，确实对甲公司网站采取了减少收录的措施，实施该措施的原因是其网站设置了大量垃圾外链，搜索引擎自动对其进行了屏弊处罚。但是，该项处罚措施针对的仅仅是某搜索中的自然排名结果，与甲公司所称的竞价排名的投入毫无关系，亦不会影响其竞价排名的结果。同时，甲公司称乙公司具有《反垄断法》所称的市场支配地位缺乏事实依据。经查，乙公司在中国搜索引擎市场内能够控制交易条件，并具有一定的影响、阻碍其他经营者进入相关市场的能力。

根据上述资料，分析回答下列问题：

（1）乙公司是否具有市场支配地位？为什么？

（2）乙公司的行为是否构成滥用市场支配地位的行为？为什么？

第六章
产品质量法律制度

岗位要求

知识目标

- 了解产品、产品质量、产品质量法的定义，以及产品质量监督管理制度的内容
- 理解生产者的产品质量义务和销售者的产品质量义务的内涵
- 掌握相关人员违反产品质量法应承担的民事责任、行政责任、刑事责任

能力目标

- 能判断生产者、销售者的某一行为是否尽到了产品质量义务
- 会正确处理产品质量责任问题，在产品质量侵权案件中维护自身合法权益

关键词

- 产品　产品质量　产品质量监督　生产者　销售者　产品质量责任

导入案例

2014年9月29日，甲某与乙公司签订《汽车销售协议》一份，约定以41万元的价格从乙公司处购买美国进口凯迪拉克轿车一辆。合同签订后，甲某向乙公司交纳了相应的车款，乙公司向甲某交付了约定的车辆。该车辆由上海通用公司从外国进口，并经过出入境检验，检验情况为：一般项目检验合格，安全性能检验合格。2016年11月22日21时11分，甲某驾驶该车辆与一货车尾部相撞，造成甲某车辆毁损，甲某幸免于难。经交警部门认定，甲某负该事故全部责任。事故发生后，甲某称车辆制动系统有问题，刹车不灵才导致交通事故。2016年12月17日甲某出具授权书，授权上海通用公司对该轿车的制动系统进行技术分析。后经上海通用公司质量部检测分析，车辆的制动系统确实存在不可预测的突发性故障。

【讨论分析】

1．对于车辆存在的产品质量问题，甲某应如何维权？应向谁要求赔偿？

2．本案中，车辆的生产者和销售者如何承担产品质量责任？

3．如果甲某在交通事故中，不仅毁损了自己的车辆，还对甲某的人身造成了伤害，则甲某应如何维权？

第一节　概述

一、产品与产品质量

（一）产品的含义

根据《中华人民共和国产品质量法》（以下简称《产品质量法》）的规定，产品，是指经过加工、制作，用于销售的物品。这里所指的产品必须同时具备三个条件：①必须是经过加工、制作的物品；②必须是用于销售的，凡不是用于销售目的产品，都不是《产品质量法》所调整的产品；③应是动产。

（二）不属于产品的物品

不属于《产品质量法》所规范的产品有：①建筑工程，建筑工程往往有特殊的质量要求，难以与经过加工、制作的工业产品用同一种法律规范，因此，建筑工程不属于《产品质量法》调整，但建设工程所使用的建筑材料、建筑构配件和设备属于《产品质量法》的调整范围；②军工产品，如枪支、弹药、军用汽车、军用望远镜、军服等；③违禁品，主要指：淫秽书籍、光碟；毒品；走私物品等；④初级农产品，如未经加工的玉米、小麦、稻谷等原粮属于天然产品，这些天然产品既未经人的加工、制作，其质量也难以为人的意志和要求所决定，所以不为《产品质量法》所调整。

经典案例

肯德基在其食品中添加“苏丹红”，是否属于《产品质量法》调整范围。

【解析】根据《产品质量法》的规定，产品，是指经过加工、制作，用于销售的物品。

据此，肯德基销售的食品属于《产品质量法》规定的“产品”，如果出现质量不合格的情形，属于《产品质量法》调整的范围，可以适用《产品质量法》的规定，要求其承担相应的法律责任。

（三）产品质量

产品质量包括产品的内在质量和外观质量。

产品的内在质量，是指产品的内在属性，包括性能、寿命、可靠性、安全性、经济性等方面的要求。产品性能，是指产品具有适合用户要求的物理、化学或技术性能；产品寿命，是指产品在正常使用情况下的使用期限；产品可靠性，是指产品在规定的时间内和规定的条件下使用，不发生性能故障；产品的安全性，是指产品在使用过程中对人身和环境的安全保障程度；产品的经济性，是指产品经济寿命周期内的总费用的多少。

产品的外观质量指产品的外部属性，包括产品的光洁度、色泽、包装等。产品的内在质量与外观质量特性比较，内在质量是主要的、基本的，只有在保证内在特性的前提下，外观质量才有意义。

二、产品质量法

产品质量法有广义和狭义之分。狭义的产品质量法，是指 1993 年 9 月 1 日第七届全国人民代表大会常务委员会第三十次会议通过的《产品质量法》，于 1993 年 9 月 1 日起正式实施。2000 年 7 月 8 日第九届全国人大常委会第十六次会议对该法进行第一次修订。2009 年第十一届人民代表大会常委会第十次会议对该法进行第二次修订。广义的产品质量法，是指调整在生产、流通和消费过程中因产品质量所产生的经济关系的法律规范的总称。除《产品质量法》以外，还包括规范产品质量的地方性法规，以及《中华人民共和国食品安全法》《中华人民共和国商标法》等法律、法规中所涉及的产品质量的相关条款。

知识窗

在我国，国家高度重视食品安全，2009 年 6 月 1 日起施行的《中华人民共和国食品安全法》取代了原来的《中华人民共和国食品卫生法》，“食品安全”替代“食品卫生”、加强预防和事前管理、强化事后管理和责任分担以及对各种违法经营的处罚为货款的 5 到 10 倍罚款，均成为《食品安全法》的亮点。

三、产品质量监督制度

产品质量监督管理制度，是指执行产品质量监督的方式、形式和方法的总称。我国对产品质量实行统一立法、区别管理的原则，对可能危及人身健康和生命、财产安全方面的产品实行强制管理，其他产品主要是通过市场竞争和企业自我约束的机制去解决。

（一）产品质量监督管理体制

我国产品质量的监督管理制度，从法律规定来看，分为产品质量的国家监督和行业监督。

产品质量的国家监督，是指国务院产品质量监督部门和县级以上地方产品质量监督部门代表国家行使产品质量的监督权，主管全国和县级以上行政区域内的产品质量监督工作。其独立行使的监督权，不受部门、行业、地区的限制。

产品质量的行业监督，是指产业的主管部门和企业主管部门，对本行业、本系统产品质量的监督，也就是《产品质量法》中所列的国务院有关部门和县级以上地方人民政府有关部门对产品质量的监督。它们对于产品质量的监督，依其职权范围划定，其主要职责是按照同级人民政府赋予的职权，负责本行业、本行政区域内产品质量的行业监督。

重点提示

我国的产品质量监管体系是国家监督与行业监督相结合的模式，尤其对相关政府部门的监管力度要求较高。目前，我国产品质量问题层出不穷，我们应该思考如何完善产品质量监管体系，完善政府部门工作人员责任制，以及能否将行政指导行为纳入可诉行政行为，从而加强政府的监管力度。

（二）产品质量监督的形式

1. 产品质量检验制度

根据《产品质量法》的规定，产品质量应检验合格，不得以不合格产品冒充合格产品。

2. 强制监督管理制度

根据《产品质量法》的规定，对涉及保障人体健康和人身、财产安全的工业产品实行国家和行业的强制性标准，对不符合国家和行业强制性标准的产品禁止生产、销售。

3. 企业质量体系认证制度

企业质量体系认证制度，是指根据国际通用的质量管理和质量保证系列标准，经过认证机构对企业质量体系的检查和确认，通过颁发认证证书的形式，证明企业质量体系和质量保证能力符合相应要求的制度。企业质量体系认证制度是一项促进企业对其产品质量进行严格有效管理的重要制度，是企业为社会提供高质量、高信誉产品的保证。

在我国，企业质量体系认证遵循自愿原则，任何单位或个人都不得强制要求企业申请质量体系认证。企业申请质量体系认证的，可以向国务院产品质量监督部门认可的或者国务院产品质量监督部门授权的部门认可的认证机构提出申请。需要注意的是，企业质量体系认证与产品质量认证是两个不同的概念，仅获得质量体系认证的企业不得在其产品上使用产品质量认证标志。

4. 产品质量认证制度

产品质量认证制度，是指由认证机构证实某一产品符合标准要求的活动。这是国际通行的另一认证制度，其认证的对象是产品，认证标准是国家标准和行业标准。国务院标准化行政主管部门是我国的认证机构。我国目前开展的质量认证的产品主要包括电工产品、电动工具、电线电缆、低压电器、电子元器件、水泥、汽车安全玻璃等产品。产品质量认证由企业自愿申请，认证标志可在产品包装上使用。

5. 产品质量监督检查及公告制度

产品质量的监督检查方式包括抽查和社会监督，以抽查为主要方式。对可能危害人体健康和人身、财产安全的产品，影响国计民生的重要工业产品，以及消费者和有关组织反映有质量问题的产品，应重点抽查。监督检查由产品质量监督部门统一规划和组织。监督抽查作为政府行为，不得向被检查人收取检验费用。对监督抽查的结果，国务院和省、自治区、直辖市人民政府的质量监督部门应分别在全国或本省、自治区、直辖市范围内予以公布，接受社会的监督。

6. 行政强制措施制度

县级以上产品质量监督部门或工商行政管理部门对涉嫌从事违反产品质量法的生产、销售活动进行查处时，对确有根据认为不符合人体健康和人身、财产安全的国家标准、行业标准的产品或其他严重质量问题的产品，以及直接用于生产、销售该项产品的原辅材料、包装物、生产工具，有采取查封或扣押的行政强制措施的权力。

第二节 生产者、销售者的产品质量义务

一、生产者的产品质量义务

生产者的产品质量义务，是指生产者必须依照法律的规定，为保证其生产的产品的质量必须做出一定行为或者不得做出一定行为。“生产者应当对其生产的产品质量负责”是法律对生产者履行产品质量义务和承担产品质量责任的规定。保证产品质量是生产者的首要义务。

（一）产品质量默示担保义务和明示担保义务

生产者的产品质量默示担保义务，是指国家法律、法规对产品质量规定的必须满足的要求。它是依法产生的，并不取决于买卖双方的口头或书面合同的约定，如产品应具备的使用性能，生产者的产品应符合安全、卫生要求等。

生产者的产品质量明示担保义务，是指生产者以文字或行为表示对产品质量承担保证和承诺义务，如产品质量应符合在产品或其包装上注明采用的产品标准，符合以产品说明、实物样品等方式表明的质量状况。

（二）产品真实标识的义务

根据不同产品的特点和使用要求，产品标识可以标注在产品上，也可以标注在产品包装上，其主要作用是表明产品的有关信息，帮助用户、消费者了解产品的质量状况，说明产品的正确使用、保养方法，指导消费。产品上的标识应符合下列要求：

1. 有产品质量检验合格证明

合格证明包括合格证、合格印章等形式。合格证一般注明检验人员或其代号，出厂日期等事项，一些不便于配合格证的产品，可用合格印章。

2. 有产品名称、生产厂厂名和厂址

产品名称、生产厂厂名和厂址应以中文标识，根据需要也可以附民族文字。生产厂厂名和厂址以营业执照上载明的内容一致。

3. 按产品特点和使用要求标识

产品的规格、等级、成分、含量等标识的标注，应按照不同产品的不同特点及不同的使用要求进行标注。需要事先让消费者知晓的，应在外包装上标明，或预先向消费者提供有关资料。

4. 限期使用的产品标识

限期使用的产品，应在显著位置标明生产日期和安全使用期或失效日期。对限期使用的产品，可以有两种标注方法：一种是标注生产日期和安全使用期，两者都不可缺少；另一种是可以仅标注失效日期，而不再标注生产日期、保存期、保质期等标识。

5. 安全使用标识

使用不当容易造成产品本身损坏或可能危及人身、财产安全的产品，要有警示标志或中文警示说明。警示标志一般以剧毒、危险、易燃、易爆等专用图形标志表示。警示说明可以理解为用中文标注的注意事项，一般标注在产品或产品说明书、产品外包装上，如燃气热水器上注明“注意室内通风”字样。

6. 产品标识的例外规定

裸装的食品和其他根据产品的特点难以附加标志的裸装产品可以不附加标识，如商店销售的散装饼干、白糖及日用杂品等。

（三）特殊产品包装符合要求的义务

危险物品、储运中不能倒置和其他有特殊要求的产品属于特殊产品，包括易碎、易燃、易爆、剧毒、不能倒置及有其他特殊要求的产品。对特殊产品的包装必须符合相应的要求，依照国家有关规定做出警示标志或中文警示说明，标明储运注意事项。

（四）不得从事法律禁止行为的义务

生产者不得从事的行为包括：①生产者不得生产国家明令禁止的产品；②生产者不得伪造或冒用他人的厂名、厂址；③生产者不得伪造或冒用认证标志、名优标志等质量标志；④生产者不得掺假、掺杂，不得以假充真、以次充好，不得以不合格的产品冒充合格产品。

二、销售者的产品质量义务

销售者的产品质量义务，是指销售者必须依照法律的规定，为保证其销售的产品的质量必须做出一定行为或者不得做出一定行为。销售者应当履行保证产品质量的义务，对所销售的产品负责。

（一）验收义务

销售者应当建立并执行进货检查验收制度，验明产品合格证明和其他标识。“进货检查验收”包括产品标识检查、产品感观检查和必要的产品内在质量的检验。销售者履行验收义务，可以防止不合格产品进入市场。

（二）保持产品质量的义务

销售者应当采取措施，保持销售产品的质量。“销售者应当采取措施”，是指销售者应当根据产品的特点，采取必要的防雨、防晒、防霉变，对某些特殊产品采取控制温度、湿度等措施，保持产品进货时的质量状况。

（三）有关产品标识的义务

销售者销售的产品的标识应当符合法律的规定，不得更改产品标识，保证产品标识的真实性。

（四）不得从事法律禁止行为的义务

销售者不得销售国家明令淘汰并停止销售的产品和失效、变质的产品。“失效”，是指失去了原有的效力、作用。“变质”，是指产品发生了本质性的物理、化学变化，失去了原有的使用价值。销售者不得伪造产地，不得伪造或冒用他人的厂名、厂址。销售者不得伪造或冒用认证标志等质量标志。销售者销售产品，不得掺杂、掺假，不得以假充真、以次充好，不得以不合格产品冒充合格产品。

第三节　产品质量责任

产品质量责任，是指产品的生产者、销售者违反产品质量法的规定，不履行法律规定的义务，应当依法承担的法律后果。承担产品质量责任包括承担相应的民事责任、行政责任和刑事责任。

一、民事责任

产品生产者、销售者依法应承担的民事责任主要指产品给消费者造成人身、财产损失的赔偿责任，也称为产品侵权损害赔偿责任。

（一）产品质量侵权的赔偿责任

产品质量侵权的损害赔偿责任，是指生产者、销售者因产品存在缺陷而造成他人人身、缺陷产品以外的其他财产损害时，应承担的赔偿责任。需同时满足下列三个要件时，生产者方可承担产品侵权责任。

（1）产品存在缺陷，即产品存在危及人身、他人财产安全的不合理的危险，产品不符合保障人体健康、人身、财产安全的国家标准、行业标准。

（2）存在损害事实，即消费者人身或他人人身、缺陷产品以外的财产已经存在损害。

（3）产品缺陷与损害事实之间有因果关系。

（二）产品质量责任的排除

如果生产者能够证明有下列情形之一的，则不承担产品缺陷民事赔偿责任。

（1）生产者能够证明未将产品投入流通的。

（2）生产者能够证明产品投入流通时，引起损害的缺陷尚不存在的。

（3）生产者能够证明产品投入流通时的科学技术水平尚不能发现缺陷的存在的。

销售者的质量侵权责任实行过错推定原则，即由于销售者的过错使产品存在缺陷，造成人身、他人财产损害的，销售者应承担赔偿责任；销售者不能指明缺陷产品的生产者，也不能指明缺陷产品的供货者的，销售者应承担赔偿责任。

重点提示

法律对于承担产品质量责任的举证责任做出了特殊规定，销售者对自身没有过错，负有举证责任；因缺陷产品致人损害的侵权诉讼，由产品的生产者就法律规定的免责事由承担举证责任。

（三）赔偿义务主体及赔偿范围

1. 赔偿义务主体

因产品缺陷造成人身、他人财产损害时，受害人可以向产品的生产者要求赔偿，也可以向产品的销售者要求赔偿。属于产品的生产者的责任，产品的销售者赔偿的，产品的销售者有权向产品的生产者追偿；属于产品的销售者的责任，产品的生产者赔偿的，产品的生产者有权向产品的销售者追偿。

2. 赔偿范围

因产品缺陷造成受害人人身伤害的，侵害人应赔偿医疗费、治疗期间的护理费、因误工减少的收入；造成残疾的，还应支付残疾者生活辅助器具费（如轮椅、双拐）、生活补助费、残疾赔偿金以及由其抚养的人所必需的生活费；造成受害人死亡的，还应支付丧葬费、死亡赔偿金以及死者生前抚养人所必需的生活费等费用。

重点提示

如果只是产品本身存在质量问题，消费者可向销售者主张权利；如果因为缺陷产品造成人身财产损害时，消费者可向销售者主张权利，也可向生产者主张权利，二者不可互相推诿。法律做出这样的规定是为了更好地保护消费者的权利。导入案例中，如果仅是车辆本身存在质量问题，甲某应向销售者要求赔偿；如果因为缺陷产品造成甲某人身、其他财产损失的，则甲某既可以向生产者要求赔偿，也可以向销售者要求赔偿。

二、行政责任

（一）经营者的行政责任

生产者、销售者违反《产品质量法》应付行政责任的行为具体包括：①生产、销售不符合保障人体健康和人身、财产安全的国家标准、行业标准的产品的；②在产品中掺杂、掺假，以假充真、以次充好，或者以不合格产品冒充合格产品的；③生产国家明令淘汰的产品的，销售国家明令淘汰并停止销售的产品的；④销售失效、变质的产品的；⑤伪造产品产地的，伪造或冒用他人厂名、厂址的，伪造或冒用认证标志等质量标志的；⑥产品标识不符合规定的；⑦拒绝接受依法进行的产品质量监督检查的。

相关的行政机关针对生产者、销售者的违法行为可以依法责令停止违法行为、没收违法所得、罚款、吊销营业执照等。服务业的经营者将禁止销售的产品用于经营性服务的，责令停止使用；对知道或应当知道所使用的产品属于禁止销售的产品的，按照违法使用的产品（包括已使用和尚未使用的产品）的货值金额，对其处罚。

（二）运输、保管、仓储者的行政责任

知道或应当知道属于禁止生产、销售的产品而为其提供运输、保管、仓储等便利条件的，或者为以假充真的产品提供制假生产技术的，没收全部运输、保管、仓储或提供制假生产技术的收入，并处违法收入百分之五十以上三倍以下的罚款。

（三）产品质量检验机构、认证机构的行政责任

产品质量检验机构、认证机构伪造检验结果或出具虚假证明的，责令改正，对单位处五万元以上十万元以下的罚款，对直接负责的主管人员和其他直接责任人员处一万元以上五万元以下的罚款；有违法所得的，并处没收违法所得；情节严重的，取消其检验资格、认证资格。产品质量检验机构、认证机构出具的检验结果被证明不实，造成损失的，应当承担相应的赔偿责任；造成重大损失的，撤销其检验资格、认证资格。产品质量认证机构对不符合认证标准而使用认证标志的产品，未依法要求其改正或取消其使用认证标志资格的，对因产品不符合认证标准给消费者造成的损失，与产品的生产者、销售者承担连带责任；情节严重的，撤销其认证资格。

三、刑事责任

生产者、销售者，产品质量检验机构、认证机构、产品质量监督部门或其他国家机关及其工作人员的违法行为，构成犯罪的，依法追究刑事责任。

（一）对生产者和销售者追究刑事责任的情形

对生产者、销售者的下列行为，构成犯罪的，应追究刑事责任。

（1）生产、销售不符合保障人体健康和人身、财产安全的国家标准、行业标准的产品，

构成犯罪的；

（2）在产品中掺杂、掺假，以假充真，以次充好，或者以不合格产品冒充合格产品，构成犯罪的；

（3）销售失效、变质的产品，构成犯罪的；

（4）知道或应当知道属于禁止生产、销售的产品而为其提供运输、保管、仓储等便利条件，构成犯罪的；

（5）以暴力、威胁方法阻碍产品质量监督部门或工商行政管理部门的工作人员依法执行职务，构成犯罪的。

（二）对其他人员追究刑事责任的情形

对其他人员的下列行为，构成犯罪的，应追究刑事责任。

（1）产品质量检验机构、认证机构伪造检验结果或出具虚假证明，构成犯罪的；

（2）各级人民政府工作人员和其他国家机关工作人员有向从事违法生产、销售活动的当事人通风报信，帮助其逃避查处等行为，构成犯罪的；

（3）产品质量监督部门或工商行政管理部门的工作人员滥用职权、玩忽职守、徇私舞弊，构成犯罪的。

本章小结

本章介绍了产品、产品质量、产品质量法的概念，着重阐述了生产者的产品质量义务、销售者的产品质量义务，以及相关人员违反产品质量法的规定，不履行法律规定的义务，应当依法承担的民事责任、行政责任、刑事责任。

1. 生产者的产品质量义务，是指生产者必须依照法律的规定，为保证其生产的产品的质量必须做出一定行为或者不得做出一定行为。具体包括产品质量默示担保义务和明示担保义务、产品真实标识的义务、特殊产品包装符合要求的义务、生产者不得从事法律禁止行为的义务。

2. 销售者的产品质量义务，是指销售者必须依照法律的规定，为保证其销售的产品的质量必须做出一定行为或者不得做出一定行为。销售者的产品质量义务包括验收义务、保持产品质量的义务、有关产品标识的义务、不得从事法律禁止行为的义务。

3. 产品质量责任，是指产品的生产者、销售者违反《产品质量法》的规定，不履行法律规定的义务，应当依法承担的法律后果。因产品存在缺陷，造成人身、缺陷产品以外的其他财产损害的，生产者应当承担赔偿责任；由于销售者的过错使产品存在缺陷，造成人身、其他财产损害的，销售者应当承担赔偿责任；销售者不能指明缺陷产品的生产者也不能指明缺陷产品的供货者的，销售者应当承担赔偿责任。

基础知识测评

1. 什么是产品?
2. 我国的产品质量监督管理制度的内容是什么?具体包括哪些监督形式?
3. 简述生产者的产品质量义务。
4. 简述销售者的产品质量义务。
5. 生产者和销售者如何承担产品质量侵权的赔偿责任?具体赔偿范围如何确定?

岗位能力测评

1. 2016 年 9 月 1 日，李某在其所在城市的兴隆商场购买了一台电吹风机。当日，李某在正常使用该电吹风机的过程中，因电吹风机漏电而被电流击伤，虽救治及时仍造成手指残废。2017 年 8 月 8 日，李某以兴隆商场为被告在法院提起诉讼，请求法院判令兴隆商场对其因触电致残承担赔偿责任。兴隆商场辩称：李某触电是由于电吹风机存在质量缺陷，兴隆商场作为产品销售者没有过错，因此，李某无权要求兴隆商场承担赔偿责任，而应向该电吹风机的生产者天天电器厂要求赔偿。

根据上述资料，分析回答：

（1）兴隆商场是否应该承担赔偿责任?

（2）李某可以获得哪些赔偿?

2. 在某商家促销活动中，田某花了 2 699 元购买了未拆封的型号为 RQ1085 飞达电动剃须刀盒装一件。田某回家后拆开外包装，发现盒内装的是型号为 RQ1060 剃须刀、HQ8500 充电器、RQ1000 高效能清洁器的组合产品。上网一查，RQ1060 型号的电动剃须刀价格仅为 1 082 元。田某认为商家拿错了货物，返回商场飞达剃须刀专柜，要求商家更换型号为 RQ1085 的剃须刀。商家遂与供货商飞达公司联系。公司称，自飞达剃须刀产品进入中国市场以来，所有外包装标注“飞达 RQ1085”剃须刀产品都是由 RQ1060 电动剃须刀、HQ8500 充电器及 RQ1000 高效能清洁器组成。田某认为商家与公司存在消费欺诈行为，要求提供型号为 RQ1085 电动剃须刀，或就消费欺诈行为赔礼道歉并赔偿损失。

根据上述资料，分析回答：

（1）商家与飞达公司是否尽到了产品质量义务?

（2）田某可以获得什么样的补偿?

第七章 消费者权益保障法律制度

岗位要求

知识目标

- 了解消费者、经营者的概念及消费者权益保护法的概念和原则
- 理解国家对消费者权益保护的相关规定
- 掌握消费者享有的权利、经营者承担的义务

能力目标

- 能判断经营者的某一行为是否尽到了其法定义务
- 会利用法律知识处理与消费者权益保护相关的事务

关键词

- 消费者　经营者　知情权　自主选择权　公平交易权　“三包”　消费者协会

导入案例

王海在北京隆福大厦二楼电讯商场，花170元买了标价85元一副的两副日本索尼耳机，之后又在该商场加买了十副该种耳机。王海把这些索尼耳机拿到东城区工商局，经鉴定为假货。遂根据《中华人民共和国消费者权益保护法》中商品欺诈“增加三倍赔偿”的规定向隆福大厦索赔，但隆福大厦拒绝对全部的索尼耳机“增加三倍赔偿”，只同意退赔先买的两副索尼耳机，认为后十副索尼耳机属于“知假买假”，所以只退不赔。考虑到对方耽误的时间和浪费的精力，同意给200余元补偿金，王海表示拒绝。半年后，王海又在北京的其他十家商场“知假买假”进行索赔获得成功，在一个月内获赔偿金近8 000元。此后，北京隆福大厦终于在拖延了八个月之后，同意“增加三倍赔偿”王海在隆福大厦购买的十副假冒索尼耳机。

【讨论分析】

1．王海是不是消费者？

2．在消费行为过程中，消费者享有哪些权利？王海能否获得赔偿？

3．在消费行为过程中，经营者应尽哪些义务？商场是否应当依法给予王海赔偿？

第一节　概述

一、消费者

（一）消费者的概念

消费作为社会再生产的一个重要环节，是生产、交换、分配的目的与归宿，它包括生产消费和生活消费。消费者是社会消费的主体，消费者权益保护法中所涉及的“消费者”，是指为生活消费需要购买、使用商品或接受服务的人。由此可见，消费者主要是指生活资料的消费者。

（二）消费者的特征

1．消费者是自然人

消费者权益保护法中所指的“消费者”原则上仅限于自然人，不应当包括单位。单位因消费而购买商品或接受服务，应当受《合同法》调整，而不应当受《中华人民共和国消费者权益保护法》的调整。

2．消费者是购买、使用商品或接受服务的自然人

消费者既可能是亲自购买商品的个人，也可能是使用和消费他人购买的商品的人；既可能是有关服务合同中接受服务的一方当事人，也可能是接受服务的非合同当事人。消费者不能完全等同于买受人。

3. 消费者的消费目的是满足生活需要

消费者不同于生产者及销售者，其消费行为的目的主要是用于个人或家庭需要而不是经营或销售，这是消费者最本质的一个特点。作为消费者，其消费活动的内容不仅包括为个人和家庭生活需要而购买和使用产品，而且包括为个人和家庭生活需要而接受他人提供的服务。

重点提示

导入案例中，王海作为自然人购买和使用商品，其行为符合《中华人民共和国消费者权益保护法》保护的消费行为，但应注意，王海“知假买假”的行为，其主要目的不是为生活需要而进行的消费行为，因此，不属于《中华人民共和国消费者权益保护法》所保护的“消费者”。王海的损失不能适用《中华人民共和国消费者权益保护法》，即要求“增加三倍赔偿”只能适用《中华人民共和国合同法》的相关规定，要求商家承担相应的违约责任。

二、消费者权益保护法

（一）消费者权益保护法的概念

消费者权益保护法有广义和狭义之分。狭义的消费者权益保护法，是指 1993 年 10 月 31 日由第八届全国人民代表大会常务委员会第四次会议通过，并于 1994 年 1 月 1 日起施行的《中华人民共和国消费者权益保护法》(以下简称《消费者权益保护法》)。2009 年 8 月 27 日第十一届全国人民代表大会常务委员会第十次会议进行第一次修正；2013 年 10 月 25 日十二届全国人大常委会第五次会议进行第二次修正;2014 年 3 月 15 日，由全国人民代表大会修订的新版《消费者权益保护法》正式实施。《消费者权益保护法》分总则、消费者的权利、经营者的义务、国家对消费者合法权益的保护、消费者组织、争议的解决、法律责任、附则八章六十三条。广义的消费者权益保护法，是指调整消费者与经营者因生活消费而发生的商品和服务关系的法律规范的总称。除《消费者权益保护法》以外，还包括保护消费者权益的地方性法规，以及《中华人民共和国产品质量法》《中华人民共和国食品安全法》等法律、法规中所涉及的保护消费者权益的相关条款。

（二）《消费者权益保护法》的原则

1. 自愿、平等、公平、诚实信用的原则

自愿，是指经营者与消费者进行交易时，要尊重消费者的意愿，不得强卖或强行服务。平等，是指经营者与消费者之间法律地位完全平等。公平和诚实信用，体现了普遍的商业道德要求。

2. 特别保护原则

特别保护原则，即国家给予经济上处于弱者地位的消费者以特别保护的原则。消费者与经营者是相对应的，他们在法律地位上是平等的，在商品交易的地位中也是平等的，

但在经济上是不平等的，消费者常常是弱者，单靠传统法律的平等、公平、诚实信用等原则是解决不了的，必须以新的法律原则、方式和手段予以纠正和平衡，即通过消费者权益保护法予以特别的保护。

3. 社会保护的原则

保护消费者的合法权益是全社会的共同责任。国家鼓励、支持一切组织的个人对损害消费者权益的行为进行社会监督。大众媒介应当做好消费者合法权益的宣传，对损害消费者合法权益的行为进行舆论监督。

第二节　消费者的权利

消费者的权利，是指消费者在消费领域中，即在购买、使用商品或接受服务中所享有的权利，是由法律、法规确认，受法律、法规保护的权利。《消费者权益保护法》规定：国家保护消费者的合法权益不受侵害。国家采取措施，保障消费者依法行使权利，维护消费者的合法权益。《消费者权益保护法》明确规定了消费者享有下列权利。

一、保障安全权

保障安全权，是指消费者在购买、使用商品或接受服务时享有人身、财产安全不受损害的权利，是消费者最基本的权利。消费者依法有权要求经营者提供的商品和服务必须符合保障人身、财产安全的要求。在实际生活中，侵害消费者安全权的行为主要表现为：①在食品中添加有毒有害物质。②制造销售假药、劣药。③出售过期变质的食品和药品。④销售质量低劣的食品。⑤日常用品及机电产品缺乏安全保障。⑥化妆品有毒有害。⑦营业场所不安全。⑧服务方式或商品包装不安全。⑨玩具质量不合格。

除此之外，网上信息不安全，个人消费信息泄密，都是侵犯消费者安全权的行为。

经典案例

某栏目主持人沈某和朋友在A餐馆吃饭就餐过程中，沈某手机响起，即边接电话边走出包厢，来到包厢对面木制消防通道门旁后不见踪影，经寻找，发现已坠落楼下，经抢救无效身亡。A餐馆对于沈某的死亡是否承担责任？为什么？

【解析】A餐馆应预见对消费者人身构成危害的安全隐患，而未采取措施，未尽合理限度内的安保义务，没有保证营业场所的安全性，侵害了消费者的安全保障权，应对沈某的死亡承担责任。

二、知悉真情权

知悉真情权，是指消费者享有知悉其购买、使用的商品或接受的服务的真实情况的权利。它是消费者决定购买某种商品、接受某种服务的前提。消费者有权询问、了解商品的价格、产地、生产者、用途、性能、规格、等级、主要成分、生产日期、有效期限、检验合格证明、使用方法说明书、售后服务，以及服务的内容、规格、费用等有关情况。经营者提供商品或服务的情况必须真实，如医疗消费中，手术病人在手术前必须亲自签名同意实施手术，这就是知悉真情权的一种体现。

经典案例

某商场打出“清仓大处理”的广告，西服一套原价 1 888 元，现价 188 元。小李立即购买了一套，但在其他商场，他看到同样品牌、同样质量的西服才 88 元，小李感到上当了，就对某商场进行了投诉，要求退货并赔偿损失。小李的要求是否符合法律规定。

【解析】这是一起典型的侵害消费者知情权的案例。本案例中，经营者利用虚假广告蒙骗消费者，侵害了消费者的知情权，使消费者蒙受了损失。应当适用《消费者权益保护法》的规定，认定商家构成“欺诈”行为，小李除要求商家赔偿损失外，还可以要求增加赔偿，增加赔偿的金额为消费者购买商品的价款或接受服务的费用的三倍。

三、自主选择权

自主选择权，是指消费者购买商品或接受服务时享有自主选择商品或服务的权利。消费者有权自主选择提供商品或服务的经营者；有权自主选择商品品种或服务方式；有权自主选择购买或不购买任何一种商品、接受或不接受任何一项服务；在选择商品或服务时，有权进行比较、鉴别和挑选。

经典案例

2010 年 11 月 3 日，腾讯公司在线发出《致广大 QQ 用户的一封信》，单方面称：要求 QQ 用户卸载 360 软件，即要求腾讯用户在 QQ 和 360 之间“二选一”。这一举动将 QQ 与 360 之间的“网络核战争”推向白热化。

【分析】腾讯公司此举有无侵犯用户的合法权益。

【解析】根据法律规定，消费者享有自主选择商品或服务的权利。QQ 和 360 在相互之间的商业竞争中，置广大用户利益于不顾，以自身提供的免费服务为筹码，严重侵犯了消费者的自主选择权。

四、公平交易权

公平交易权，是指消费者在购买商品或接受服务时所享有的获得质量保障和价格合理、计量正确等公平交易条件的权利。消费者有权获得质量保障和价格合理、计量正确等公平交易条件，也有权拒绝经营者的强制交易行为。

五、获得赔偿权

获得赔偿权，是指消费者因购买、使用商品或接受服务受到人身、财产损害时，享有依法获得赔偿的权利。

重点提示

《消费者权益保护法》中的惩罚性赔偿

为有力保护消费者权益，《消费者权益保护法》中明确完善了惩罚性赔偿方法。经营者明知商品或服务存在缺陷，仍然向消费者提供，而造成消费者或其他受害人死亡或健康严重受损的，受害人有权要求经营者依法进行赔偿外，还有权要求所受损失两倍以下的惩罚性赔偿。经营者提供商品或服务有欺诈行为的，应当按照消费者的要求增加赔偿其受到的损失，增加赔偿的金额为消费者购买商品的价款或接受服务的费用的三倍；增加赔偿的金额不足五百元的，为五百元。法律另有规定的，依照其规定。

六、依法结社权

依法结社权，是指消费者享有依法成立维护自身合法权益的社会团体的权利。消费者的结社权，是随着消费者运动的兴起而在法律上的必然表现。在商品经济条件下，由于消费者与经营者的利益在某种程度上的对立，而单个的消费者在与经营者的较量中又始终处于弱者地位，故消费者为维护自身的合法利益不受侵犯，争取社会公正，可以行使其结社权。虽然我国有很多政府机关从不同的侧面履行保护消费者权益的职责，但是消费者依法成立维护自身合法权益的社团组织仍有不可替代的重要作用。在我国，消费者社会团体主要是中国消费者协会和地方各级消费者协会。我国于 1987 年 9 月被接纳为国际消费者联盟的正式会员。

七、获取知识权

获取知识权，是指消费者享有获得有关消费和消费者权益保护方面知识的权利。消费者获得有关知识的权利，是获得其他权利的重要保障。所谓消费方面的知识，主要包括：有关消费态度的知识，这有利于消费者科学地指导自己的消费行为；有关商品和服务的基本知识，这有利于消费者根据有关知识买到自己满意的商品或接受到自己满意的服务；有关市场的基本知识，这有利于消费者在纷繁的市场信息面前，指导自己做出正确的消费选择。消费者通过获得有关消费和消费者权益保护方面的知识，不断提高自我保护意识，使自己的合法权益得到尽可能大的保护。

八、人格尊严权

人格尊严权，是指消费者在购买、使用商品或接受服务时，享有人格尊严、民族风俗习惯得到尊重的权利。人格尊严指人的自尊心和自爱心，其权利包括消费者的姓名权、名誉权、荣誉权、肖像权等。尊重少数民族的风俗习惯，就是尊重民族感情、民族意识、民族尊严，这关系到坚持民族平等，加强民族团结，处理好民族关系，促进安定团结的大问题。因此，尊重少数民族的风俗习惯极其重要。

经典案例

某咨询公司市场主管高某到A酒吧消费，酒吧工作人员认为其“相貌不太好，怕影响店中生意”，拒绝其入内。高某认为酒吧侵犯了自己的人格尊严，遂向法院起诉，要求公开赔礼道歉并进行精神损害赔偿。法院应否支持高某的诉求？

【解析】根据法律规定，经营者对消费者进行侮辱、诽谤，侵害消费者的人格尊严或侵犯消费者的人身自由的，应当停止侵害、恢复名誉、消除影响，并赔偿损失。本案中，作为消费者，在正常营业时间有自由消费的权利，酒吧的拒绝理由构成对人格尊严的侵害，法院应支持高某的诉求。

九、监督批评权

监督批评权，是指消费者享有对商品和服务及保护消费者权益工作进行监督的权利。任何消费者在日常消费生活中，发现经营者提供商品或服务不符合国家规定的要求，危害消费者的，都有权提出自己的批评意见。这种监督权表现在三个方面：一是有权对经营者的商品和服务进行监督，在权利受到侵害时有权提出检举或控告；二是有权对国家机关及工作人员的监督，对其在保护消费者权益工作中的违法失职行为进行检举、控告；三是有权对消费者权益工作进行批评、建议。

第三节　经营者的义务

经营者的义务，是指经营者依法必须为一定行为或不为一定行为，以满足和实现消费者生活消费需要的责任。经营者的义务主要是经营者与消费者之间的一种平等主体间的义务，即主要是一种民事义务和民事责任，但也包含经营者对国家、社会承担的义务。《消费者权益保护法》明确规定了经营者有下列义务。

一、依法定或约定履行合同的义务

经营者向消费者提供商品或服务，应当依照有关法律、法规的规定履行义务。经营者和消费者有约定的，应当按照约定履行义务，但双方的约定不得违背法律、法规的规定。经营者向消费者提供商品或服务，应当恪守社会公德，诚信经营，保障消费者的合法权益；不得设定不公平、不合理的交易条件，不得强制交易。依法成立的合同，在订立合同的当事人间具有相当于法律的效力。合同当事人受合同的约束，履行合同约定的义务应是自明之理。经营者应当按合同约定的标的及其质量、数量及约定的履行期限、履行地点、履行方式，全面履行合同。

二、接受消费者监督的义务

经营者应当听取消费者对其提供的商品或服务的意见，接受消费者的监督。经营者必须虚心听取和接受消费者有关商品质量、服务态度、计量标准、质量标志、售后服务、价格状况等各方面的意见和监督。除了直接接受消费者的监督外，经营者还应该认真对待和接受消费者组织、技术监督部门和工商行政部门及物价监督部门等方面的监督，只有接受各方面的监督，树立起消费者是上帝的观念，经营者才能切实履行好有关的法律和法规所规定的义务。

三、保证商品和服务安全的义务

经营者应当保证其提供的商品或服务符合保障人身、财产安全的要求。对可能危及人身、财产安全的商品或服务，应当向消费者做出真实的说明和明确的警示，并说明和标明正确使用商品或接受服务的方法及防止危害发生的方法。宾馆、商场、餐馆、银行、机场、车站、港口、影剧院等经营场所的经营者，应当对消费者尽到安全保障义务。

经营者为消费者提供的消费场所、服务设施、店堂装饰、商品陈列、网络环境等场所与设施应当符合保障人身、财产安全的要求；对可能危及消费者人身、财产安全的场所和设施条件，经营者应当以显著的方式设置安全使用说明、警示标识，并采取必要的安全防护措施。经营者向消费者提供可能危及人身安全的惊险类娱乐服务的，应当具备保障消费者人身安全的技术条件、设施，建立严格的安全管理制度。消费者的人身、财产安全在经营者提供的场所和设施遇到危险或不法侵害时，经营者应当给予及时、必要的救助。

四、提供商品和服务真实信息的义务

经营者向消费者提供有关商品或服务的质量、性能、用途、有效期限等信息，应当真实、全面，不得做虚假或引人误解的宣传。经营者对消费者就其提供的商品或服务的质量和使用方法等问题提出的询问，应当做出真实、明确的答复。经营者提供商品或服务应当明码标价。除与消费者另有约定外，经营者不得在标价之外加价销售商品或提供服务，不得收取任何未标明的费用。

采用网络、电视、电话、邮购等方式提供商品或服务的经营者，以及提供证券、保险、银行等金融服务的经营者，应当向消费者提供经营地址、联系方式、商品或服务的数量和质量、价款或费用、履行期限和方式、安全注意事项和风险警示、售后服务、民事责任等信息。

五、标明真实名称和标记的义务

经营者应当标明其真实名称和标记。经营者应当在其经营场所的显著位置和与消费者签订的合同中，以消费者易于识别的方式标明经营者的真实名称、标记和有效联系方式。网络交易平台提供者应当对进入平台销售商品或提供服务的自然人、法人和其他组织进行身份信息审查和登记，并在自然人、法人和其他组织从事经营活动的主页面显著位置标明下列信息：已办理工商登记的自然人、法人和其他组织的主体资格信息，或者营业执照的电子链接标记。通过电视销售栏目销售商品的经营者，应当在电视画面中以显著方式标明商品经营者的名称和标记。

六、出具购货凭证或服务单据的义务

经营者提供商品或服务，应当按照国家有关规定或商业惯例向消费者出具发票等购货凭证或服务单据；消费者索要发票等购货凭证或服务单据的，经营者必须出具。经营者可在征得消费者同意后，以电子化形式出具上述凭证。经营者有正当理由不能即时出具购货凭证、服务单据或收费清单的，应当按照与消费者协商的时间、地点送交或者约定消费者到指定地点索取。经营者约定消费者到指定地点索取购货凭证、服务单据或收费清单，除双方另有约定外，应当向消费者支付必要的交通费用。

七、保证商品或服务质量的义务

经营者发现其提供的商品或服务存在缺陷，有危及人身、财产安全危险的，应当立即向有关行政部门报告和告知消费者，并采取停止销售、警示、召回、无害化处理、销毁、停止生产或服务等措施。采取召回措施的，经营者应当承担消费者因商品被召回支出的必要费用。经营者应当保证在正常使用商品或接受服务的情况下其提供的商品或服务应当具有的质量、性能、用途和有效期限；但消费者在购买该商品或接受该服务前已经知道其存在瑕疵，且存在该瑕疵不违反法律强制性规定的除外。

经营者以广告、产品说明、实物样品或其他方式表明商品或服务的质量状况的，应当保证其提供的商品或服务的实际质量与表明的质量状况相符。经营者提供的机动车、计算机、电视机、电冰箱、空调器、洗衣机等耐用商品或装饰装修等服务，消费者自接受商品或者服务之日起六个月内发现瑕疵，发生争议的，由经营者承担有关瑕疵的举证责任。

经营者以奖励或附赠等形式向消费者免费提供商品或服务的，该商品或服务应当符合保障人身、财产安全的强制性标准；没有强制性标准的，不应当危及消费者人身、财产安全。经营者对有瑕疵但不影响正常使用性能的免费商品或服务，应当在消费者购买前告知并在购货凭证、服务单据或收费清单上注明。

八、履行“三包”及其他责任的义务

经营者提供的商品或服务不符合质量要求的，消费者可以依照国家规定、当事人约定退货，或者要求经营者履行更换、修理等义务。没有国家规定和当事人约定的，消费者可以自收到商品之日起七日内退货；七日后符合法定解除合同条件的，消费者可以及时退货，不符合法定解除合同条件的，可以要求经营者履行更换、修理等义务。在这种情况下，经营者应当承担运输等必要费用。

经营者采用网络、电视、电话、邮购等方式销售商品，消费者有权自收到商品之日起七日内退货，且无须说明理由，但下列商品除外：①消费者定做的；②鲜活易腐的；③在线下载或者消费者拆封的音像制品、计算机软件等数字化商品；④交付的报纸、期刊。除前款所列商品外，其他根据商品性质并经消费者在购买时确认不宜退货的商品，不适用无理由退货。

消费者退货的商品应当完好。经营者应当自收到退回商品之日起七日内返还消费者支付的商品价款；退回商品的运费由消费者承担；经营者和消费者另有约定的，按照约定。经营者提供的商品或服务不符合质量要求的，应当依照国家规定或与消费者的约定承担退货、更换、修理等责任。对无发票和退货、更换、修理凭证但是有其他证据证明商品或服务在经营者应当承担退货、更换、修理等责任有效期限内的，经营者不得拒绝履行退货、更换、修理等义务。经营者依照国家规定或与消费者的约定履行退货责任的，应当按照商品购物凭证上显示的价格一次性退清货款或按照国家相关法律法规执行。

九、不得以格式条款排除或限制消费者权利的义务

经营者在经营活动中使用格式条款的，应当以显著方式提请消费者注意商品或服务的数量和质量、价款或费用、履行期限和方式、安全注意事项和风险警示、售后服务、民事责任等与消费者有重大利害关系的内容，并按照消费者的要求予以说明。经营者不得以格式条款、通知、声明、店堂告示等方式，做出排除或限制消费者权利、减轻或免除经营者责任、加重消费者责任等对消费者不公平、不合理的规定，不得利用格式条款并借助技术手段强制交易。格式条款、通知、声明、店堂告示等含有前款所列内容的，其内容无效。

十、不得侵犯消费者人格权的义务

人身自由和人格尊严不受侵犯是公民的一项基本人权。对此，我国宪法规定，公民的人身自由不受侵犯，任何公民，非经人民检察院批准或决定或者经人民法院决定，并由公安机关执行，不受逮捕。禁止非法拘禁和以其他方法非法剥夺或限制公民的人身自由，禁止搜查公民的身体；公民的人格尊严不受侵犯，禁止用任何方法对公民进行侮辱、诽谤和诬告陷害。为使上述规定在消费领域得到充分体现，我国《消费者权益保护法》规定，经营者不得对消费者进行侮辱、诽谤，不得搜查消费者的身体及其携带的物品，不得侵犯消费者的人身自由。

十一、合法收集、使用消费者个人信息的义务

经营者收集、使用消费者个人信息，应当遵循合法、正当、必要的原则，明示收集、使用信息的目的、方式和范围，并经消费者同意。经营者收集、使用消费者个人信息，应当公开其收集、使用规则，不得违反法律、法规的规定和双方的约定。经营者及其工作人员对收集的消费者个人信息必须严格保密，不得泄露、出售或非法向他人提供。经

营者应当采取技术措施和其他必要措施，确保信息安全，防止消费者个人信息泄露、丢失。在发生或可能发生信息泄露、丢失的情况时，应当立即采取补救措施。

经营者未经消费者同意或请求，或者消费者明确表示拒绝的，不得向其发送商业性信息。也就是说，未经消费者明确同意或请求，经营者不得向其发送商业性电子信息或拨打商业性推销电话。消费者同意经营者向其发送商业性电子信息或拨打商业性推销电话的，除双方另有约定以外，不能要求消费者承担费用。

第四节 消费者权益的法律保护

一、国家对消费者合法权益的保护

（一）立法保护

消费者权益首先受《消费者权益保护法》保护，如未做规定，还可受民法等其他法律、法规的保护。经营者为消费者提供商品或服务，首先应遵守《消费者权益保护法》的规定，有未尽的，则应遵守民法等其他法律、法规的有关规定。国家通过完善立法，对消费者权益的保护提供法律支持。

（二）行政保护

各级政府应当加强领导，组织、协调、监督有关行政部门做好保护消费者合法权益的工作，同时预防危害消费者人身、财产安全行为的发生，及时制止危害消费者人身、财产安全的行为。有关行政部门应当在各自的职责范围内，采取措施，保障消费者合法权益不受损害，对已出现的问题积极进行调查处理。消费者向有关行政部门投诉的，该部门应当自收到投诉之日起七个工作日内，予以处理并告知消费者。对侵害众多消费者合法权益的行为，中国消费者协会及在省、自治区、直辖市设立的消费者协会，可以向人民法院提起诉讼。

（三）司法保护

消费者或消费者协会向人民法院提起诉讼的，人民法院应当采取措施，方便消费者提起诉讼。对符合《中华人民共和国民事诉讼法》起诉条件的消费者权益争议，必须受理，及时审理。

二、消费者协会对消费者合法权益的保护

（一）消费者协会的设置

消费者协会是依法成立的对商品或服务进行社会监督的保护消费者合法权益的社会组织。消费者协会自成立时具有社会团体法人资格，县级以上行政区域应当依法设立消

费者协会。各级人民政府应当保障消费者协会依法履行职责，确定其办事机构和人员编制，经费列入同级财政预算。有关行政部门应当对消费者协会履行职责给予支持。消费者协会应当认真履行保护消费者合法权益的职责，听取消费者的意见和建议，接受社会监督。依法成立的其他消费者组织依照法律、法规及其章程的规定，开展保护消费者合法权益的活动。

（二）消费者协会的职责

消费者协会的任务有两项：一是对商品和服务进行社会监督，二是保护消费者权益。消费者协会履行下列公益性职责：①向消费者提供消费信息和咨询服务，提高消费者维护自身合法权益的能力，引导文明、健康、节约资源和保护环境的消费方式；②参与制定有关消费者权益的法律、法规、规章和强制性标准；③参与有关行政部门对商品或服务的监督、检查；④就有关消费者合法权益的问题，向有关部门反映、查询，提出建议；⑤受理消费者的投诉，并对投诉事项进行调查、调解；⑥投诉事项涉及商品或服务质量问题的，可以委托具备资格的鉴定人鉴定，鉴定人应当告知鉴定意见；⑦就损害消费者合法权益的行为，支持受损害的消费者提起诉讼或依照本法提起诉讼；⑧对损害消费者合法权益的行为，通过大众传播媒介予以揭露、批评。各级人民政府对消费者协会履行职责应当予以必要的经费等支持。

此外，消费者协会不得从事商品经营和营利性服务，不得以收取费用或其他牟取利益的方式向消费者推荐商品或服务。

三、解决消费者权益争议的途径

根据《消费者权益保护法》的规定，在消费领域中，当消费者与经营者之间发生消费者权益争议的，可以通过以下几种途径来解决。

（1）与经营者协商和解；

（2）请求消费者协会或者依法成立的其他调解组织调解；

（3）向有关行政部门投诉；

（4）根据与经营者达成的仲裁协议提请仲裁机构仲裁；

（5）向人民法院提起诉讼。

在一般情况下，当消费者与经营者发生争议时，首先会选择同经营者进行协商来解决争议，经营者应当建立方便、快捷的投诉处理机制，采取协商和解等方式与消费者解决消费争议。在不能协商的情况下，会选择要求消费者协会来进行调解，或向有关行政部门进行申诉；消费者和经营者发生消费者权益争议，请求消费者协会、人民调解委员会或依法成立的其他群众性调解组织进行调解的，相关组织应当及时处理。最后，消费者才会选择仲裁或诉讼的方式。并不是说争议的解决必须按照这样的顺序，事实上，当发生争议时，消费者完全有权利根据自己的实际情况选择上述五种解决途径中的任何一种。

四、赔偿责任主体

（一）一般责任主体的确定

消费者在购买、使用商品时，其合法权益受到损害的，可以向销售者要求赔偿。销售者赔偿后，属于生产者的责任或属于向销售者提供商品的其他销售者的责任的，销售者有权向生产者或其他销售者追偿。消费者或其他受害人因商品缺陷造成人身、财产损害的，可以向销售者要求赔偿，也可以向生产者要求赔偿。属于生产者责任的，销售者赔偿后，有权向生产者追偿；属于销售者责任的，生产者赔偿后，有权向销售者追偿。消费者在接受服务时，其合法权益受到损害的，可以向服务者要求赔偿。

（二）特殊责任主体的确定

1. 由变更后的企业承担责任

消费者在购买、使用商品或接受服务时，其合法权益受到损害，因原企业分立、合并的，可以向变更后承受其权利、义务的企业要求赔偿。

2. 由营业执照的使用人或持有人承担责任

使用他人营业执照的违法经营者提供商品或服务，损害消费者合法权益的，消费者可以向其要求赔偿，也可以向营业执照的持有人要求赔偿。

3. 由经营者、展销会的举办者、柜台的出租者承担责任

消费者在展销会、租赁柜台购买商品或接受服务，其合法权益受到损害的，可以向销售者或服务者要求赔偿。展销会结束或柜台租赁期满后，也可以向展销会的举办者、柜台的出租者要求赔偿。展销会的举办者、柜台的出租者赔偿后，有权向销售者或服务者追偿。

4. 由网络交易平台提供者承担责任

消费者通过网络交易平台购买商品或接受服务，其合法权益受到损害的，可以向销售者或服务者要求赔偿。网络交易平台提供者不能提供销售者或服务者的真实名称、地址和有效联系方式的，消费者也可以向网络交易平台提供者要求赔偿；网络交易平台提供者做出更有利于消费者的承诺的，应当履行承诺。网络交易平台提供者赔偿后，有权向销售者或服务者追偿。网络交易平台提供者明知或应知销售者或服务者利用其平台侵害消费者合法权益，未采取必要措施的，依法与该销售者或服务者承担连带责任。

5. 由经营者、广告的经营者承担责任

消费者因经营者利用虚假广告或其他虚假宣传方式提供商品或服务，其合法权益受到损害的，可以向经营者要求赔偿。广告经营者、发布者发布虚假广告的，消费者可以请求行政主管部门予以惩处。广告经营者、发布者不能提供经营者的真实名称、地址和有效联系方式的，应当承担赔偿责任。广告经营者、发布者设计、制作、发布关系消费

者生命健康商品或服务的虚假广告，造成消费者损害的，应当与提供该商品或服务的经营者承担连带责任。社会团体或其他组织、个人在关系消费者生命健康商品或服务的虚假广告或其他虚假宣传中向消费者推荐商品或服务，造成消费者损害的，应当与提供该商品或服务的经营者承担连带责任。

五、法律责任形式

由于侵犯消费者合法权益行为的性质、情节和社会危害性等有所不同，因此所承担的责任形式也有所不同，按照我国《消费者权益保护法》的规定，侵犯消费者权益的当事人承担法律责任的形式包括民事责任、行政责任和刑事责任。

（一）民事责任

经营者违反《消费者权益保护法》的规定，侵犯消费者的人身权或财产权的，应当承担相应的民事责任。

1. 侵犯人身权的民事责任

经营者提供商品或服务，造成消费者或其他受害人人身伤害的，应当赔偿医疗费、护理费、交通费等为治疗和康复支出的合理费用，以及因误工减少的收入。造成残疾的，还应当赔偿残疾生活辅助器具费和残疾赔偿金。造成死亡的，还应当赔偿丧葬费和死亡赔偿金。经营者侵害消费者的人格尊严、侵犯消费者人身自由或者侵害消费者个人信息依法得到保护的权利的，应当停止侵害、恢复名誉、消除影响、赔礼道歉，并赔偿损失。经营者有侮辱诽谤、搜查身体、侵犯人身自由等侵害消费者或其他受害人人身权益的行为，造成严重精神损害的，受害人可以要求精神损害赔偿。

2. 侵犯财产权的民事责任

经营者提供商品或服务，造成消费者财产损害的，应当依照法律规定或当事人约定承担修理、重作、更换、退货、补足商品数量、退还货款和服务费用或赔偿损失等民事责任。经营者以预收款方式提供商品或服务的，应当按照约定提供。未按照约定提供的，应当按照消费者的要求履行约定或退回预付款，并应当承担预付款的利息、消费者必须支付的合理费用。依法经有关行政部门认定为不合格的商品，消费者要求退货的，经营者应当负责退货。

（二）行政责任

经营者有下列情形之一，除承担相应的民事责任外，其他有关法律、法规对处罚机关和处罚方式有规定的，依照法律、法规的规定执行；法律、法规未做规定的，由工商行政管理部门或其他有关行政部门责令改正，可以根据情节单处或并处警告、没收违法所得、处以违法所得一倍以上十倍以下的罚款，没有违法所得的，处以五十万元以下的罚款；情节严重的，责令停业整顿、吊销营业执照：①提供的商品或服务不符合保障人身、财产安全要求的；②在商品中掺杂、掺假，以假充真，以次充好，或者以不合格商品冒充合格商品的；③生产国家明令淘汰的商品或销售失效、变质的商品的；④伪造商品的产地，伪造或冒用他人的厂名、厂址，篡改生产日期，伪造或冒用认证标志等质量标志的；⑤销售的商品应当检验、检疫而未检验、检疫或者伪造检验、检疫结果的；⑥对商品或服务做虚假或引人误解的宣传的；⑦拒绝或拖延有关行政部门责令对缺陷商品或服务采取停止销售、警示、召回、无害化处理、销毁、停止生产或服务等措施的；⑧对消费者提出的修理、重作、更换、退货、补足商品数量、退还货款和服务费用或赔偿损失的要求，故意拖延或无理拒绝的；⑨侵害消费者人格尊严、侵犯消费者人身自由或侵害消费者个人信息依法得到保护的权利的；⑩法律、法规规定的对损害消费者权益应当予以处罚的其他情形。

经营者有上述情形的，除依照法律、法规规定予以处罚外，处罚机关应当记入信用档案，向社会公布。经营者对行政处罚决定不服的，可以依法申请行政复议或提起行政诉讼。经营者违反《消费者权益保护法》规定，应当承担民事赔偿责任和缴纳罚款、罚金，其财产不足以同时支付的，先承担民事赔偿责任。

（三）刑事责任

经营者侵犯消费者和受害人合法权益，构成犯罪的，依法承担刑事责任。其主要责任种类有：致人伤害的刑事责任；致人死亡的刑事责任；以暴力、威胁等方法，拒绝、阻碍国家机关工作人员依法执行职务时的刑事责任；国家机关工作人员严重玩忽职守、包庇经营者时的刑事责任。经营者违反《消费者权益保护法》的规定提供商品或服务，侵害消费者合法权益，构成犯罪的，依法追究刑事责任。以暴力、威胁等方法阻碍有关行政部门工作人员依法执行职务的，依法追究刑事责任；拒绝、阻碍有关行政部门工作人员依法执行职务，未使用暴力、威胁方法的，由公安机关依照《中华人民共和国治安管理处罚法》的规定处罚。

本章小结

1. 消费者，是指为生活消费需要购买、使用商品或接受服务的人。经营者，是指从事商品经营或营利性服务的法人、其他经济组织和个人。经营者与消费者进行交易，应当遵循自愿、平等、公平、诚实信用的原则。

2. 消费者的权利，是指消费者在购买、使用商品或接受服务中所享有的权利。消费者的权利包括保障安全权、知悉真情权、自主选择权、公平交易权、获得赔偿权、依法结社权、获取知识权、人格尊严权、监督批评权。

3. 经营者的义务，是指经营者依法必须为一定行为或不为一定行为，以满足和实现消费者生活消费需要的责任。经营者的义务主要是经营者与消费者之间的一种平等主体间的义务，即主要是一种民事义务和民事责任，但也包含经营者对国家、社会承担的义务。经营者的义务包括依法定或约定履行合同的义务，接受消费者监督的义务，保证商品和服务安全的义务，提供商品和服务真实信息的义务，标明真实名称和标记的义务，出具购货凭证或服务单据的义务，保证商品或服务质量的义务，履行“三包”及其他责任的义务，不得以格式条款排除或限制消费者权利的义务，不得侵犯消费者人格权的义务，合法收集、使用消费者个人信息的义务。

4. 在消费领域中，当消费者与经营者之间发生消费者权益争议的，可以通过以下几种途径来解决：与经营者协商和解；请求消费者协会或依法成立的其他调解组织调解；向有关行政部门投诉；根据与经营者达成的仲裁协议提请仲裁机构仲裁；向人民法院提起诉讼。

基础知识测评

1. 什么是消费者？什么是经营者？
2. 《消费者权益保护法》的原则是什么？
3. 简述消费者的权利。
4. 简述经营者的义务。
5. 消费者协会的职责是什么？
6. 解决消费者权益争议有哪些途径？

岗位能力测评

1. 甲汽车公司生产一款新车，该车在有些新设计上出现了问题。车辆出售后，由于设计问题，车辆在行驶过程中频频出现故障，多次造成交通事故。事后，该公司拒绝就故障原因做出说明，也拒不向受害人提供赔偿。

请分析：甲汽车公司的行为侵犯了消费者的哪些权利？

2. 吴女士在某大型商场购买一件纯羊毛大衣，售价880元，商场标明“换季商品，概不退换”。穿了三天后衣服起满毛球，于是吴女士到市质量技术监督部门检验，鉴定结果证明，羊毛大衣所用原料为100%腈纶。吴女士遂到购买衣服的商场要求退货并赔偿因此而造成的损失，商场营业员回答：“当时标明‘换季商品，概不退换’，再说店内该柜是出租给个体户的，现在他已破产，租借柜台的费用尚未付清，人也找不到，你只好自己认倒霉。”

请分析：商场是否应该对吴女士承担责任？吴女士应该如何维权？

拓展实训

实训目的：通过学习《产品质量法》和《消费者权益保护法》的内容，训练分析相关法律问题、法律关系的能力，找出解决问题方法的同时，形成相关法律文件，提升写作能力，导引实践中消费者维权的具体行为。

实训要求：阅读下列相关资料，为范先生起草一份向消费者协会申诉的材料。具体要求如下：

1. 材料中须明确说明如下内容：

（1）事情经过；

（2）申诉理由（权利、义务关系）；

（3）申诉要求；

（4）相关证据。

2. 相关证据由本人根据资料内容设计，要求证据具有合法性、合理性、真实性，并依据下表格式总结，与相关证据附于申诉书之后。

编　号	证据名称	证明事项	证据来源

3. 全部申诉材料及证据一律用A4纸打印或粘贴于A4纸上，标明页码，并按照下列顺序出示目录：申诉书、证据目录、证据。

阅读资料：

据《北京晚报》报道，2016年5月13日，范先生在京东商城购买了四款京东自营的真力时手表，总价共计14.7万余元。购买时网页商品说明该款手表显示表镜材质为蓝宝石水晶，但范先生在收到商品后，发现商品说明书保修卡上写明手表材质为蓝宝石水晶玻璃。范先生将手表送至专业机构检测，检测结果为人工合成蓝宝石。范先生认为，京东商城网站宣传构成欺诈，故将其诉至法院，要求退还货款、赔偿检测费并索三倍赔偿。但对于此事，京东商城称告错人了。理由是：京东与购表者范先生并不存在合同买卖关系，尽管该涉案产品隶属京东自营，但京东只是提供网络交易的平台，未参与买卖行为。经法院审理查明，范先生购买的京东自营商品，发票显示销售主体为天津京东海荣贸易有限公司。因此，范先生的索赔对象应该是天津京东海荣贸易有限公司，由于起诉的被告主体不适格，该法院一审裁定驳回范先生的起诉。

思考一：消费者买到假货与京东商城无关吗?

思考二：消费者都以为“京东自营”就是京东商城自己经营，这样的宣传方式，是否存在误导?

第八章 税收法律制度

岗位要求

知识目标

- 了解我国税制的构成及基本知识
- 理解税法构成要素及税收征收管理的相关规定
- 掌握增值税、消费税、企业所得税、个人所得税的纳税人、征税范围、税率及应纳税额的计算方法

能力目标

- 能计算出增值税、消费税、企业所得税、个人所得税的应纳税额
- 会在会计核算的过程中依法进行税务处理

关键词

- 税收　流转税　所得税　财产税　资源税　行为税　中央税　地方税　共享税　从价税　从量税　复合税　纳税人　征税对象　税目　税率　计税依据　纳税环节　纳税期限　纳税地点　减免税　起征点　免征额　视同销售　征收率　委托加工　税务保全

导入案例

营业税改征增值税，是我国税收制度的一次重大改革，其目的是完善我国税收制度，捋顺抵扣环节，同时消除制约服务业发展的税收制度障碍，总体上减轻服务业相关产业链的税负。2011 年 11 月 17 日，财政部、国家税务总局正式公布营业税改征增值税试点方案。上海 2012 年 1 月 1 日首轮试点选择交通运输业及六个部分现代服务业，即“6+1 模式”。2012 年 7 月 25 日，国务院决定扩大营改增试点范围，自 2012 年 8 月 1 日起至年底，将交通运输业和部分现代服务业营改增试点范围，由上海市分批扩大至北京、天津、江苏、浙江、安徽、福建、湖北、广东、厦门、深圳 10 个省市（直辖市、计划单列市）。2012 年 9 月 1 日，北京开始实施营业税改征增值税试点改革（俗称“营改增”），其中包括文化创意等十大服务业。财政部、国家税务总局 2013 年 4 月 28 日召开扩大营业税改征增值税试点工作视频会议，安排部署 2013 年扩大“营改增”试点工作。会议指出，为加快扩大试点步伐进一步释放改革红利，国务院决定自 2013 年 8 月 1 日起将交通运输业和部分现代服务业“营改增”试点扩大到全国，其中包括广播影视作品的制作、播映、发行等领域。2014 年 1 月 1 日，铁路运输业和邮政服务业在全国范围进行营改增试点。2014 年 6 月 1 日，电信业开始营改增。至 2016 年 5 月 1 日，完成全国范围内的全行业营改增。

第一节　税收法律制度概述

一、税收概述

（一）税收的概念和特征

税收是国家为实现其公共职能而凭借其政治权力，依法强制、无偿地取得财政收入的一种活动或手段。税收作为财政收入的主要形式，具有以下基本特征。

1. 强制性

强制性，是指国家以社会管理者身份，凭借政治权力，通过颁布的法律、法规，按照一定的征收标准进行强制征税。负有纳税义务主体必须依法纳税，否则就会受到法律制裁。

2. 无偿性

无偿性，是指国家取得税收收入，无须向纳税人支付任何报酬或对价。纳税人依法纳税后，财产所有权发生转移，税款就成为国家的财政收入，归国家所有，不再返还给纳税人。

3. 固定性

固定性，是指国家征税以法律形式预先规定征税范围和征收比例。对于税法规定的标准，征税和纳税双方都必须遵守，非经法定程序不得更改。

（二）税收的分类

1. 按照征税对象分类

按照征税对象分类，可将税收划分为流转税类、所得税类、财产税类、资源税类和行为税类五种类型。这是最常见的一种税收分类方法。

（1）流转税类。流转税类是以商品生产、商品流通和劳动服务的流转额为征税对象的一类税收，在生产经营及销售环节征收，收入不受成本费用变化的影响，而对价格变化较为敏感。我国现行的增值税、消费税、关税等属于流转税类。

（2）所得税类。所得税类是以纳税人的各种收益额为征税对象的一类税收。所得税属于终端税种，它体现了量能负担的原则，即所得多的多征，所得少的少征，无所得的不征。我国现行的企业所得税、个人所得税等属于所得税类。

（3）财产税类。财产税类是以纳税人拥有的财产数量或财产价值为征税对象的一类税收。财产税的税收负担与财产价值、数量关系密切，体现调节财富、合理分配等原则。我国现行的房产税、车船税、船舶吨税、城镇土地使用税等属于财产税类。

（4）资源税类。资源税类是以自然资源和某些社会资源为征税对象的一类税收。开征资源税有利于促进自然资源的有效管理和充分利用。我国现行资源税属于资源税类。

（5）行为税类。行为税类是以纳税人的某些特定行为为征税对象的一类税收。我国现行的印花税、契税、车辆购置税、城市维护建设税等属于行为税类。

2. 按照征收权限和收入支配权限分类

按照税收的征收权限和收入支配权限分类，可将税收分为中央税、地方税和中央地方共享税。这种划分明确了在财政收支管理权上中央与地方的关系，有利于调动中央和地方的积极性。

（1）中央税。中央税，是指由中央立法、收入划归中央并由中央政府征收管理的税收，包括消费税、关税、车辆购置税、海关代征的消费税和增值税。

（2）地方税。地方税，是指由中央统一立法或授权立法、收入划归地方并由地方负责征收管理的税收，包括土地增值税、印花税、房产税、城镇土地使用税、城市维护建设税、车船税、契税等。

（3）中央地方共享税。中央地方共享税，是指税收收入支配由中央和地方按比例或法定方式分享的税收，包括增值税、企业所得税、个人所得税、资源税、证券交易印花税等。

3. 按照计税标准分类

按照计税标准的不同，可以把税收分为从价税、从量税和复合税三类。

（1）从价税。从价税，是指以征税对象的价值或价格为计税依据征收的一种税。一般采用比例税率和累进税率，如我国的增值税、车辆购置税等都采用从价计征形式。

（2）从量税。从量税，是指以征税对象的实物量作为计税依据征收的一种税。一般采用定额税率，我国的耕地占用税、城镇土地使用税等均实行从量计征形式。

（3）复合税。复合税，是指对征税对象采取从价和从量相结合的复合计税方法征收的一种税，如对卷烟、白酒征收的消费税，采取从价和从量相结合的复合计税方法。

知识窗

什么是分税制

20 世纪 80 年代末 90 年代初，我国的中央财政陷入了严重危机，财政收入占 GDP 比重和中央财政收入占整个财政收入的比重迅速下降，中央政府面临前所未有的“弱中央”的状态。1994 年，一场具有深远影响的分税制改革在中国拉开了序幕。分税制改革的原则和主要内容是：按照中央与地方政府的事权划分，合理确定各级财政的支出范围。依据事权与财权相结合原则，将税种统一划分为中央税、地方税和中央地方共享税，并建立中央税收和地方税收体系，分设中央与地方两套税务机构分别征管；科学核定地方收支数额，逐步实行比较规范的中央财政对地方的税收返还和转移支付制度；建立和健全分级预算制度，硬化各级预算约束。分税制的实行，使中国的财政秩序为之大改，中央财政重获活力。

二、税法的概念和构成要素

（一）税法的概念

税法是调整国家与纳税人之间税收征纳关系的法律规范的总称，是国家税务机关及一切纳税单位和个人依法征税、依法纳税的行为规范。税法可以分为税收实体法和税收程序法。税收实体法主要是指确定税种立法，具体规定各税种的征税对象、征收范围、税目、税率等内容。例如，《中华人民共和国个人所得税法》就属于税收实体法。税收程序法，是指税务管理方面的法律，具体规定税款征收、发票管理、税务争议处理等内容。例如，《中华人民共和国税收征收管理法》就属于税收程序法。

（二）税法的构成要素

1. 税法主体

税法主体是在税收法律关系中享有权利和承担义务的当事人，包括征税主体和纳税主体。征税主体是国家，由国家授权各级税务机关和海关具体负责税收征管；纳税主体是纳税义务人，指依照税法规定直接负有纳税义务的自然人、法人和其他社会组织。

2. 征税对象

征税对象，是指税收法律关系中征纳双方权利义务所指向的物或行为，如企业所得税的征税对象是应税所得。征税对象是区别不同类型税种的主要标志。

3. 税目

税目是税法中规定的征税对象的具体项目，是征税的具体根据，它规定了征税对象的具体范围。例如，根据《中华人民共和国消费税暂行条例》的规定，列入消费税征税范围的税目有烟、酒、化妆品、贵重首饰及珠宝玉石、鞭炮、焰火等。

4. 税率

税率，是指应纳税额与征税对象的比例或征收额度，它是计算税额的尺度。税率是税法的核心要素，税率的高低，直接关系到国家财政收入的多少和纳税人负担的轻重。我国现行的税率主要有：①比例税率，指对同一征税对象，不论其数量多少，数额大小，均按同一个比例征收的税率；②定额税率，指对单位征税对象规定固定的税额，适用于从量计征的税种；③累进税率，指把征税对象的数额划分等级，不同等级适用不同的税率，征税对象数额越大的等级，税率越高。累进税率分为超额累进税率和超率累进税率，我国现行个人所得税适用超额累进税率，土地增值税适用超率累进税率。

5. 计税依据

计税依据，是指计算应纳税额的依据或标准。计税依据与征税对象虽然同样反映征税客体，但两者解决的问题不同：征税对象规定对什么征税；计税依据则在确定征税对象之后解决如何计量的问题。计税依据可以分为从价计征、从量计征和复合计征。

6. 纳税环节

纳税环节，是指税法规定的征税对象在从生产到消费的流转过程中应缴纳税款的环节，如流转税在生产和流通环节纳税，所得税在分配环节纳税等。

7. 纳税期限

纳税期限，是指纳税人发生纳税义务后，应依法缴纳税款的期限。纳税期限通常分为按期纳税和按次纳税两种。

8. 纳税地点

纳税地点，是指纳税人依据税法规定向征税机关申报纳税的具体地点。通常规定的纳税地点主要是机构所在地、劳务发生地、财产所在地、报关地等。

9. 减免税

减免税，是指国家对某些纳税人和征税对象给予鼓励和照顾的一种特殊规定。主要包括：①减税和免税。减税，是指从应征税额中减征部分税款；免税，是指对按照规定应征收的税款全部免除。②起征点。起征点是税法规定的开始征税的界线，征税对象的数额达不到起征点就不征税，达到起征点的就全部数额征税。③免征额。免征额，是指对征税对象免于征税的数额。免征额部分不征税，只对超过免征额的部分征税。

根据《中华人民共和国个人所得税法》的规定，工资、薪金所得 3 500 元以下的不征收个人所得税；超过 3 500 元的，就超过的部分征收个人所得税。由此可知，3 500 元属于免征额，而不是起征点。

重点提示

10. 违法处理

违法处理，是指对违反税法规定的行为人采取的处罚措施，一般包括违法行为和因违法而应承担的法律责任两部分内容，其法律责任包括行政责任和刑事责任。

第二节　我国税收法律制度的主要内容

一、流转税

（一）增值税

增值税是以单位和个人生产经营过程中取得的增值额为课税对象征收的一种流转税。

1. 增值税的纳税人

在中国境内销售货物或者提供加工、修理修配劳务，销售服务、无形资产或不动产，以及进口货物的单位和个人，为增值税的纳税人。

增值税纳税人划分为一般纳税人和小规模纳税人，对一般纳税人实行凭发票扣税的计税方法，对小规模纳税人实行简易计税方法和征收管理办法。

2. 增值税的征税范围

（1）销售货物。销售货物，是指有偿转让货物的所有权。

（2）提供加工和修理修配劳务。加工，是指接收来料承做货物，加工后的货物所有权仍属于委托者的业务。修理修配是指受托对损伤和丧失功能的货物进行修复，使其恢复原状和功能的业务。

（3）销售服务。销售服务，是指提供交通运输服务、邮政服务、电信服务、建筑服务、金融服务、现代服务和生活服务。

（4）销售无形资产。销售无形资产，是指有偿转让无形资产所有权或使用权的业务活动。

（5）销售不动产。销售不动产，是指有偿转让不动产所有权的业务活动。

（6）进口货物。进口货物，是指申报进入我国海关境内的货物。

增值税 · 试题

（7）视同销售行为。单位或个体工商户的下列行为，视同销售货物，征收增值税：①将货物交付其他单位或个人代销。②销售代销货物。③设有两个以上机构并实行统一核算的纳税人，将货物从一个机构移送其他机构用于销售，但相关机构设在同一县（市）的除外。④将自产、委托加工的货物用于集体福利或个人消费。⑤将自产、委托加工或购进的货物作为投资，提供给其他单位或个体工商户。⑥将自产、委托加工或购进的货物分配给股东或投资者。⑦将自产、委托加工或购进的货物无偿赠送给其他单位或者个人。⑧“营改增”试点规定的视同销售服务、无形资产或不动产。

3. 增值税的税率和征收率

（1）基本税率。纳税人销售或进口货物，税率均为 17%；提供加工、修理修配劳务和有形动产租赁服务，税率也为 17%。这一税率就是通常所说的基本税率。

（2）低税率。纳税人销售或者进口下列货物，适用税率为 11%：①粮食、食用植物油；②自来水、暖气、冷气、热水、煤气、石油液化气、天然气、沼气、居民用煤炭制品；③图书、报纸、杂志；④饲料、化肥、农药、农机、农膜；⑤农产品；⑥音像制品；⑦电子出版物；⑧二甲醚；⑨食用盐。

纳税人提供交通运输业服务、邮政服务、基础电信服务、建筑服务、不动产租赁服务，销售不动产，转让土地使用权，税率为 11%。

纳税人提供现代服务业服务、增值电信服务、金融服务、生活服务，销售无形资产，税率为 6%。

（3）零税率。出口货物、劳务或者境内单位和个人发生的跨境应税行为，税率为零。

（4）征收率。小规模纳税人适用征收率，征收率为 3%。

4. 增值税应纳税额的计算

（1）一般计税法。

一般纳税人发生应税行为适用一般计税方法计税，计算公式为：

应纳税额 = 当期销项税额 – 当期进项税额

当期销项税额 = 当期销售 × 增值税率

销售额是纳税人销售货物或提供应税劳务向购买方收取的全部价款和价外费用，但不包括收取的销项税额。纳税人购进货物或接受应税劳务所支付的增值税额为进项税额。

经典案例

某有限公司为增值税一般纳税人。2016 年 9 月该企业外购货物支付增值税进项税额 8 万元，并收到对方开具的增值税专用发票；销售货物取得不含税销售额 100 万元。计算该公司 9 月增值税应纳税额。

【解析】应纳税额 = 当期销项税额 – 当期进项税额 =100×17%−8=9（万元）

（2）简易计税法。

小规模纳税人发生应税行为适用简易计税方法计税，计税公式为：

应纳税额 = 销售额 × 征收率

经典案例

某企业为小规模纳税人，2016 年 8 月，销售产品一批，取得收入（含增值税）9 万元。要求计算该企业 8 月应纳增值税额。

【解析】应纳税额 = 含税销售额 ÷（1+ 征收率）× 征收率 =9÷（1+3%）×3%=0.26（万元）

（3）进口货物应纳税额的计算。

进口货物增值税的组成计税价格中包括已纳关税税额，如果进口货物属于消费税应税消费品，其组成计税价格还要包括进口环节已纳消费税税额。计算公式为：

组成计税价格 = 关税完税价格 + 关税 + 消费税

应纳税额 = 组成计税价格 × 税率

经典案例

2017 年 10 月，某公司进口一批电脑配件，关税完税价格 8 万元，已纳关税 1 万元，计算该公司应缴纳的进口增值税税额。

【解析】应纳税额 = 组成计税价格 × 税率 =（8+1）×17%=1.53（万元）

（二）消费税

消费税，是指对从事生产、委托加工及进口应税消费品的单位和个人，就其消费品的销售额或销售数量或销售额与销售数量相结合征收的一种流转税。相对于增值税，消费税具有价内税、一次课征、征税对象特定化等特点。

1. 消费税的纳税人

在我国境内生产、委托加工和进口应税消费品的单位和个人为消费税纳税义务人。

2. 消费税的征税范围

（1）生产应税消费品。纳税人生产的应税消费品，于纳税人销售时纳税。纳税人自产自用的应税消费品，用于连续生产应税消费品的，不纳税；用于其他方面的，于已送使用时纳税。

（2）委托加工应税消费品。委托加工的应税消费品，是指由委托方提供原料和主要材料，受托方只收取加工费和代垫部分辅助材料加工的应税消费品。委托加工的应税消费品，除受托方为个人外，由受托方在向委托方交货时代收代缴消费税。委托个人加工的应税消费品，由委托方收回后缴纳消费税。

（3）进口应税消费品。单位和个人进口应税消费品，于报关进口时由海关代征消费税。

（4）商业零售金银首饰。自 1995 年 1 月 1 日起，金银首饰消费税由生产销售环节征收改为零售环节征收。改在零售环节征收消费税的金银首饰仅限于金基、银基合金首饰以及金、银和金基、银基合金的镶嵌首饰。自 2002 年 1 月 1 日起，对钻石及钻石饰品消费税的纳税环节由生产环节、进口环节后移至零售环节。自 2003 年 5 月 1 日起，铂金首饰消费税改为零售环节征税。

（5）批发销售卷烟。自 2015 年 5 月 10 日起，将卷烟批发环节从价税税率由 5% 提高至 11%，并按 0.005 元每支加征从量税。烟草批发企业将卷烟销售给其他烟草批发企业的，不纳消费税。卷烟消费税改为在生产和批发两个环节征收后，批发企业在计算应纳税额时不得扣除已含的生产环节的消费税税款。

3. 消费税的税目

我国现行消费税税目共有 15 个，具体包括：烟；酒；高档化妆品；贵重首饰及珠宝玉石；鞭炮和焰火；成品油；摩托车；小汽车；高尔夫球及球具；高档手表；游艇；木制一次性筷子；实木地板；电池；涂料。

4. 消费税的税率

消费税税率采取比例税率和定额税率两种形式。根据不同的应税消费品分别实行从价定率、从量定额和从量定额与从价定率相结合的复合计税方法。

纳税人兼营不同税率的应税消费品，应分别核算不同税率应税消费品的销售额、销售数量；未分别核算销售额、销售数量，或者将不同税率的应税消费品组成成套消费品销售的，从高适用税率计征消费税。

5. 消费税应纳税额的计算

（1）适用从价定率应纳税额的计算。

应纳税额 = 销售额 × 消费税税率

销售额，是指纳税人销售应税消费品向购买方收取的全部价款和价外费用，但不包括向购买方收取的增值税税款。

（2）适用从量定额应纳税额的计算。

应纳税额 = 应税消费品销售数量 × 消费税单位税额

（3）适用复合计税应纳税额的计算。

应纳税额 = 应税消费品的销售数量 × 消费税单位税额 + 应税消费品销售额或组成计税价格 × 消费税税率

经典案例

某企业为增值税一般纳税人。2016 年 2 月，该企业销售自产高档化妆品 100 箱，取得含增值税销售额 117 万元。已知化妆品适用消费税税率为 15%。要求计算该企业 2 月份应纳消费税税额。

【解析】该企业 2 月应纳消费税税额 = 含增值税的销售额 ÷（1+ 增值税税率）× 税率 =117÷（1+17%）×15%=15（万元）

二、所得税

（一）企业所得税

企业所得税是对我国企业和其他组织的生产经营所得和其他所得征收的一种税。

1. 企业所得税的纳税人

在中国境内，企业和其他取得收入的组织为企业所得税的纳税人，分为居民企业和非居民企业。根据《中华人民共和国企业所得税法》规定，个人独资企业和合伙企业不是企业所得税的纳税人，不缴纳企业所得税。

（1）居民企业。居民企业，是指依法在中国境内成立，或依照外国（地区）法律成立但实际管理机构在中国境内的企业。

（2）非居民企业。非居民企业，是指依照外国（地区）法律成立且实际管理机构不在中国境内，但在中国境内设立机构、场所的，或在中国境内未设立机构、场所，但有来自中国境内所得的企业。

2. 企业所得税的征税范围

根据《中华人民共和国企业所得税法》规定，居民企业应就其来自中国境内、境外的所得缴纳企业所得税。非居民企业在中国境内设立机构、场所的，应就其所设机构、场所取得的来自中国境内的所得，以及发生在中国境外但与其所设机构、场所有实际联系的所得，缴纳企业所得税。非居民企业在中国境内未设立机构、场所的，或虽设立机构、场所但取得的所得与其所设机构、场所没有实际联系的，应就其来自中国境内的所得缴纳企业所得税。

3. 企业所得税的税率

根据《企业所得税法》的规定，企业所得税的税率为25%。对非居民企业在中国境内未设立机构、场所的，或虽设立机构、场所但取得的所得与其所设机构、场所没有实际联系的，就其来自中国境内的所得，适用10%的税率缴纳企业所得税，以境内支付人为扣缴义务人。符合条件的小型微利企业，减按20%的税率征收企业所得税。对国家重点扶持的高新技术企业，减按15%的税率征收企业所得税。

4. 企业所得税应纳税额的计算

企业所得税应纳税所得额是企业所得税的计税依据。计算公式为：

应纳税额 = 应纳税所得额 × 税率

应纳税所得额是企业每一纳税年度的收入总额减除不征税收入、免税收入、各项扣除，以及弥补以前年度的亏损后的余额。计算公式为：

应纳税所得额 = 收入总额 − 不征税收入 − 免税收入 − 准予扣除项目的金额 − 允许弥补的以前年度亏损

（1）收入总额。收入总额，是指企业以货币形式和非货币形式从各种来源取得的收入。具体包括：销售货物收入，提供劳务收入，转让财产收入，股息、红利等权益性投资收益，利息收入，租金收入，特许权使用费收入，接受捐赠收入，其他收入。

（2）不征税收入。不征税收入，是指不列为征税范围的收入。根据《企业所得税法》的规定，收入总额中的下列收入为不征税收入：①财政拨款；②依法收取并纳入财政管理的行政事业性收费、政府性基金；③国务院规定的其他不征税收入。

（3）免税收入。免税收入，是指属于企业的应税所得，但按照税法规定免予征收企业所得税的收入。免税收入属于税收优惠。根据《企业所得税法》的规定，企业的下列收入为免税收入：①国债利息收入；②符合条件的居民企业之间的股息、红利收入；③在中国境内设立机构、场所的非居民企业从居民企业取得与该机构、场所有实际联系的股息、红利收入；④符合条件的非营利组织的收入。

（4）准予扣除项目。根据《企业所得税法》的规定，企业实际发生的与取得收入有关的、合理的支出，包括成本、费用、税金、损失和其他支出，准予在计算应纳税所得额时扣除。

（5）不得扣除项目。根据《企业所得税法》的规定，下列项目在计算缴纳企业所得税时，不得在税前扣除：①向投资者支付的股息、红利等权益性投资收益；②企业所得税税款；③税收滞纳金；④罚金、罚款和被没收财物的损失；⑤企业发生的公益性捐赠支出以外的捐赠支出；⑥赞助支出；⑦企业之间支付的管理费、企业内营业机构之间支付的租金和特许权使用费，以及非银行企业内营业机构之间支付的利息；⑧与取得收入无关的其他支出。

（6）亏损弥补。根据《企业所得税法》的规定，企业纳税年度发生的亏损，准予向以后纳税年度结转，用以后年度的所得弥补，但结转年限最长不得超过五年。

（二）个人所得税

个人所得税是对个人（自然人）取得的各项应税所得征收的一种税。

1. 个人所得税的纳税人

个人所得税以所得人为纳税人，以支付所得的单位或个人为扣缴义务人，包括中国公民、个体工商户、外籍个人、中国香港、中国澳门、中国台湾同胞及个人独资企业和合伙企业等。

本人所得税的纳税人，以住所和居住时间为标准分为居民纳税人和非居民纳税人。

（1）居民纳税人。居民纳税人，是指在中国境内有住所，或者无住所但在中国境内居住满 1 年的个人。居民纳税人负有无限纳税义务，其从中国境内和境外取得的所得，都要在中国缴纳个人所得税。

（2）非居民纳税人。非居民纳税人，是指在中国境内无住所又不居住，或者无住所而在中国境内居住不满一年的个人。非居民纳税人承担有限纳税义务，仅就其从中国境内取得的所得，在中国缴纳个人所得税。

2. 个人所得税的应税项目

现行个人所得税共有 11 个应税项目：工资、薪金所得；个体工商户的生产、经营所得；对企事业单位的承包经营、承租经营所得；劳务报酬所得；稿酬所得；特许权使用费所得；利息、股息、红利所得；财产租赁所得；财产转让所得；偶然所得；经国务院财政部门确定征税的其他所得。

3. 个人所得税的税率

个人所得税实行超额累进税率与比例税率相结合的税率体系。

（1）工资、薪金所得适用 3% ~ 45% 的七级超额累进税率，如表 8-1 所示。

表 8-1 工资、薪金所得适用税率表

级 数	全月应纳税所得额	税率（%）	速算扣除数
1	不超过 1 500 元的	3	0
2	超过 1 500 ~ 4 500 元的部分	10	105
3	超过 4 500 ~ 9 000 元的部分	20	555
4	超过 9 000 ~ 35 000 元的部分	25	1 005
5	超过 35 000 ~ 55 000 元的部分	30	2 755
6	超过 55 000 ~ 80 000 元的部分	35	5 505
7	超过 80 000 元的部分	45	13 505

注：本表所列应纳税所得额是按税法规定减除有关费用后的余额。

（2）个体工商户的生产、经营所得和对企事业单位承包经营、承租经营所得，适用 5% ~ 35% 的超额累进税率。

（3）稿酬所得适用比例税率，税率为 20%，并按应纳税额减征 30%，其实际税率为 14%。

（4）劳务报酬所得适用比例税率，税率为 20%。对劳务报酬所得一次收入畸高的，可以实行加成征收。加成征税采取超额累进办法，即个人取得劳务报酬收入的应纳税所得额一次超过 20 000 ~ 50 000 元的部分，按照税法规定计算应纳税额后，再按照应纳税额加征 50%；超过 50 000 元的部分，加征 100%。如表 8-2 所示。

表 8-2 劳务报酬所得适用税率表

级 数	应纳税所得额	税率（%）	速算扣除数
1	不超过 20 000 元的	20	0
2	超过 20 000 ~ 50 000 元的部分	30	2 000
3	超过 50 000 元的部分	40	7 000

注：本表所列应纳税所得额是按税法规定减除有关费用后的余额。

（5）特许权使用费所得，财产租赁所得，财产转让所得，利息、股息、红利所得，偶然所得和其他所得，适用比例税率，税率为 20%。

4. 个人所得税应纳税额的计算

（1）工资、薪金所得。

工资、薪金所得按月计算，基本计算公式为：

应纳税额 = 应纳税所得额 × 适用税率 − 速算扣除数

应纳税所得额为每月收入额减除费用 3 500 元后的余额。

经典案例

2015 年 6 月，小魏工资、薪金所得为 15 000 元，当月单位为其代扣代缴“五险一金”合计 2 000 元。计算该月应交纳的个人所得税税额。

【解析】应纳税额 =（15 000−2 000−3 500）×25%−1 005=1 370（元）

（2）个体工商户生产经营所得。

个体工商户生产经营所得按年计征，计算公式为：

应纳税额 = 应纳税所得额 × 适用税率 − 速算扣除数额

应纳税所得额为每一纳税年度的收入总额，减除成本、费用及损失后的余额。

（3）稿酬所得。

稿酬所得按次计征，计算公式为：

应纳税额 = 应纳税所得额 × 适用税率 ×（1−30%）

稿酬所得每次收入不超过 4 000 元的，减除费用 800 元；4 000 元以上的，减除 20% 的费用，其余额为应纳税所得额。

经典案例

2015 年 5 月，王某取得一次性稿酬 8 000 元。计算王某应交纳的个人所得税税额。

【解析】应纳税额 =8 000×（1−20%）×20%×（1−30%）=896（元）

（4）劳务报酬所得。

劳务报酬所得按次计征，计算公式为：

应纳税额 = 应纳税所得额 × 适用税率 − 速算扣除数

劳务报酬所得每次收入不超过 4 000 元的，减除费用 800 元；4 000 元以上的，减除 20% 的费用，其余额为应纳税所得额。每次收入的应纳税所得额超过 20 000 元的，应实行加成征收。

经典案例

工程师徐某 6 月一次性讲学收入 3 000 元，7 月给某工厂进行技术指导获得 35 000 元。计算徐某应纳的个人所得税税额。

【解析】6 月应纳税额 =（3 000−800）×20%=440（元）

7 月应纳税额 =35 000×（1−20%）×30%−2 000=6 400（元）

（5）利息、股息、红利所得，偶然所得和其他所得。

利息、股息、红利所得及偶然所得按次计征，计算公式为：

应纳税额 = 应纳税所得额 × 税率

应纳税所得额为每次的收入额，不允许扣除任何费用。

经典案例

张某在一次福利彩票抽奖中，花 1 000 元抽中一辆价值 30 万元的轿车，外加 10 万元现金。计算张某应纳的个人所得税税额。

【解析】应纳税额 =（30+10）×20%=8（万元）

第三节　税收征收管理法律制度

一、税务管理

1．税务登记

企业、企业在外地设立的分支机构和从事生产经营的场所、个体工商户和从事生产经营的事业单位都应当办理税务登记。

前述规定以外的纳税人，除国家机关、个人和无固定生产经营场所的流动性农村小商贩外，也应当办理税务登记。

根据税收法律、行政法规的规定，负有扣缴税款义务的扣缴义务人（国家机关除外），应当办理扣缴税款登记。

知识窗

“五证合一”

2016年6月30日国务院办公厅发布《关于加快推进“五证合一、一照一码”登记制度改革的通知》（国办发〔2016〕53号），在全面实施工商营业执照、组织机构代码证、税务登记证“三证合一”登记制度改革的基础上，再整合社会保险登记证和统计登记证。

2．账簿、凭证管理

账簿、凭证是记载纳税人资金运作的书面资料。账簿包括总账、明细账、日记账及其他辅助性账簿。从事生产经营的纳税人应自领取营业执照之日起十五日内设置账簿，根据合法、有效凭证记账，进行核算。扣缴义务人应自法律、法规规定的扣缴义务发生之日起十日内，按照所代扣、代缴的税种，分别设置代扣代缴、代收代缴税款账簿。账簿、记账凭证、完税凭证及全部纳税资料应保存十年，不得伪造、变造或擅自损毁。

3．纳税申报

纳税人、扣缴义务人必须在法律、行政法规规定或税务机关依照法律、行政法规规定确定的申报期限、申报内容如实办理纳税申报，报送纳税申报表、财务会计报表或代扣代缴、代收代缴税款报告表及税务机关根据实际需要要求报送的其他纳税资料。

二、税款征收

税务机关依照法律、行政法规规定征收税款，不得违反法律、行政法规规定开征、停征、多征、少征、提前征收、延缓征收或摊派税款。除税务机关、税务人员及经税务机关依照法律、行政法规委托的单位和个人以外，任何单位和个人不得进行税款征收的活动。

1．税款征收方式

税务机关征收税款可以采用查账征收、查定征收、查验征收、定期定额征收、代扣代缴、代收代缴、委托代征等征收方式。

2. 税款征收措施

为了保证税款征收的顺利进行，法律赋予了税务机关在税款征收过程中针对不同情况可以采取相应征收措施的职权。

（1）责令缴纳。纳税人未按照规定期限缴纳税款的，扣缴义务人未按照规定期限解缴税款的，税务机关可责令限期缴纳，并从滞纳税款之日起，按日加收滞纳税款万分之五的滞纳金。逾期仍未缴纳的，税务机关可以采取税收强制执行措施。

（2）责令提供担保。税务机关有根据认为纳税人有逃避纳税义务的行为，欠缴税款、滞纳金的纳税人或者其法定代表人要出境的，纳税人同税务机关在纳税上发生争议而未缴清税款需要申请行政复议等情形下，税务机关可以责令纳税人提供纳税担保。

（3）采取税收保全措施。税收保全，是指税务机关认为有逃避纳税义务迹象的纳税人如果不能提供担保，税务机关可以采取税收保全措施。税收保全的措施有：①书面通知纳税人开户银行或其他金融机构冻结纳税人相当于应纳税款金额的存款；②扣押、查封纳税人相当于应纳税款价值的商品、货物或其他财产。

（4）采取强制执行措施。纳税人、扣缴义务人未按规定的期限缴纳或解缴税款，纳税担保人未按规定的期限缴纳所担保的税款，由税务机关责令限期缴纳。逾期仍未缴纳的，税务机关可以采取税收强制执行措施。税收强制执行措施有：①书面通知纳税人开户银行或其他金融机构从其存款中扣缴税款；②拍卖、变卖纳税人相当于应纳税款价值的商品、货物或其他财产，以拍卖所得抵缴税款。

（5）阻止出境。欠缴税款的纳税人其法定代表人在出境前未按规定结清应纳税款、滞纳金或提供纳税担保的，税务机关可以通知出境管理机关阻止其出境。

三、税务检查

税务检查是税务机关依法对纳税人履行纳税义务和扣缴义务人履行代扣、代缴、代收代缴义务的情况进行的监督检查。纳税人、扣缴义务人必须接受税务机关依法进行的税务检查，如实反映情况和提供有关资料，不得拒绝、隐瞒。税务机关工作人员在对纳税人进行税务检查时，应出示税务检查证件，并有责任为被检查人员保守秘密。税务机关依法进行税务检查时，有关部门和单位应支持、协助，向税务机关如实反映纳税人、扣缴义务人和其他当事人与纳税或代扣代缴税款有关的情况，并提供有关资料及证明材料。

四、税务处罚

1. 违反税务管理规定的法律责任

纳税人未按照规定的期限申报办理、变更或注销税务登记，未按照规定设置、保管账簿或保管记账凭证和有关资料，未按照规定将财务、会计制度或财务、会计处理办法报送税务机关备查的，均由税务机关责令限期改正，逾期不改正的，可处以二千元以下的罚款，情节严重的处以二千元以上一万元以下的罚款。纳税人在法律规定的保存期限以前擅自损毁账簿、记账凭证和有关资料的，处以二千元以上一万元以下的罚款；情节严重，构成犯罪的，依法追究刑事责任。

扣缴义务人未按照规定设置、保管代扣代缴、代收代缴税款账簿或保管代扣代缴、代收代缴税款报告表的，由税务机关责令限期改正，可处以二千元以下的罚款；逾期不改正的，可处以二千元以上五千元以下的罚款。

2. 欠税、偷税的法律责任

纳税人欠缴应纳税款，采取转移或隐匿财产的手段，妨碍税务机关追缴欠缴的税款的，由税务机关追缴欠缴的税款、滞纳金，并处罚款；构成犯罪的，依法追究刑事责任。扣缴义务人应扣未扣、应收而不收税款的，由税务机关向纳税人追缴税款，对扣缴义务人处以罚款。

纳税人偷税的，由税务机关追缴其不缴或少缴的税款、滞纳金，并处罚款；构成犯罪的，依法追究刑事责任。扣缴义务人不缴或少缴已扣、已收税款，由税务机关追缴其不缴或少缴的税款、滞纳金，并处罚款；构成犯罪的，依法追究刑事责任。

环境保护税

3. 抗税、骗税的法律责任

对抗税行为，除由税务机关追缴其拒缴的税款、滞纳金外，依法追究刑事责任。情节轻微，未构成犯罪的，由税务机关追缴其拒缴的税款、滞纳金，并处罚款。

骗税行为，是指纳税人以假报出口或其他欺骗手段，骗取国家出口退税款的行为。纳税人有骗税行为，由税务机关追缴其骗取的退税款，并处骗取税款一倍以上五倍以下的罚款；构成犯罪的，依法追究刑事责任。

本章小结

本章主要介绍了税法基本理论、主要税种以及税收征管等内容。

1. 税收具有强制性、无偿性、固定性的特点。

2. 税法包括税法主体、征税对象、税目、税率、计税依据、纳税环节、纳税期限、纳税地点、减免税等构成要素。

3. 增值税是对在我国境内销售货物，提供加工、修理修配劳务，销售服务、无形资产或不动产及进口货物的单位和个人，就其取得的货物或应税劳务的销售额，以及进口货物的金额计算税款的一种流转税。

4. 消费税是对从事生产、委托加工及进口应税消费品的单位和个人，就应税消费品的销售额或销售数量或者销售额与销售数量相结合征收的一种流转税。消费税的税目具体包括烟、酒、鞭炮和焰火、高档化妆品、小汽车、成品油、贵重首饰及珠宝玉石、电池、涂料等15种商品。

5. 企业所得税是以企业的生产经营所得和其他所得为计税依据而征收的一种税。

6. 个人所得税是对个人取得的各项应税所得征收的一种税，具体包括工资、薪金所得，劳务报酬所得，稿酬所得等11个应税项目。

7. 税收征收管理法是规定国家税务机关和纳税人在税务征纳和税务监督管理过程中的权利、义务、责任及征纳程序的法律规范的总称，具体包括税务管理、税款征收、税务检查、税务处罚等内容。

基础知识测评

1. 什么是税收？税收具有什么特征？
2. 按照征税对象的不同，对税收如何分类？具体包括哪些税种？
3. 我国现行税率有几种类型？
4. 分析增值税与消费税异同。
5. 个人所得税应税项目包括哪些？如何适用税率？

岗位能力测评

1. 甲公司是增值税一般纳税人，2016年11月经营业务如下：

（1）购进油漆、零配件一批，取得增值税专用发票，注明增值税税额为8.5万元；进口红木原木一批，取得海关进口增值税专用缴款书，注明增值税税额为26万元；向林业生产者收购桦木一批，开具农产品收购凭证，注明收购价款50万元；购进办公用耗材一批，取得普通发票，注明价税合计金额为0.3万元。

（2）销售自产的实木家具，取得不含税销售额为1 260万元，开具增值税专用发票，同时收取包装费11.7万元，开具普通发票。

（3）销售自产实木地板一批，取得不含税销售额345万元，开具增值税专用发票。

（4）销售实木一次性筷子，取得含增值税销售额5万元，开具普通发票。

已知：实木家具、实木地板、木制一次性筷子的增值税税率为17%，实木地板、木制一次性筷子的消费税税率为5%。

要求：根据上述资料，计算甲企业当月应缴纳的增值税税额和消费税税额。

2. 中国公民叶某任职于国内甲企业，2016年8月，有关境内所得如下：

（1）工资、薪金所得12 000元。

（2）出版著作一部，取得稿酬20 000元。

（3）购买福利彩票支出500元，一次性中奖5 000元。

（4）为乙公司设计营销方案，取得一次性设计费 10 000 元。

（5）获得甲企业突出贡献奖，奖金 10 000 元。

要求：根据上述资料，计算叶某当月应缴纳的个人所得税税额。

职考链接

甲公司为增值税一般纳税人，位于珠海，专门从事家用电器生产和销售。2016 年 6 月发生如下事项：

（1）将自产的冰箱、微波炉赠送给偏远地区的小学，该批冰箱和微波炉在市场上的含税售价共为 58.5 万元。

（2）将自产的家用电器分别移送上海和深圳的分支机构用于销售，不含税售价分别为 250 万元和 300 万元，该公司实行统一核算。

（3）为本公司职工活动中心购入健身器材，取得的增值税专用发票上注明的金额为 20 万元，增值税额为 3.4 万元。

要求：根据上述资料和增值税法律制度的规定，回答下列问题（答案中的金额单位用“万元”表示）：

1. 事项（1）中，甲公司是否需要缴纳增值税？如果需要，简要说明理由并计算销项税额；如果不需要，简要说明理由。

2. 事项（2）中，甲公司是否需要缴纳增值税？如果需要，简要说明理由并计算销项税额；如果不需要，简要说明理由。

3. 事项（3）中，甲公司负担的进项税额是否可以抵扣？简要说明理由。

第九章 会计、审计法律制度

岗位要求

知识目标

- 了解会计法律制度及审计法律制度的构成，违反《会计法》及《审计法》的法律责任
- 理解会计工作管理体制，会计机构及会计人员的设置，我国的审计机关设置及审计程序
- 掌握会计核算的内容，会计监督体制，审计机关的职责与权限

能力目标

- 会依法建立会计账簿，进行会计核算
- 能依法设置会计机构、会计人员，遵守有关内部控制制度
- 能配合审计机关、审计人员依法审计的工作

关键词

- 会计核算　会计凭证　会计账簿　会计报表　会计年度　记账本位币
  会计档案　会计监督　会计岗位　审计　审计机关　内部审计　社会审计

导入案例

A国有独资公司2016年发生如下事项：

（1）1月，李强被公司从办公室调到财务科担任出纳，公司原出纳张友调到销售科。李强与张友在办理会计工作交接手续后，因会计科科长在外地出差，遂选定财务科一名会计负责监交工作。经查，李强系会计科科长李力的侄子。

（2）4月，李强在办理报销工作中，发现采购科送来的报销的三张由购货方开具的发票有更改现象：其中两张发票分别更改了数量和用途，另外一张发票更改了金额；该三张发票的更改处均盖有A公司采购科的业务印章。尽管李强开始犹豫一下，但考虑到三张发票已经公司总经理、财务科长签字同意，最后均予以报销。

（3）12月，公司在进行内部审计时，发现公司原出纳张友在经办出纳工作期间的有关账目存在一些问题，而接替者李强在交接时并未发现。审计人员在了解情况时，原出纳张友说："已经办理了会计交接手续，自己不再承担任何责任。"

【讨论分析】

1. 李强能否担任公司出纳？
2. 李强与张友办理的会计工作交接有无违法之处？
3. 李强对三张更改的发票予以报销的做法是否正确？应当怎样处理？
4. 公司内部审计时出现的账目问题应由谁承担责任？

第一节　会计法律制度

一、会计法律制度的构成

会计法律制度，是指国家制定的各种会计规范性文件的总称，包括会计法律、会计行政法规、会计规章等。我国会计法律制度的基本构成如下。

（一）会计法律

会计法律，是指由全国人民代表大会及其常务委员会经过一定立法程序制定的有关会计工作的法律。《中华人民共和国会计法》（以下简称《会计法》）属于会计法律的范畴，于1985年1月21日第六届全国人大常委会第九次会议通过，并于1999年10月31日九届全国人大常委会第十二次会议修订通过，自2000年7月1日起施行。2017年11月4日，第十二届全国人民代表大会常务委员会第三十次会议决定，通过对《会计法》做出修改，自2017年11月5日起施行。

（二）会计行政法规

会计行政法规，是指由国务院制定并发布，或者由国务院有关部门拟定并经国务院批准发布，调整经济生活中某些方面会计关系的法律规范，如《企业财务会计报告条例》、《总会计师条例》等都属于会计行政法规。

（三）国家统一的会计制度

国家统一的会计制度，是指国务院财政部门依法制定的关于会计核算、会计监督、会计机构和会计人员及会计工作管理的制度，包括会计部门规章和会计规范性文件，如《财政部门实施会计监督办法》《企业会计准则——基本准则》《企业会计准第 1 号——存货》等都属于国家统一的会计制度。

知识窗

《会计法》的修订与会计行业变革

近几年，会计工作的变革非常明显：①电子发票、电子会计档案等新事务及无纸化报销的技术发展。②新型业财一体化软件、财税等系统集成发展，全过程系统自动化处理，人工不再是主力。③财务共享中心兴起，各种人工操作性事务转到一个中心进行集中化处理，减少人工量操作。④财务外包事务所的出现，通过代理记账，一人可以做很多家企业的会计。⑤人工智能上线，实现财务规划与预测、财务决策、财务预算、财务控制和财务分析功能。这些变革导致会计行业基层人员过剩，人才输出不够。自 2017 年 11 月 5 日起施行的新《会计法》主要有以下两个方面的变化：①以后从事会计不再需要会计从业资格证，而强化从事会计工作的人员是否具备专业能力、遵守职业道德。②做假账的会计将终身禁止从事会计工作。未来会计工作更加注重专业能力，跳出会计核算，转型管理。自此，会计从业资格证退出历史舞台，行业变革正式开始。

二、会计工作管理体制

（一）会计工作的行政管理

我国会计工作行政管理体制实行统一领导、分级管理的原则。《会计法》规定：“国务院财政部门主管全国的会计工作。县级以上地方各级人民政府财政部门管理本行政区域内的会计工作。”

（二）会计工作的自律管理

会计工作自律管理主要体现在会计行业的自律性组织对会计从业人员的管理。

（1）中国注册会计师协会。中国注册会计师协会是依据《中华人民共和国注册会计师法》和《社会团体登记条例》的有关规定设立，在财政部党组和理事会领导下开展行业管理和服务的法定组织，是中国注册会计师的行业组织，成立于 1988 年 11 月。

（2）中国会计学会。中国会计学会创建于 1980 年，是财政部所属由全国会计领域各类专业组织，以及会计理论界、实务界会计工作者自愿结成的学术性、专业性、非营利性的社会组织。

（三）单位会计工作管理

《会计法》规定，单位负责人对本单位的会计工作和会计资料的真实性、完整性负责；应当保证财务会计报告真实、完整；应当保证会计机构和会计人员依法履行职责，不得授意、指使、强令会计机构和会计人员违法办理会计事项。单位负责人，是指单位法定代表人或法律、行政法规规定代表单位行使职权的主要负责人。会计法赋予了单位负责人在单位内部会计工作管理中的权利和责任。

三、会计核算

会计核算，是指以货币为主要计量单位，对企业、事业、机关团体等单位的经济业务进行及时、连续、系统地记录、计算、分析，如实反映财务状况的经营成果，并据以编制会计报表等活动。会计核算是会计的基本职能之一，各单位必须据实进行会计核算，充分发挥会计核算职能作用。

（一）会计核算的要求

《会计法》规定，各单位必须根据实际发生的经济业务事项进行会计核算，填制会计凭证，登记会计账簿，编制财务会计报告。任何单位不得以虚假的经济业务事项或资料进行会计核算。

“任何单位和个人不得伪造、变造会计凭证、会计账簿和其他会计资料，不得提供虚假的财务会计报告。”所谓伪造会计凭证、会计账簿及其他会计资料，是指以虚假的经济业务事项为前提编造不真实的会计凭证、会计账簿和其他会计资料；所谓变造会计凭证、会计账簿及其他会计资料，是指用涂改、挖补等手段来改变会计凭证、会计账簿等的真实内容、歪曲事实真相的行为。生成和提供虚假会计资料是一种严重违法行为。

（二）会计核算的内容

下列经济业务事项应办理会计手续，进行会计核算：①款项和有价证券的收付；②财物的收发、增减和使用；③债权、债务的发生和结算；④资本、基金的增减；⑤收入、支出、费用、成本的计算；⑥财务成果的计算和处理；⑦其他需要办理会计手续、进行会计核算的事项。

（三）会计凭证、会计账簿、财务会计报告

1. 会计凭证

会计凭证包括原始凭证和记账凭证。会计机构、会计人员必须按照国家统一的会计制度的规定对原始凭证进行审核，对不真实、不合法的原始凭证有权不予接受，并向单位负责人报告；对记载不准确、不完整的原始凭证有权予以退回，并要求按规定更正、补充；原始凭证记载的各项内容均不得涂改；原始凭证有错误的，应当由出具单位重开或更正，更正处应当加盖出具单位印章；原始凭证金额有错误的，应当由出具单位重开，不得在原始凭证上更正。根据经过审核的原始凭证及有关资料编制记账凭证。

重点提示

导入案例中，李强发现的三张有更改迹象的发票，其处理方法不正确。其中，两张对于数量和用途予以更改，在更改处加盖原出具单位的公章后即可报销；对于金额错误的发票不能更改，应由原出具单位重开。

2. 会计账簿

会计账簿包括总账、明细账、日记账和其他辅助性账簿。会计账簿登记，必须以经过审核的会计凭证为依据，并符合有关法律、行政法规和国家统一的会计制度的规定。各单位发生的各项经济业务事项应当统一在依法设置的会计账簿上登记、核算，不得违反规定私设会计账簿。

3. 财务会计报告

财务会计报告由会计报表、会计报表附注和财务情况说明书组成。财务会计报告应当根据经过审核的会计账簿记录和有关资料编制，符合《会计法》和国家统一的会计制度关于财务会计报告的编制要求、提供对象和提供期限的规定，并应由单位负责人和主管会计工作的负责人、会计机构负责人（会计主管人员）签名并盖章；设置总会计师的单位，还须由总会计师签名并盖章。单位负责人对财务会计报告的真实性、完整性负责。向不同的会计资料使用者提供的财务会计报告，其编制依据应当一致。有关法律、行政法规规定须经注册会计师审计的，注册会计师及其所在的会计师事务所出具的审计报告应当随同财务会计报告一并提供。

（四）会计年度、记账本位币和会计记录文字

我国的会计年度是以公历年度为会计年度，即以每年的 1 月 1 日起至 12 月 31 日止，为一个会计年度。

会计核算以人民币为记账本位币。业务收支以人民币以外的货币为主的单位，可以选定其中一种货币作为记账本位币，但是编报的财务会计报告应当折算为人民币。

会计记录的文字应当使用中文。民族自治地区可以同时使用当地通用的一种民族文字。我国境内的外商投资企业、外国企业和其他外国组织的会计记录可以同时使用一种外国文字。

（五）会计档案管理

会计档案，是指单位在进行会计核算等过程中接收或形成的，记录和反映单位经济业务事项的，具有保存价值的文字、图表等各种形式的会计资料，包括通过计算机等电子设备形成、传输和存储的电子会计档案。2015 年 12 月 11 日，《会计档案管理办法》（财政部、国家档案局令第 79 号）经财政部部务会议、国家档案局局务会议修订通过，该办法自 2016 年 1 月 1 日起施行。

1. 会计档案应当妥善保管

会计档案由单位会计机构负责整理归档，并保管一年，期满后，移交单位的会计档案管理机构或指定专人继续保管；单位会计档案不得借出，确因工作需要且根据国家有关规定必须借出的，应当严格按照规定办理相关手续。

2. 会计档案保管的期限

会计档案保管期限分为永久和定期两类，定期保管期限分为 10 年和 30 年。保管期限从会计年度终了后第一天算起。

3. 会计档案的销毁

经鉴定可以销毁的会计档案，应当按照以下程序销毁：①单位档案管理机构编制会计档案销毁清册。②单位负责人、档案管理机构负责人、会计管理机构负责人、档案管理机构经办人、会计管理机构经办人在会计档案销毁清册上签署意见。③单位档案管理机构负责组织会计档案销毁工作，并与会计管理机构共同派员监销。保管期满但未结清的债权债务会计凭证和涉及其他未了事项的会计凭证不得销毁，纸质会计档案应当单独抽出立卷，电子会计档案单独转存，保管到未了事项完结时为止。

四、会计监督

会计监督是会计的基本职能之一，是我国经济监督体系的重要组成部分。目前我国已形成了“三位一体”的会计监督体系，包括单位内部监督、以政府财政部门为主体的政府监督和以注册会计师为主体的社会监督。

（一）单位内部会计监督

单位内部会计监督，是指会计机构、会计人员依照法律的规定，通过会计手段对经济活动的合法性、合理性和有效性进行的一种监督。对违反《会计法》和国家统一的会计制度规定的会计事项，有权拒绝办理或按照职权予以纠正。发现会计账簿记录与实物、款项及有关资料不相符的，按照国家统一的会计制度的规定，会计机构和会计人员有权自行处理的，应当及时处理；无权处理的，应当立即向单位负责人报告，请求查明原因，做出处理。单位负责人应当保证会计机构、会计人员依法履行职责，不得授意、指使、强令会计机构、会计人员违法办理会计事项。

（二）会计工作的政府监督

会计工作的政府监督主要是指财政部门代表国家对单位和单位中相关人员的会计行为实施的监督检查，以及对发现的违法会计行为实施行政处罚，是一种外部监督。除财政部门外，审计、税务、人民银行、证券监管、保险监管等部门依照有关法律、行政法规规定的职权，可以对有关单位的会计工作、会计资料实施监督检查。财政部门有权对会计师事务所出具审计报告的程序和内容进行监督。

（三）会计工作的社会监督

会计工作的社会监督主要是指由注册会计师及其所在的会计师事务所依法对委托单位的经济活动进行的审计、鉴证的一种监督制度。任何单位或个人不得以任何方式要求或示意注册会计师及其所在的会计师事务所出具不实或不当的审计报告。任何单位和个人对违反《会计法》和国家统一的会计制度规定的行为，有权检举。

五、会计机构和会计人员

（一）会计机构和会计岗位设置

各单位应当根据会计业务的需要，设置会计机构，或者在相关机构中设置会计人员并指定会计主管人员；不具备设置条件的，应当委托经批准设立从事会计代理记账业务的中介机构代理记账。

根据本单位会计业务的需要设置会计工作岗位。会计岗位的设置应符合内部牵制制度的要求。根据规定，会计工作岗位可以一人一岗、人多岗或者一岗多人，但出纳人员不得兼任稽核、会计档案保管和收入、支出、费用、债权债务账目的登记工作。此外，会计人员的工作岗位要有计划地进行轮岗，并建立岗位责任制。

（二）会计人员的工作交接

会计人员调动工作或离职，必须与接管人员办清交接手续。一般人员办理交接手续，由会计机构负责人（会计主管人员）监交；会计机构负责人（会计主管人员）办理交接手续，由单位负责人监交，必要时主管单位可以派人会同监交。交接工作完成后，移交人员所移交的会计凭证、会计账簿、财务会计报告和其他会计资料是在其经办会计工作期间内发生的，应当对这些会计资料的真实性、完整性负责，不应以会计资料已移交而推脱责任。

重点提示

导入案例中，李强与张友办理会计工作交接时，应由会计机构负责人即会计科科长负责监交，而不能选一名会计监交。对于内部审计出现问题的账目，应由张友承担责任，《会计法》规定，原移交人员所移交的会计会计资料是在其经办会计工作期间内发生的，应当对这些会计资料的真实性、完整性负责。

（三）会计人员的回避

《会计基础工作规范》规定，国家机关、国有企业、事业单位任用会计人员应当实行回避制度；单位负责人的直系亲属不得担任本单位的会计机构负责人、会计主管人员，会机构负责人、会计主管人员的直系亲属不得在本单位会计机构中担任出纳工作。

重点提示

导入案例中，A公司系国有独资公司，会计人员的任用须遵守回避制度。李强系会计机构负责人的侄子，不能担任出纳职务。

六、违反《会计法》的法律责任

（一）违反国家统一的会计制度行为的法律责任

《会计法》规定，有下列行为之一的，由县级以上人民政府财政部门责令限期改正，可以对单位并处三千元以上五万元以下的罚款；对其直接负责的主管人员和其他直接责任人员，可处以二千元以上二万元以下的罚款；构成犯罪的，依法追究刑事责任。

（1）不依法设置会计账簿的；

（2）私设会计账簿的；

（3）未按照规定填制、取得原始凭证或填制、取得的原始凭证不符合规定的；

（4）以未经审核的会计凭证为依据登记会计账簿或登记会计账簿不符合规定的；

（5）随意变更会计处理方法的；

（6）向不同的会计资料使用者提供的财务会计报告编制依据不一致的；

（7）未按照规定使用会计记录文字或记账本位币的；

（8）未按照规定保管会计资料，致使会计资料毁损、灭失的；

（9）未按照规定建立并实施单位内部会计监督制度，或者拒绝依法实施的监督，或者不如实提供有关会计资料及有关情况的；

（10）任用的会计人员不符合《会计法》规定的。

（二）伪造、变造会计凭证、会计账簿，编制虚假财务会计报告，隐匿或故意销毁依法应当保存的会计凭证、会计账簿、财务会计报告等行为的法律责任

有上述行为，构成犯罪的，依法追究刑事责任；尚不构成犯罪的，由县级以上人民政府财政部予以通报，可以对该单位并处五千元以上十万元以下的罚款；对其直接负责的主管人员和其他直接责任人员，可处以三千元以上五万元以下的罚款；属于国家工作人员的，还应当由其所在单位或有关单位依法给予撤职甚至开除的行政处分。

授意、指使、强令会计机构、会计人员及其他人员伪造、变造会计凭证、会计账簿，编制虚假财务会计报告，或者隐匿、故意销毁依法应当保存的会计凭证、会计账簿、财务会计报告，构成犯罪的，依法追究刑事责任；尚不构成犯罪的，可处以五千元以上、五万元以下的罚款；属于国家工作人员的，还应当由其所在单位或有关单位依法给予撤职甚至开除的行政处分。

（三）对会计人员打击报复行为的法律责任

单位负责人对依法履行职责、抑制违反《会计法》规定行为的会计人员以降级、撤职、调离工作岗位、解聘或开除等方式实行打击报复，构成犯罪的，依法追究刑事责任；尚不构成犯罪的，由其所在单位或有关单位依法给予行政处分。同时，为受打击报复的会计人员恢复名誉和原有职务、级别。

第二节　审计法律制度

一、审计法律制度的构成

审计，是指审计机关依法独立检查被审计单位的会计凭证、会计账簿、财务会计报告以及其他与财政收支、财务收支有关的资料和资产，监督财政收支、财务收支真实、合法和效益的行为。国家实行审计监督制度。国务院和县级以上地方人民政府设立审计机关。审计法律制度，是指调整审计机关检查、监督被审计单位的过程中发生的审计关系的法律规范的总称。我国审计法律制度的基本构成如下：

（一）审计法

我国于1994年8月31日第八届全国人民代表大会常务委员会第九次会议通过了《中华人民共和国审计法》（以下简称《审计法》），自1995年1月1日起施行。2006年2月28日第十届全国人民代表大会常务委员会第二十次会议对其进行了修正，自2006年6月1日起施行。这是审计法律制度中层次最高的法律规范。

（二）审计法实施条例

为了明确、补充、完善《审计法》的内容，1997年10月21日，国务院颁布了《审计法实施条例》，并根据经济社会发展的要求，经2010年2月2日国务院第一百次常务会议修订通过并公布，共七章五十八条，自2010年5月1日起施行。

除此以外，审计法律制度也包括审计署成立以来颁布的一系列行之有效的审计法规、规章等，在指导审计工作实践中都发挥了非常重要的作用。

二、审计机关和审计人员

（一）审计机关

国务院设立审计署，审计署在国务院总理领导下，主管全国的审计工作，履行审计法和国务院规定的职责。地方各级审计机关在本级人民政府行政首长和上一级审计机关的领导下，负责本行政区域的审计工作，履行法律、法规和本级人民政府规定的职责。省、自治区人民政府设有派出机关的，派出机关的审计机关对派出机关和省、自治区人民政府审计机关负责并报告工作，审计业务以省、自治区人民政府审计机关领导为主。审计机关派出机构依照法律、法规和审计机关的规定，在审计机关的授权范围内开展审计工作，不受其他行政机关、社会团体和个人的干涉。

（二）审计人员

审计人员应当具备与其从事的审计工作相适应的专业知识和业务能力。审计人员办理审计事项，与被审计单位或审计事项有利害关系的，应当回避。对其在执行职务中知悉的国家秘密和被审计单位的商业秘密，负有保密的义务。任何组织和个人不得拒绝、阻碍审计人员依法执行职务，不得打击报复审计人员。审计机关负责人依照法定程序任免，没有违法失职或其他不符合任职条件的情况的，不得随意撤换。地方各级审计机关负责人的任免，应当事先征求上一级审计机关的意见。

三、审计机关的职责

（一）对各级政府的审计监督

审计机关对本级各部门（含直属单位）和下级政府预算的执行情况和决算及其他财政收支情况，进行审计监督。就中央政府而言，审计署在国务院总理领导下，对中央预算执行情况和其他财政收支情况进行审计监督，向国务院总理提出审计结果报告。就地方政府而言，地方各级审计机关分别在省长、自治区主席、市长、州长、县长、区长和上一级审计机关的领导下，对本级预算执行情况和其他财政收支情况进行审计监督，向本级人民政府和上一级审计机关提出审计结果报告。

（二）对中央银行和国有金融机构的审计监督

审计署对中央银行及其分支机构的财务收支，进行审计监督。审计机关对国有金融机构的资产、负债、损益进行审计监督。

（三）对国家事业组织的审计监督

审计机关对国家的事业组织和使用财政资金的其他事业组织的财务收支进行审计监督。

（四）对国有企业和国有控股企业的审计监督

审计机关对国有企业的资产、负债、损益进行审计监督。对国有资本占控股地位或主导地位的企业、金融机构进行审计监督。

此外，审计机关对政府投资和以政府投资为主的建设项目的预算执行情况和决算，对政府部门管理的和其他单位受政府委托管理的社会保障基金、社会捐赠资金及其他有关基金、资金的财务收支，对国际组织和外国政府援助、贷款项目的财务收支，以及审计机关对其他法律、行政法规规定应当由审计机关进行审计的事项，依照《审计法》和有关法律、行政法规的规定进行审计监督。

知识窗

审计机关对内部审计与社会审计的监督

内部审计，是指由部门或单位内部相对独立的审计机构和审计人员对本部门或本单位的财政收支、经营管理活动及其经济效益进行审核和评价，查明其真实性、正确性、合法性和有效性，提出意见和建议的一种专职经济监督活动。社会审计，是指依法成立的社会审计机构和审计人员，接受当事人的委托，对被审计单位的财务收支以及有关经济活动进行公证、评价的服务活动。《审计法》规定，依法属于审计机关审计监督对象的单位，应当按照国家有关规定建立健全内部审计制度；其内部审计工作应当接受审计机关的业务指导和监督。社会审计机构审计的单位依法属于审计机关审计监督对象的，审计机关按照国务院的规定，有权对该社会审计机构出具的相关审计报告进行核查。

四、审计机关的权限

（一）监督权

审计机关有权要求被审计单位按照审计机关的规定提供预算或财务收支计划、预算执行情况、决算、财务会计报告，运用电子计算机储存、处理的财政收支、财务收支电子数据和必要的电子计算机技术文档，在金融机构开立账户的情况，社会审计机构出具的审计报告，以及其他与财政收支或财务收支有关的资料，被审计单位不得拒绝、拖延、谎报。被审计单位负责人对本单位提供的财务会计资料的真实性和完整性负责。

（二）检查权

审计机关进行审计时，有权检查被审计单位的会计凭证、会计账簿、财务会计报告和运用电子计算机管理财政收支、财务收支电子数据的系统，以及其他与财政收支、财务收支有关的资料和资产，被审计单位不得拒绝。审计机关进行审计时，有权就审计事项的有关问题向有关单位和个人进行调查，并取得有关证明材料。有关单位和个人应当支持、协助审计机关工作，如实向审计机关反映情况，提供有关证明材料。审计机关经县级以上人民政府审计机关负责人批准，有权查询被审计单位在金融机构的账户。审计机关有证据证明被审计单位以个人名义存储公款的，经县级以上人民政府审计机关主要负责人批准，有权查询被审计单位以个人名义在金融机构的存款。

（三）采取行政强制措施权

审计机关进行审计时，被审计单位不得转移、隐匿、篡改、毁弃会计凭证、会计账簿、财务会计报告以及其他与财政收支或财务收支有关的资料，不得转移、隐匿所持有的违反国家规定取得的资产。审计机关对被审计单位违反前款规定的行为，有权予以制止；必要时，经县级以上人民政府审计机关负责人批准，有权封存有关资料和违反国家规定取得的资产；对其中在金融机构的有关存款需要予以冻结的，应当向人民法院提出申请。审计机关对被审计单位正在进行的违反国家规定的财政收支、财务收支行为，有权予以制止；制止无效的，经县级以上人民政府审计机关负责人批准，通知财政部门和有关主管部门暂停拨付与违反国家规定的财政收支、财务收支行为直接有关的款项，已经拨付的，暂停使用。

（四）建议权

审计机关认为被审计单位所执行的上级主管部门有关财政收支、财务收支的规定与法律、行政法规相抵触的，应当建议有关主管部门纠正；有关主管部门不予纠正的，审计机关应当提请有权处理的机关依法处理。

（五）通报公布权

审计机关可以向政府有关部门通报或向社会公布审计结果。审计机关通报或公布审计结果，应当依法保守国家秘密和被审计单位的商业秘密，遵守国务院的有关规定。

此外，审计机关履行审计监督职责，可以提请公安、监察、财政、税务、海关、价格、工商行政管理等机关予以协助。

五、审计程序

（一）审计准备

审计机关根据审计项目计划确定的审计事项组成审计组，并应当在实施审计 3 日前，向被审计单位送达审计通知书；遇有特殊情况，经本级人民政府批准，审计机关可以直接持审计通知书实施审计。被审计单位应当配合审计机关的工作，并提供必要的工作条件。

（二）实施审计

审计人员通过审查会计凭证、会计账簿、财务会计报告，查阅与审计事项有关的文件、资料，检查现金、实物、有价证券，向有关单位和个人调查等方式进行审计，并取得证明材料。

（三）审计组提出审计报告

审计组对审计事项实施审计后，应当向审计机关提出审计组的审计报告。审计组的审计报告报送审计机关前，应当征求被审计对象的意见。被审计对象应当自接到审计组的审计报告之日起 10 日内，将其书面意见送交审计组。审计组应当将被审计对象的书面意见一并报送审计机关。

（四）审计机关提出审计报告、审计决定

审计机关按照审计署规定的程序对审计组的审计报告进行审议，并对被审计对象对审计组的审计报告提出的意见一并研究后，提出审计机关的审计报告；对违反国家规定的财政收支、财务收支行为，依法应当给予处理、处罚的，在法定职权范围内做出审计决定或向有关主管机关提出处理、处罚的意见。审计机关应当将审计机关的审计报告和审计决定送达被审计单位和有关主管机关、单位。审计决定自送达之日起生效。

六、违反《审计法》的法律责任

（一）对被审计单位及其有关人员违反《审计法》的法律责任

（1）被审计单位违反《审计法》规定，拒绝或拖延提供与审计事项有关的资料的，

或者提供的资料不真实、不完整的，或者拒绝、阻碍检查的，由审计机关责令改正，可以通报批评，给予警告；拒不改正的，依法追究责任。

（2）被审计单位违反《审计法》规定，转移、隐匿、篡改、毁弃会计凭证、会计账簿、财务会计报告以及其他与财政收支、财务收支有关的资料，或者转移、隐匿所持有的违反国家规定取得的资产，审计机关认为对直接负责的主管人员和其他直接责任人员依法应当给予处分的，应当提出给予处分的建议，被审计单位或其上级机关、监察机关应当依法及时做出决定，并将结果书面通知审计机关；构成犯罪的，依法追究刑事责任。

（3）对本级各部门（含直属单位）和下级政府违反预算的行为或其他违反国家规定的财政收支行为，审计机关、人民政府或有关主管部门在法定职权范围内，依照法律、行政法规的规定，区别情况采取下列处理措施：①责令限期缴纳应当上缴的款项；②责令限期退还被侵占的国有资产；③责令限期退还违法所得；④责令按照国家统一的会计制度的有关规定进行处理；⑤其他处理措施。

（4）对被审计单位违反国家规定的财务收支行为，审计机关、人民政府或有关主管部门在法定职权范围内，依照法律、行政法规的规定，区别情况采取处理措施，并可以依法给予处罚。被审计单位的财政收支、财务收支违反法律、行政法规的规定，构成犯罪的，依法追究刑事责任。

（5）被审计单位的财政收支、财务收支违反国家规定，审计机关认为对直接负责的主管人员和其他直接责任人员依法应当给予处分的，应当提出给予处分的建议，被审计单位或其上级机关、监察机关应当依法及时做出决定，并将结果书面通知审计机关。

（6）报复陷害审计人员的，依法给予处分；构成犯罪的，依法追究刑事责任。

（二）对审计人员违反《审计法》的法律责任

审计人员滥用职权、徇私舞弊、玩忽职守或泄露所知悉的国家秘密、商业秘密的，依法给予处分；构成犯罪的，依法追究刑事责任。

本章小结

本章重点介绍了会计、审计法律制度。

1. 会计法是调整会计行为和会计关系的法律规范的总称。

2. 会计工作的基本职能是进行会计核算，实行会计监督。各单位必须根据实际发生的经济业务事项进行会计核算，填制会计凭证，登记会计账簿，编制财务会计报告。任何单位不得以虚假的经济业务事项或资料进行会计核算。

3. 会计监督包括单位内部监督、政府监督和社会监督。

4. 会计机构和会计岗位的设置应遵守法律规定，符合单位内部控制制度。违反会计法律、法规的规定应承担相应的法律责任。

5. 审计法是调整审计关系的法律规范的总称。我国县级以上各级政府设立审计机关，对被审计单位的预算和财政收支、财务收支状况及其记录，进行审核、评价。各级审计机关应根据法律的授权，依照审计程序，开展审计工作。被审计单位违反《审计法》的规定应承担相应法律责任。

基础知识测评

1. 会计核算包括哪些方面的内容？
2. 会计监督的内容主要有哪些？
3. 会计档案的保管应遵守哪些法律规定？
4. 根据《审计法》的规定，审计机关的职责和权限有哪些？

岗位能力测评

2017 年 6 月 26 日，国有企业 A 公司经过严格考核，决定录用本公司财务科长老张的女儿——刚毕业于某财经院校会计系的本科毕业生从事出纳工作，并负责稽核工作。老张在负责财务科工作的过程中，根据领导的授意为企业另立一套账簿，并认为：反正是领导的意思，出了事情由领导负责。2017 年 12 月，审计机构在对 A 公司进行审计的过程中，公司董事长及老张隐匿私设账簿，拒不交出。审计机构调查后做出决定，责成监察机关给予公司董事长和老张行政处分，并将结果书面通知审计机关。

根据材料，分析回答下列问题：

1. 老张的女儿能否担任出纳？为什么？
2. 老张的女儿能否负责稽核工作？为什么？
3. 对于老张私设会计账簿的行为应由谁承担责任？为什么？
4. 审计机关的处理决定是否正确？为什么？

第十章 劳动合同和社会保险法律制度

岗位要求

知识目标

- 了解《劳动合同法》的适用范围，劳动合同的概念、订立的原则和主体，社会保险的种类和基本原则，违反《劳动合同法》和《社会保险法》的法律责任
- 理解劳动合同履行和变更、解除和终止的各种情形，劳动争议的解决方法，各种社会保险的含义、覆盖范围及资金来源
- 掌握劳动合同的期限、休息休假及劳动报酬的相关法律规定，试用期、服务期、保密期的相关规定，单方解除劳动合同以及用人单位解除终止劳动合同的限制性情形，经济补偿金的计算，劳动仲裁的相关规定，各种社会保险的享受条件和待遇，医疗期的计算和待遇

能力目标

- 能判断劳动合同的具体条款是否完备、合法
- 会利用法律知识解决劳动者和用人单位之间的劳动争议
- 能判断用人单位解除劳动合同是否合法，并会计算经济补偿金金额
- 会结算基本医疗保险费
- 会计算医疗期，并利用医疗期待遇的相关规定维护劳动者的合法权益
- 会认定工伤，能判断享受工伤保险待遇的范围

关键词

- 劳动合同　劳动者　用人单位　固定期限劳动合同　无固定期限劳动合同
  标准工时制　带薪年假　最低工资标准　试用期　服务期　保密期
  解除劳动合同　终止劳动合同　经济补偿金　劳动仲裁　基本养老保险
  基本医疗保险　医疗期　工伤　工伤待遇　失业保险

导入案例

陈某于2015年9月1日入职甲公司，月薪12 000元。2016年5月31日，陈某以个人发展原因，提出与甲公司解除劳动关系，甲公司挽留无效后批准了陈某的辞职申请，为其结清了工资并办理了离职手续。但陈某离职后不久，向当地的劳动争议仲裁委员会提出申请，首先，要求甲公司支付一直未与其签订书面劳动合同的两倍工资差额，共计九个月的工资；其次，要求甲公司向其支付解除劳动合同的经济补偿。甲公司辩称：一直未与陈某签订书面劳动合同是因为陈某一再推脱，寻找各种理由回避签订劳动合同，过错方在陈某，公司不承担责任。经查，甲公司曾于2016年2月出资10万元专项培训费用，送陈某出国培训相关业务，并与陈某签订了5年服务期。

【讨论分析】

1．甲公司辩称未与陈某签订书面劳动合同的理由是否成立？陈某能否获得每月两倍工资的差额？共计几个月的工资？

2．因陈某离职，甲公司是否应支付其经济补偿？补偿金额是多少？

3．甲公司与陈某签订的“5年服务期”合同如何处理？

4．如果对劳动争议仲裁委员会的裁决不服，陈某将如何进一步获得法律救济？

第一节　劳动合同法律制度

一、劳动合同概述

（一）劳动合同的概念和特征

劳动合同是劳动者和用人单位之间依法确立劳动关系，明确双方权利义务的书面协议。劳动合同除了具有合同的共同特征，还具有下列特征：

（1）劳动合同的主体具有特定性。劳动合同主体的一方是劳动者，另一方是用人单位。

（2）劳动合同的内容具有较强的法定性。劳动合同涉及财产和人身关系，劳动者在签订劳动合同后，就会隶属于用人单位，受到用人单位的管理。为了保护处于弱势的劳动者的权益，法律规定了较多的强制性规范，当事人签订劳动合同不得违反强制性规定，否则无效。

（3）劳动者在签订和履行劳动合同时的地位是不同的。劳动者与用人单位在签订劳动合同时，遵循平等、自愿、协商一致的原则，双方法律地位是平等的；一旦双方签订了劳动合同，在履行劳动合同的过程中，用人单位和劳动者就具有了支配与被支配、管理与服从的从属关系。

（二）劳动合同法的概念

劳动合同法有广义和狭义之分。广义上的劳动合同法，是指国家制定的关于劳动合同的法律规范的总称。狭义上的劳动合同法就是指现行的《中华人民共和国劳动合同法》（简称《劳动合同法》），2007 年 6 月 29 日第十届全国人民代表大会常务委员会第二十八次会议通过，自 2008 年 1 月 1 日起施行。2012 年 12 月 28 日中华人民共和国第十一届全国人民代表大会常务委员会第三十次会议通过《全国人民代表大会常务委员会关于修改〈中华人民共和国劳动合同法〉的决定》，自 2013 年 7 月 1 日起施行。本章采用狭义的劳动合同法的概念。

（三）《劳动合同法》的适用范围

根据《劳动合同法》的规定，其适用范围如下：

（1）中华人民共和国境内的企业、个体经济组织、民办非企业单位、依法成立的会计师事务所、律师事务所等合伙组织和基金会等组织（简称用人单位）与劳动者建立劳动关系，订立、履行、变更、解除或者终止劳动合同，适用《劳动合同法》。

（2）国家机关、事业单位、社会团体和与其建立劳动关系的劳动者，订立、履行、变更、解除或者终止劳动合同，依照《劳动合同法》执行。

（3）事业单位与实行聘用制的工作人员订立、履行、变更、解除或者终止劳动合同法律、行政法规或者国务院另有规定的，依照其规定；未做规定的，依照《劳动合同法》有关规定执行。

《劳动合同法》不适用公务员和比照实行公务员制度的事业组织和社会团体的工作人员以及农业劳动者（乡镇企业职工和进城务工、经商的农民除外）、现役军人和家庭保姆等。

二、劳动合同的订立

（一）劳动合同订立的概念和原则

劳动合同的订立是劳动者和用人单位经过相互选择和平等协商，就劳动合同的各项条款协商一致，并以书面形式明确规定双方权利、义务及责任，从而确立劳动关系的法律行为。

劳动合同订立应遵循合法、公平、平等自愿、协商一致以及诚实信用的原则。

（二）劳动合同订立的主体

1. 劳动合同订立主体的资格要求

（1）劳动者具有劳动权利能力和行为能力。法律规定，禁止用人单位招用未满 16 周岁的未成年人。文艺、体育和特种工艺单位招用未满 16 周岁的未成年人，必须依照国家有关规定，履行审批手续，并保障其接受义务教育的权利。劳动者就业不因民族、种族、性别、宗教信仰不同而受歧视。妇女享有与男子平等的就业权利。在录用职工时，除国家规定的不适合妇女的工种或者岗位外不得以性别为由拒绝录用妇女或者提高对妇女的录用标准。残疾人、少数民族人员、退出现役的军人的就业，法律、法规有特别规定的，从其规定。

（2）用人单位有用人权利能力和行为能力。用人单位设立的分支机构，依法取得营业执照或者登记证书的，可以作为用人单位与劳动者订立劳动合同；未依法取得营业执照或者登记证书的，受用人单位委托可以与劳动者订立劳动合同。

2. 劳动合同订立主体的义务

（1）用人单位的义务。用人单位招用劳动者时，应当如实告知劳动者工作内容、工作条件、工作地点、职业危害、安全生产状况、劳动报酬，以及劳动者要求了解的其他情况。用人单位招用劳动者，不得扣押劳动者的居民身份证和其他证件，不得要求劳动者提供担保或者以其他名义向劳动者收取财物。用人单位违反《劳动合同法》规定，扣押劳动者居民身份证等证件的，由劳动行政部门责令限期退还劳动者本人，并依照有关法律规定给予处罚。用人单位以担保或者其他名义向劳动者收取财物的，由劳动行政部门责令限期退还劳动者本人并以每人五百元以上二千元以下的标准处以罚款；给劳动者造成损害的，应当承担赔偿责任。

（2）劳动者的义务。用人单位有权了解劳动者与劳动合同直接相关的基本情况，劳动者应当如实说明。

（三）劳动合同订立的形式

劳动合同的订立

1. 书面形式

用人单位自用工之日起即与劳动者建立劳动关系。用人单位与劳动者在用工前订立劳动合同的，劳动关系自用工之日起建立。已建立劳动关系，未同时订立书面劳合同的，应当自用工之日起一个月内订立书面劳动合同。

实践中，有的用人单位和劳动者虽已建立劳动关系，但却迟迟未能订立书面劳动合同，非常不利于劳动关系的法律保护。为此，《劳动合同法》区分不同情况进行了详细规定：

（1）自用工之日起一个月内，经用人单位书面通知后，劳动者不与用人单位订立书面劳动合同的，用人单位应当书面通知劳动者终止劳动关系，无须向劳动者支付经济补偿，但是应当依法向劳动者支付其实际工作时间的劳动报酬。

（2）用人单位自用工之日起超过一个月不满一年未与劳动者订立书面劳动合同的，应当向劳动者每月支付二倍的工资，并与劳动者补订书面劳动合同；劳动者不与用人单位订立书面劳动合同的，用人单位应当书面通知劳动者终止劳动关系，并支付经济补偿。

用人单位向劳动者每月支付二倍工资的起算时间为用工之日起满一个月的次日，截止时间为补订书面劳动合同的前一日。

（3）用人单位自用工之日起满一年未与劳动者订立书面劳动合同的，自用工之日起满一个月的次日至满一年的前一日应当向劳动者每月支付二倍的工资，并视为自用工之日起满一年的当日已经与劳动者订立无固定期限劳动合同，应当立即与劳动者补订书面劳动合同。

（4）用人单位违反《劳动合同法》规定不与劳动者订立无固定期限劳动合同的，自应当订立无固定期限劳动合同之日起向劳动者每月支付二倍的工资。

重点提示

导入案例中，陈某与用人单位一直未签订书面劳动合同。自用工之日起超过一个月不满一年未与劳动者订立书面劳动合同的，应当向劳动者每月支付二倍的工资；每月支付二倍工资的起算时间为用工之日起满一个月的次日，截止时间为补订书面劳动合同的前一日。由此可见，用人单位应当向陈某支付每月二倍工资，共计八个月工资。

2. 口头形式

非全日制用工双方当事人可以订立口头协议。

非全日制用工，是指以小时计酬为主，劳动者在同一用人单位一般平均每日工作时间不超过 4 小时，每周工作时间累计不超过 24 小时的用工形式。

非全日制用工双方当事人不得约定试用期。当事人任何一方都可以随时通知对方终止用工。终止用工，用人单位不向劳动者支付经济补偿。用人单位可以按小时、日或周为单位结算工资，但非全日制用工劳动报酬结算支付周期最长不得超过十五日。

（四）劳动合同的类型

1. 固定期限劳动合同

固定期限劳动合同，是指用人单位与劳动者约定合同终止时间的劳动合同。用人单位与劳动者协商一致，可以订立固定期限劳动合同。双方当事人可根据生产工作的需要确定劳动合同的期限。固定期限的劳动合同具有适用范围比较广泛、灵活性较强的特点。

2. 无固定期限劳动合同

无固定期限劳动合同

无固定期限劳动合同，是指用人单位与劳动者约定无确定终止时间的劳动合同。用人单位与劳动者协商一致，可以订立无固定期限劳动合同。有下列情形之一，劳动者提出或者同意续订、订立劳动合同的，除劳动者提出订立固定期限劳动合同外，应当订立无固定期限劳动合同：

（1）劳动者在该用人单位连续工作满十年的；

（2）用人单位初次实行劳动合同制度或者国有企业改制重新订立劳动合同时，劳动者在该用人单位连续工作满十年且距法定退休年龄不足十年的；

（3）连续订立两次固定期限劳动合同，且劳动者没有下列情形，续订劳动合同的：

①严重违反用人单位的规章制度的；

②严重失职，营私舞弊，给用人单位造成重大损害的；

③劳动者同时与其他用人单位建立劳动关系，对完成本单位的工作任务造成严重影响，或者经用人单位提出，拒不改正的；

④以欺诈、胁迫的手段或者乘人之危，使对方在违背真实意思的情况下订立或者变更劳动合同致使劳动合同无效的；

⑤被依法追究刑事责任的；

⑥劳动者患病或者非因工负伤，在规定的医疗期满后不能从事原工作，也不能从事由用人单位另行安排的工作的；

⑦劳动者不能胜任工作，经过培训或者调整工作岗位，仍不能胜任工作的。

另外，用人单位自用工之日起满一年不与劳动者订立书面劳动合同的，视为用人单位与劳动者已订立无固定期限劳动合同。用人单位违反劳动合同法规定不与劳动者订立无固定期限劳动合同的，自应当订立无固定期限劳动合同之日起向劳动者每月支付二倍的工资。

3. 以完成一定工作任务为期限的劳动合同

以完成一定工作任务为期限的劳动合同，是指用人单位与劳动者约定以某项工作的完成为合同期限的劳动合同。用人单位与劳动者协商一致，可以订立以完成一定工作任务为期限的劳动合同。

（五）劳动合同的效力

1. 劳动合同的生效

劳动合同由用人单位与劳动者协商一致，并经用人单位与劳动者在劳动合同文本上签字或者盖章生效。劳动合同依法订立即生效，具有法律约束力，任何一方不按约定履行合同都需承担违约责任。

2. 无效劳动合同

无效劳动合同，是指劳动合同虽然已经成立，但因违反平等、自愿、公平、诚信等原则和法律、行政法规的强制性规定而被确认为无效的劳动合同。

下列劳动合同无效或者部分无效：①以欺诈、胁迫的手段或者乘人之危，使对方在违背真实意思的情况下订立或者变更劳动合同的；②用人单位免除自己的法定责任、排除劳动者权利的；③违反法律、行政法规强制性规定的。

3. 无效劳动合同的法律后果

无效劳动合同，从订立起就没有法律约束力。劳动合同部分无效的，不影响其余部分效力的，其余部分仍然有效。

劳动合同被确认无效，劳动者已付出劳动的，用人单位应当向劳动者支付劳动报酬。劳动报酬的数额，参照本单位相同或者相近岗位劳动者的劳动报酬确定。

劳动合同被确认无效，给对方造成损失的，有过错的一方应当承担赔偿责任。

三、劳动合同的主要内容

（一）劳动合同必备条款

劳动合同必备条款，是指劳动合同必须具备的内容。劳动合同应当具备以下条款：

1. 用人单位的名称、住所和法定代表人或者主要负责人

2. 劳动者的姓名、住址和居民身份证或者其他有效身份证件号码

3. 劳动合同期限

劳动合同分为固定期限、无固定期限和以完成一定工作任务为期限的劳动合同。

4. 工作内容和工作地点

工作内容包括劳动者从事劳动的工种、岗位、劳动定额、产品质量标准要求等。这是劳动者判断自己是否胜任该工作，是否愿意从事该工作的关键信息。

工作地点，是指劳动者从事工作的具体地理位置。劳动者为用人单位提供劳动的是在工作地点，劳动者生活是在居住地点，这两个地方的距离，决定着劳动者上下班所需时间，进而影响劳动者的生活，关系着劳动者的切身利益，这是劳动者判断是否订立劳动合同必不可少的信息，是用人单位必须明确告知劳动者的信息。

5. 工作时间和休息休假

（1）工作时间。工作时间，是指法律规定的劳动者每天应工作的时数或每周应工作的天数。目前，我国实行的工时制度主要有标准工时制、不定时工时制和综合计算工时制三种类型。

①标准工时制，是指国家法律统一规定的劳动者从事工作或劳动的时间。国家实行劳动者每日工作 8 小时、每周工作 40 小时的标准工时制。用人单位由于生产经营需要，经与工会和劳动者协商后可以延长工作时间，一般每日不得超过 1 小时；因特殊原因需要延长工作时间的，在保障劳动者身体健康的条件下延长工作时间，每日不得超过 3 小时，每月不得超过 36 小时。但对于发生自然灾害、事故或者因其他原因，威胁劳动者生命健康和财产安全，需要紧急处理的；生产设备、交通运输线路、公共设施发生故障，影响生产和公众利益，必须及时抢修的；以及法律、行政法规规定的其他情形，延长工作时间不受上述规定的限制。

②不定时工时制，是指没有固定工作时间限制的工作制度，主要适用于一些因工作性质或工作条件不受标准工作时间限制的工作岗位，如矿山井下、出租汽车司机等。

③综合计算工时制，是指用人单位根据生产和工作的特点，分别以周、月、季、年等为周期，综合计算劳动者工作时间，但其平均日工作时间和平均周工作时间仍与法定标准工作时间基本相同的一种工时形式。

（2）休息休假。休息休假又称休息时间，是指劳动者在国家规定的法定工作时间之外自行支配的时间。主要包括：①工作日内间歇时间，是在工作日内给予劳动者休息和用膳的时间，一般为 1 ～ 2 小时，最少不得少于半小时；②工作日之间的休息时间，是两个邻近工作日之间的休息时间，一般不少于 16 小时；③公休假日又称周休息日，是劳动者在一周内享有不少于 24 小时的连续休息时间；④法定节日，是法律规定用以开

视频 · 带薪年假

展纪念、庆祝活动的休息时间，包括元旦、春节、国庆节等休假节日；⑤探亲假，是劳动者享有保留工作和工资而同分居两地的父母或配偶团聚的假期；⑥年休假，是指劳动者连续工作满一定年限，就可以享有一定时间的带薪年假。

2008 年 1 月 1 日起施行的《职工带薪年休假条例》规定，机关、团体、企业、事业单位、民办非企业单位、有雇工的个体工商户等单位的职工连续工作 1 年以上的，享受带薪年休假。单位应当保证职工享受年休假。职工在年休假期间享受与正常工作期间相同的工资收入。职工累计工作已满 1 年不满 10 年的，年休假 5 天；已满 10 年不满 20 年的，年休假 10 天；已满 20 年的，年休假 15 天。年休假在一个年度内可以集中安排，也可以分段安排，一般不跨年度安排。

职工有下列情形之一的，不享受当年的年休假：①职工依法享受寒暑假，其休假天数多于年休假天数的；②职工请事假累计 20 天以上且单位按照规定不扣工资的；③累计工作满 1 年不满 10 年的职工，请病假累计 2 个月以上的；累计工作满 10 年不满 20 年的职工，请病假累计 3 个月以上的；累计工作满 20 年以上的职工，请病假累计 4 个月以上的。

职工新进用人单位且符合享受带薪年休假条件的，当年度年休假天数按照在本单位剩余日历天数折算确定，折算后不足一整天的部分不享受年休假。

经典案例

李某于 2013 年 7 月参加工作，并于 2017 年 1 月新入职甲公司。请为李某计算 2017 年应当享受的带薪年假天数。

【解析】李某工作满 1 年，享受带薪年假。职工累计工作已满 1 年不满 10 年的，年休假 5 天；已满 10 年不满 20 年的，年休假 10 天；已满 20 年的，年休假 15 天。据此，李某应享有 5 天带薪年假。

6. 劳动报酬

（1）劳动报酬的支付。劳动报酬，是指用人单位根据劳动者劳动的数量和质量以货币形式支付给劳动者的工资。工资应当以法定货币支付，不得以实物证券替代货币支付。工资必须在用人单位与劳动者约定的日期支付。

用人单位安排劳动者加班的，应当按照下列标准支付高于劳动者正常工作时间工资的工资报酬：①用人单位依法安排劳动者在日标准工作时间以外延长工作时间的，按照不低于劳动合同规定的劳动者本人小时工资标准的 150% 支付劳动者工资；②用人单位依法安排劳动者在休息日工作，而又不能安排补休的，按照不低于劳动合同规定的劳动者本人日或小时工资标准的 200% 支付劳动者工资；③用人单位依法安排劳动者在法定休假日工作的，按照不低于劳动合同规定的劳动者本人日或小时工资标准的 300% 支付劳动者工资。

用人单位安排加班不支付加班费的，由劳动行政部门责令限期支付加班费；逾期不支付的，责令用人单位按应付金额 50% 以上 100% 以下的标准向劳动者加付赔偿金。

（2）最低工资标准。最低工资标准，是指劳动者在法定工作时间或依法签订的劳动合同约定的工作时间内提供了正常劳动的前提下，用人单位依法应支付的最低劳动报酬。最低工资不包括延长工作时间的工资报酬，以货币形式支付的住房和用人单位支付的伙食补贴，中班、夜班、高温、低温、井下、有毒、有害等特殊工作环境和劳动条件下的津贴，国家法律、法规、规章规定的社会保险福利待遇。国家实行最低工资保障制度，以维护劳动者取得劳动报酬的合法权益，保障劳动力市场健康有序地运行。最低工资的具体标准由省、自治区、直辖市人民政府规定，报国务院备案。

劳动合同履行地与用人单位注册地不一致的，最低工资标准按照劳动合同履行地的有关规定执行；用人单位注册地的有关标准高于劳动合同履行地的有关标准，且用人单位与劳动者约定按照用人单位注册地的有关规定执行的，从其约定。

因劳动者本人原因给用人单位造成经济损失的，用人单位可按照劳动合同的约定要求其赔偿经济损失。经济损失的赔偿，可从劳动者本人的工资中扣除。但每月扣除的部分不得超过劳动者当月工资的20%。若扣除后的剩余工资部分低于当地月最低工资标准，则按最低工资标准支付。

用人单位低于当地最低工资标准支付劳动者工资的，由劳动行政部门责令限期支付其差额部分；逾期不支付的，责令用人单位按应付金额 50% 以上 100% 以下的标准向劳动者加付赔偿金。

7. 社会保险

社会保险是一种为丧失劳动能力、暂时失去劳动岗位或因健康原因造成损失的人口提供收入或补偿的一种社会和经济制度。参加社会保险、缴纳社会保险费是用人单位与劳动者的法定义务，双方都必须履行。

8. 劳动保护、劳动条件和职业危害防护

劳动保护，是指用人单位为了防止劳动过程中发生事故，减少职业危害，保障劳动者的生命安全和健康而采取的各种措施。劳动条件，是指用人单位为劳动者提供正常工作所必须的条件，包括劳动场所和劳动工具。职业危害防护，是用人单位对工作过程中可能产生的影响劳动者身体健康的危害的防护措施。

9. 法律、法规规定应当纳入劳动合同的其他事项

（二）劳动合同约定条款

除劳动合同必备条款外，用人单位与劳动者还可以在劳动合同中约定试用期、培训、保守秘密、补充保险和福利待遇等其他事项。但约定事项不能违反法律、行政法规的强制性规定，否则该约定无效。

1. 试用期

试用期是用人单位和劳动者双方相互了解，确定对方是否符合自己的招聘条件或者

试用期期限

求职条件而约定的考察期。

（1）试用期限。劳动合同期限为三个月以上不满一年的，试用期不得超过一个月；劳动合同期限为一年以上不满三年的，试用期不得超过二个月；三年以上固定期限和无固定期限的劳动合同试用期不得超过六个月。以完成一定工作任务为期限的劳动合同或者劳动合同期限不满三个月的，不得约定试用期。

同一用人单位与同一劳动者只能约定一次试用期。试用期包含在劳动合同期限内。

（2）试用期工资。劳动者在试用期的工资不得低于本单位相同岗位最低档工资或者劳动合同约定工资的百分之八十，并不得低于用人单位所在地的最低工资标准。

经典案例

李某与用人单位签订了为期一年的固定期限劳动合同，约定试用期二个月，同时约定，试用期内不发工资。有关试用期的约定是否符合法律规定？

【解析】劳动合同期限为三个月以上不满一年的，试用期不得超过一个月；劳动合同期限为一年以上不满三年的，试用期不得超过二个月；三年以上固定期限和无固定期限的劳动合同试用期不得超过六个月。李某与用人单位签订劳动合同期限为一年，试用期不超过二个月，所以有关试用期期限的约定符合法律规定。但《劳动合同法》规定，劳动者在试用期的工资不得低于本单位相同岗位最低档工资或者劳动合同约定工资的百分之八十，并不得低于用人单位所在地的最低工资标准。因此，约定“试用期不发工资”违反法律规定。

2. 服务期

服务期，是指劳动者因享受用人单位给予的特殊待遇而做出的劳动履行期限的承诺。根据《劳动合同法》规定，用人单位为劳动者提供专项培训费用，对其进行专业技术培训的，可以与该劳动者订立协议，约定服务期。劳动者违反服务期约定的，应当按照约定向用人单位支付违约金。违约金的数额不得超过用人单位提供的培训费用。用人单位要求劳动者支付的违约金不得超过服务期尚未履行部分所应分摊的培训费用。

重点提示

导入案例中，用人单位与陈某签订了五年的服务期，劳动合同期限应续延至服务期满，即 2021 年 2 月。现陈某于 2016 年 5 月解除劳动合同，应向用人单位承担违约责任，并支付违约金。违约金的数额不得超过用人单位提供的培训费用。用人单位要求陈某支付的违约金不得超过服务期尚未履行部分所应分摊的培训费用。

3. 保守商业秘密和竞业限制

用人单位与劳动者可以在劳动合同中约定保守用人单位的商业秘密和与知识产权相关的保密事项。对负有保密义务的劳动者，用人单位可以在劳动合同与劳动者约定竞业限制条款，并约定在解除或者终止劳动合同后，在竞业限制期限内按月给予劳动者经济补偿。劳动者违反竞业限制约定的，应当按照约定向用人单位支付违约金；给用人单位造成损失的，应当承担赔偿责任。

竞业限制的人员限于用人单位的高级管理人员、高级技术人员和其他负有保密义务的人员，而不是所有的劳动者。竞业限制的范围、地域、期限由用人单位与劳动者约定，竞业限制的约定不得违反法律、法规的规定。竞业限制补偿金由用人单位按月支付，数额由双方约定。竞业限制期限不得超过两年。

四、劳动合同的履行和变更

（一）劳动合同的履行

劳动合同的履行，是指劳动合同生效后，双方当事人按照劳动合同的约定，完成各自承担的义务和实现各自享受的权利，使双方当事人订立合同的目的得以实现的法律行为。

劳动合同依法订立即具有法律约束力，当事人必须全面履行劳动合同规定的义务。劳动合同履行过程中，用人单位变更名称、法定代表人、主要负责人或者投资人等事项，不影响劳动合同的履行。用人单位发生合并或者分立等情况，原劳动合同继续有效，劳动合同由承继其权利和义务的用人单位继续履行。

（二）劳动合同的变更

劳动合同的变更，是指在劳动合同成立以后，尚未履行或者尚未完全履行前，当事人根据主客观情况的变化，依照法律规定的条件和程序，对合同的内容进行修改或者补充的法律行为。用人单位与劳动者协商一致，可以变更劳动合同约定的内容。变更劳动合同，应当采用书面形式。

五、劳动合同的解除和终止

（一）劳动合同的解除

劳动合同解除，是指在劳动合同订立后，劳动合同期限届满之前，因双方协商提前结束劳动关系，或因出现法定情形，一方单方通知对方结束劳动关系的法律行为。劳动合同解除分为协商解除和法定解除两种情况。

1. 协商解除

协商解除，是指劳动合同订立后，双方当事人因某种原因，在完全自愿的基础上协商一致，提前终止劳动合同。《劳动合同法》规定，用人单位与劳动者协商一致，可以解除劳动合同。由用人单位提出解除劳动合同而与劳动者协商一致的，必须依法向劳动者支付经济补偿；由劳动者主动辞职而与用人单位协商一致解除劳动合同的，用人单位无须向劳动者支付经济补偿。

2. 法定解除

法定解除，是指在出现国家法律、法规或劳动合同规定的可以解除劳动合同的情形时，不需当事人协商一致，一方当事人即可决定解除劳动合同。法定解除又可分为劳动者的单方解除和用人单位的单方解除。

无过失性辞退的情形

（1）劳动者单方面解除劳动合同的情形。提前通知用人单位解除劳动合同的情形：①劳动者提前三十日以书面形式通知用人单位的；②劳动者在试用期内提前三日通知用人单位的。在这两种情形下，劳动者不能获得经济补偿。

随时通知用人单位解除劳动合同的情形：①用人单位未按照劳动合同约定提供劳动保护或者劳动条件的；②用人单位未及时足额支付劳动报酬的；③用人单位未依法为劳动者缴纳社会保险费的；④用人单位的规章制度违反法律、法规的规定，损害劳动者权益的；⑤用人单位以欺诈、胁迫的手段或者乘人之危，使劳动者在违背真实意思的情况下订立或者变更劳动合同的；⑥用人单位在劳动合同中免除自己的法定责任、排除劳动者权利的；⑦用人单位违反法律、行政法规强制性规定的；⑧法律、行政法规规定劳动者可以解除劳动合同的其他情形。用人单位有上述情形的，劳动者可随时通知用人单位解除劳动合同，无须提前通知用人单位。用人单位需向劳动者支付经济补偿。

不需通知用人单位即可解除劳动合同的情形：①用人单位以暴力、威胁或者非法限制人身自由的手段强迫劳动者劳动的；②用人单位违章指挥、强令冒险作业危及劳动者人身安全的。用人单位有上述两种情形的，劳动者可以立即解除劳动合同，不需事先告知用人单位，用人单位需向劳动者支付经济补偿。

（2）用人单位单方面解除劳动合同的情形。因劳动者过错解除劳动合同的情形：①劳动者在试用期间被证明不符合录用条件的；②劳动者严重违反用人单位的规章制度的；③劳动者严重失职，营私舞弊，给用人单位造成重大损害的；④劳动者同时与其他用人单位建立劳动关系，对完成本单位的工作任务造成严重影响，或者经用人单位提出，拒不改正的；⑤劳动者以欺诈、胁迫的手段或者乘人之危，使用人单位在违背真实意思的情况下订立或者变更劳动合同的；⑥劳动者被依法追究刑事责任的。在上述情形下，用人单位可随时通知劳动者解除劳动关系，不需向劳动者支付经济补偿。

无过失性辞退的情形：①劳动者患病或者非因工负伤，在规定的医疗期满后不能从事原工作，也不能从事由用人单位另行安排的工作的；②劳动者不能胜任工作，经过培训或者调整工作岗位，仍不能胜任工作的；③劳动合同订立时所依据的客观情况发生重大变化，致使劳动合同无法履行，经用人单位与劳动者协商，未能就变更劳动合同内容达成协议的。在上述情形下，用人单位提前三十日以书面形式通知劳动者本人或者额外支付一个月工资后，可以解除劳动合同。用人单位还应当向劳动者支付经济补偿。

经济性裁员的情形：①依照企业破产法规定进行重整的；②生产经营发生严重困难的；③企业转产、重大技术革新或者经营方式调整，经变更劳动合同后，仍需裁减人员的；④其他因劳动合同订立时所依据的客观经济情况发生重大变化，致使劳动合同无法履行的。所谓经济性裁员，是指企业由于经营不善等经济性原因，解雇多个劳动者的情形。根据《劳动合同法》的规定，需要裁减人员二十人以上或者裁减不足二十人但占企业职工总数百分之十以上的，用人单位提前三十日向工会或者全体职工说明情况，听取工会或者职工的意见后，裁减人员方案经向劳动行政部门报告，可以裁减人员。经济性裁员，用人单位应当向劳动者支付经济补偿。

（二）劳动合同的终止

1. 劳动合同终止的含义

劳动合同终止，是指用人单位与劳动者之间的劳动关系因某种法律事实的出现而自动归于消灭，或导致劳动关系的继续履行成为不可能而不得不消灭的情形。劳动合同终止一般不涉及用人单位与劳动者的意思表示，只要法定事实出现，一般情况下都会导致劳动关系的消灭。

2. 劳动合同终止的情形

（1）劳动合同期满的；

（2）劳动者开始依法享受基本养老保险待遇的；

（3）劳动者达到法定退休年龄的；

（4）劳动者死亡，或者被人民法院宣告死亡或者宣告失踪的；

（5）用人单位被依法宣告破产的；

（6）用人单位被吊销营业执照、责令关闭、撤销或者用人单位决定提前解散的；

（7）法律、行政法规规定的其他情形。

（三）劳动合同解除和终止的限制性规定

一般劳动合同期满，劳动合同就终止，但劳动者有下列情形之一的，用人单位既不得解除劳动合同，也不得终止劳动合同，劳动合同应当续延至相应的情形消失时终止：

（1）从事接触职业病危害作业的劳动者未进行离岗前职业健康检查，或者疑似职业病病人在诊断或者医学观察期间的；

（2）在本单位患职业病或者因工负伤并被确认丧失或者部分丧失劳动能力的；

（3）患病或者非因工负伤，在规定的医疗期内的；

（4）女职工在孕期、产期、哺乳期内的；

（5）在本单位连续工作满十五年，且距法定退休年龄不足五年的；

（6）法律行政法规规定的其他情形。

用人单位违反规定解除或者终止劳动合同，劳动者要求继续履行劳动合同的，用人单位应当继续履行；劳动者不要求继续履行劳动合同或者劳动合同已经不能继续履行的，用人单位应当依照劳动合同法规定的经济补偿标准的二倍向劳动者支付赔偿金。用人单位支付了赔偿金的，不再支付经济补偿。赔偿金的计算年限自用工之日起计算。

（四）劳动合同解除和终止的经济补偿

1. 经济补偿的含义

经济补偿是按照《劳动合同法》规定，在劳动者无过错的情况下，用人单位与劳动者解除或者终止劳动合同而依法应给予劳动者的经济上的补助，也称经济补偿金。

2. 用人单位应当向劳动者支付经济补偿的情形

用人单位应当向劳动者支付经济补偿的情形

（1）由用人单位提出解除劳动合同并与劳动者协商一致而解除劳动合同的；

（2）劳动者符合随时通知解除和不需事先通知即可解除劳动合同的规定情形而解除劳动合同的；

（3）用人单位符合提前三十日以书面形式通知劳动者本人或者额外支付劳动者一个月工资后可以解除劳动合同的规定情形而解除劳动合同的；

（4）用人单位符合可裁减人员规定而解除劳动合同的；

（5）除用人单位维持或者提高劳动合同约定条件续订劳动合同，劳动者不同意续订的情形外，劳动合同期满终止固定期限劳动合同的；

（6）以完成一定工作任务为期限的劳动合同因任务完成而终止的；

（7）用人单位被依法宣告破产或者用人单位被吊销营业执照、责令关闭、撤销或者用人单位决定提前解散而终止劳动合同的；

（8）法律、行政法规规定的其他情形。

重点提示

导入案例中，陈某提出并与用人单位协商一致解除劳动合同，陈某无法获得经济补偿金。如果本案中是用人单位提出并与陈某协商一致解除劳动合同，则陈某可以获得相应的经济补偿金。

3. 经济补偿的支付标准

经济补偿金的计算公式为：

$$经济补偿金 = 工作年限 \times 月工资$$

（1）关于补偿年限的计算标准。经济补偿按劳动者在本单位工作的年限，每满1年支付一个月工资的标准向劳动者支付。六个月以上不满一年的，按一年计算；不满六个月的，向劳动者支付半个月工资的经济补偿。

劳动者非因本人原因从原用人单位被安排到新用人单位工作的，劳动者在原用人单位的工作年限合并计入新用人单位的工作年限。原用人单位已经向劳动者支付经济补偿的，新用人单位在依法解除、终止劳动合同计算支付经济赔偿的工作年限时，不再计算劳动者在原用人单位的工作年限。

（2）关于补偿基数的计算标准。月工资，是指劳动者在劳动合同解除或者终止前十二个月的平均工资。月工资按照劳动者应得工资计算，包括计时工资或者计件工资以及奖金、津贴和补贴等货币性收入。

劳动者在劳动合同解除或者终止前十二个月的平均工资低于当地最低工资标准的，按照当地最低工资标准计算。劳动者工作不满十二个月的，按照实际工作的月数计算平均工资。

劳动者月工资高于用人单位所在直辖市、设区的市级人民政府公布的本地区上年度职工月平均工资三倍的，向其支付经济补偿的标准按职工月平均工资三倍的数额支付，向其支付经济补偿的年限最高不超过十二年。

经典案例

张某于2009年1月1日入职，于2017年9月因劳动合同期满而离职。张某能否获得经济补偿金？经济补偿金金额是多少？

【解析】除用人单位维持或者提高劳动合同约定条件续订劳动合同，劳动者不同意续订的情形外，劳动合同期满终止固定期限劳动合同的，用人单位应支付经济补偿金。张某可以获得经济补偿金。经济补偿金按劳动者在本单位工作的年限，每满一年支付一个月工资的标准向劳动者支付。六个月以上不满一年的，按一年计算。张某在公司工作期间共计七年九个月，可以获得八个月的月工资作为经济补偿金，月工资是在劳动合同解除前十二个月的平均工资。

六、劳动争议的解决

（一）劳动争议及解决方法

1. 劳动争议的概念及适用范围

劳动争议，是指劳动者与用人单位因订立、履行、变更、解除或者终止劳动合同发生的争议。包括：

（1）因确认劳动关系发生的争议；

（2）因订立、履行、变更、解除和终止劳动合同发生的争议；

（3）因除名、辞退和辞职、离职发生的争议；

（4）因工作时间、休息休假、社会保险、福利、培训以及劳动保护发生的争议；

（5）因劳动报酬、工伤医疗费、经济补偿或者赔偿金等发生的争议；

（6）法律、法规规定的其他劳动争议。

2. 劳动争议的解决原则和方法

解决劳动争议，应当根据事实，遵循合法、公正、及时、着重调解的原则，依法保护当事人的合法权益。

劳动争议解决的方法有协商、调解、仲裁和诉讼。发生劳动争议，劳动者可以与用人单位协商，也可以请工会或者第三方共同与用人单位协商，达成和解协议；当事人不愿协商、协商不成或者达成和解协议后不履行的，可以向调解组织申请调解；不愿调解、调解不成或者达成调解协议后不履行的，可以向劳动争议仲裁委员会申请仲裁；对仲裁裁决不服的，除法律另有规定的以外，可以向人民法院提起诉讼。

（二）劳动调解

1. 劳动争议调解组织

可受理劳动争议的调解组织有：①企业劳动争议调解委员会；②依法设立的基层人民调解组织；③在乡镇、街道设立的具有劳动争议调解职能的组织。

2. 调解员

劳动争议调解组织的调解员应当由公道正派、联系群众、热心调解工作，并具有一定法律知识、政策水平和文化水平的成年公民担任。

3. 劳动调解程序

（1）当事人申请劳动争议调解可以书面申请，也可以口头申请。

（2）调解劳动争议，应当充分听取双方当事人对事实和理由的陈述，耐心疏导，帮助其达成协议。

（3）经调解达成协议的，应当制作调解协议书。调解协议书由双方当事人签名或者盖章，经调解员签名并加盖调解组织印章后生效，对双方当事人具有约束力，当事人应当履行。当事人达成调解协议后，一方当事人在协议约定期限内不履行调解协议的，另一方当事人可以依法申请仲裁。

（4）自劳动争议调解组织收到调解申请之日起十五日内未达成调解协议的，当事人可以依法申请仲裁。

（三）劳动仲裁

劳动仲裁，是指劳动争议仲裁委员会对当事人申请仲裁的劳动争议居中公断与裁决。在我国，劳动仲裁是劳动争议当事人向人民法院提起诉讼的必经程序。

1. 劳动仲裁参加人、劳动仲裁机构和劳动仲裁管辖

（1）劳动仲裁参加人。

①当事人。发生劳动争议的劳动者和用人单位为劳动争议仲裁案件的双方当事人。劳务派遣单位或者用工单位与劳动者发生劳动争议的，劳务派遣单位和用工单位为共同当事人。

②当事人代表。发生争议的劳动者一方在十人以上，并有共同请求的，劳动者可以推举三至五名代表人参加仲裁活动。

③第三人。与劳动争议案件的处理结果有利害关系的第三人，可以申请参加仲裁活动或者由劳动争议仲裁委员会通知其参加仲裁活动。

④代理人。当事人可以委托代理人参加仲裁活动。委托他人参加仲裁活动，应当向劳动争议仲裁委员会提交有委托人签名或者盖章的委托书，委托书应当载明委托事项和权限。丧失或者部分丧失民事行为能力的劳动者，由其法定代理人代为参加仲裁活动；无法定代理人的，由劳动争议仲裁委员会为其指定代理人。劳动者死亡的，由其近亲属

或者代理人参加仲裁活动。

（2）劳动仲裁机构。

劳动仲裁机构是劳动争议仲裁委员会。劳动争议仲裁委员会按照统筹规划、合理布局和适应实际需要的原则设立。劳动争议仲裁委员会不按行政区划层层设立。

劳动争议仲裁委员会由劳动行政部门代表、工会代表和企业方面代表组成。劳动争议仲裁委员会组成人员应当是单数。

劳动争议仲裁不收费，劳动争议仲裁委员会的经费由财政予以保障。

（3）劳动仲裁管辖。

劳动争议仲裁委员会负责管辖本区域内发生的劳动争议。劳动争议由劳动合同履行地或者用人单位所在地的劳动争议仲裁委员会管辖。双方当事人分别向劳动合同履行地和用人单位所在地的劳动争议仲裁委员会申请仲裁的，由劳动合同履行地的劳动争议仲裁委员会管辖。

2. 申请和受理

（1）仲裁时效。①劳动争议申请仲裁的时效期间为一年。仲裁时效期间从当事人知道或者应当知道其权利被侵害之日起计算。劳动关系存续期间因拖欠劳动报酬发生争议的，劳动者申请仲裁不受 1 年仲裁时效期间的限制；但是，劳动关系终止的，应当自劳动关系终止之日起 1 年内提出。②时效中断。劳动仲裁时效，因当事人一方向对方当事人主张权利，或者向有关部门请求权利救济，或者对方当事人同意履行义务而中断。从中断时起，仲裁时效期间重新计算。③时效中止。因不可抗力或者有其他正当理由，当事人不能在仲裁时效期间申请仲裁的，仲裁时效中止。从中止时效的原因消除之日起，仲裁时效期间继续计算。

（2）仲裁申请。申请人申请仲裁应当提交书面仲裁申请，并按照被申请人人数提交副本。仲裁申请书应当载明下列事项：①劳动者的姓名、性别、年龄、职业、工作单位和住所，用人单位的名称、住所和法定代表人或者主要负责人的姓名、职务；②仲裁请求和所根据的事实、理由；③证据和证据来源、证人姓名和住所。书写仲裁申请确有困难的，可以口头申请，由劳动争议仲裁委员会记入笔录，并告知对方当事人。

（3）仲裁受理。劳动争议仲裁委员会收到仲裁申请之日起五日内，认为符合受理条件的，应当受理，并通知申请人；认为不符合受理条件的，应当书面通知申请人不予受理，并说明理由。

对劳动争议仲裁委员会不予受理或者逾期未做出决定的，申请人可以就该劳动争议事项向人民法院提起诉讼。

劳动争议仲裁委员会受理仲裁申请后，应当在五日内将仲裁申请书副本送达被申请人。被申请人收到仲裁申请书副本后，应当在十日内向劳动争议仲裁委员会提交答辩书。劳动争议仲裁委员会收到答辩书后，应当在五日内将答辩书副本送达申请人。被申请人未提交答辩书的，不影响仲裁程序的进行。

3. 开庭和裁决

（1）基本制度。

劳动仲裁公开进行，但当事人协议不公开进行或者涉及国家秘密、商业秘密和个人隐私的除外。

劳动争议仲裁委员会裁决劳动争议案件实行仲裁庭制。仲裁庭由三名仲裁员组成，设首席仲裁员。简单劳动争议案件可以由 1 名仲裁员独任仲裁。

仲裁员有下列情形之一，应当回避，当事人也有权以口头或者书面方式提出回避申请：①是本案当事人或者当事人、代理人的近亲属的；②与本案有利害关系的；③与本案当事人、代理人有其他关系，可能影响公正裁决的；④私自会见当事人、代理人，或者接受当事人、代理人的请客送礼的。劳动争议仲裁委员会对回避申请应当及时做出决定，并以口头或者书面方式通知当事人。

（2）开庭程序。

劳动争议仲裁委员会应当在受理仲裁申请之日起五日内将仲裁庭的组成情况书面通知当事人。仲裁庭应当在开庭五日前，将开庭日期、地点书面通知双方当事人。

申请人收到书面通知，无正当理由拒不到庭或者未经仲裁庭同意中途退庭的，可以视为撤回仲裁申请。被申请人收到书面通知，无正当理由拒不到庭或者未经仲裁庭同意中途退庭的，可以缺席裁决。

开庭审理时，仲裁员应当听取申请人的陈述和被申请人的答辩，主持庭审调查、质证和辩论、征询当事人最后意见，并进行调解。

当事人申请劳动争议仲裁后，可以自行和解。达成和解协议的，可以撤回仲裁申请。

仲裁庭在做出裁决前，应当先行调解。调解达成协议的，仲裁庭应当制作调解书。调解书应当写明仲裁请求和当事人协议的结果。调解书由仲裁员签名，加盖劳动争议仲裁委员会印章，送达双方当事人。调解书经双方当事人签收后，发生法律效力。调解不成或者调解书送达前，一方当事人反悔的，仲裁庭应当及时做出裁决。

（3）裁决。

①裁决的原则。裁决应当按照多数仲裁员的意见做出，少数仲裁员的不同意见应当记入笔录。仲裁庭不能形成多数意见时，裁决应当按照首席仲裁员的意见做出。仲裁庭裁决劳动争议案件时，其中一部分事实已经清楚，可以就该部分先行裁决。裁决书应当载明仲裁请求、争议事实、裁决理由、裁决结果和裁决日期。裁决书由仲裁员签名，加盖劳动争议仲裁委员会印章。对裁决持不同意见的仲裁员，可以签名，也可以不签名。

终局裁决

②终局裁决。下列劳动争议，除劳动争议调解仲裁法另有规定的外，仲裁裁决为终局裁决，裁决书自做出之日起发生法律效力：追索劳动报酬、工伤医疗费、经济补偿或者赔偿金，不超过当地月最低工资标准十二个月金额的争议；因执行国家的劳动标准在工作时间、休息休假、社会保险等方面发生的争议。劳动者对终局裁决不服的，可以自收到仲裁裁决书之日起十五日内向人民法院提起诉讼。

③非终局裁决。当事人对终局裁决情形之外的其他劳动争议案件的仲裁裁决不服的，可以自收到仲裁裁决书之日起十五日内提起诉讼；期满不起诉的，裁决书发生法律效力。

重点提示

仲裁庭裁决劳动争议案件，应当自劳动争议仲裁委员会受理仲裁申请之日起四十五日内结束。案情复杂需要延期的，经劳动争议仲裁委员会主任批准，可以延期并书面通知当事人，但是延长期限不得超过十五日。逾期未做出仲裁裁决的，当事人可以就该劳动争议事项向人民法院提起诉讼。

4. 执行

仲裁庭对追索劳动报酬、工伤医疗费、经济补偿或者赔偿金的案件，根据当事人的申请，可以裁决先予执行，移送人民法院执行。仲裁庭裁决先予执行的，应当符合下列条件：

①当事人之间权利义务关系明确；

②不先予执行将严重影响申请人的生活。

劳动者申请先予执行的，可以不提供担保。

当事人对发生法律效力的调解书、裁决书，应当依照规定的期限履行。一方当事人逾期不履行的，另一方当事人可以依照民事诉讼法的有关规定向人民法院申请执行。受理申请的人民法院应当依法执行。

（四）劳动诉讼

劳动诉讼申请范围：

（1）对劳动争议仲裁委员会不予受理或者逾期未做出决定的，申请人可以就该劳动争议事项向人民法院提起诉讼。

（2）劳动者对劳动争议的终局裁决不服的，可以自收到仲裁裁决书之日起十五日内向人民法院提起诉讼。

（3）当事人对终局裁决情形之外的其他劳动争议案件的仲裁裁决不服的，可以自收到仲裁裁决书之日起十五日内提起诉讼。

（4）终局裁决被人民法院裁定撤销的，当事人可以自收到裁决书之日起十五日内就该劳动争议事项向人民法院提起诉讼。

重点提示

导入案例中，陈某对于仲裁委员会的裁决不服的，可以自收到仲裁裁决书之日起十五日内向人民法院提起诉讼。

七、违反《劳动合同法》的法律责任

（一）用人单位违反劳动合同法的法律责任

1. 用人单位规章制度违法的法律责任

（1）用人单位直接涉及劳动者切身利益的规章制度违反法律、法规规定的，由劳动行政部门责令改正，给予警告；给劳动者造成损害的，应当承担赔偿责任。

（2）用人单位违反劳动合同法有关建立职工名册规定的，由劳动行政部门责令限期改正；逾期不改正的，由劳动行政部门处以二千元以上二万元以下的罚款。

2. 用人单位订立劳动合同违法的法律责任

（1）用人单位提供的劳动合同文本未载明劳动合同法规定的劳动合同必备条款或者用人单位未将劳动合同文本交付劳动者的，由劳动行政部门责令改正；给劳动者造成损害的，应当承担赔偿责任。

（2）用人单位自用工之日起超过一个月不满一年未与劳动者订立书面劳动合同的，应当向劳动者每月支付二倍的工资。

（3）用人单位违反劳动合同法规定不与劳动者订立无固定期限劳动合同的，自应当订立无固定期限劳动合同之日起向劳动者每月支付二倍的工资。

（4）用人单位违反劳动合同法规定与劳动者约定试用期的，由劳动行政部门责令改正；违法约定的试用期已经履行的，由用人单位以劳动者试用期满月工资为标准，按已经履行的超过法定试用期的期间向劳动者支付赔偿金。

（5）用人单位违反劳动合同法规定，扣押劳动者居民身份证等证件的，由劳动行政部门责令限期退还劳动者本人，并依照有关法律规定给予处罚。

（6）用人单位违反劳动合同法规定，以担保或者其他名义向劳动者收取财物的，由劳动行政部门责令限期退还劳动者本人，并以每人五百元以上二千元以下的标准处以罚款；给劳动者造成损害的，应当承担赔偿责任。

（7）劳动合同依照法律规定被确认无效，给劳动者造成损害的，用人单位应当承担赔偿责任。

3. 用人单位履行劳动合同违法的法律责任

（1）用人单位有下列情形之一的，依法给予行政处罚；构成犯罪的，依法追究刑事责任；给劳动者造成损害的，应当承担赔偿责任：①以暴力、威胁或者非法限制人身自由的手段强迫劳动的；②违章指挥或者强令冒险作业危及劳动者人身安全的；③侮辱、体罚、殴打、非法搜查或者拘禁劳动者的；④劳动条件恶劣、环境污染严重，给劳动者身心健康造成严重损害的。

（2）用人单位有下列情形之一的，由劳动行政部门责令限期支付劳动报酬、加班费；劳动报酬低于当地最低工资标准的，应当支付其差额部分；逾期不支付的，责令用人单位按应付金额百分之五十以上百分之一百以下的标准向劳动者加付赔偿金：①未按照劳动合同的约定或者国家规定及时足额支付劳动者劳动报酬的；②低于当地最低工资标准支付劳动者工资的；③安排加班不支付加班费的；④解除或者终止劳动合同，未依法向劳动者支付经济补偿的。

4. 用人单位违法解除和终止劳动合同的法律责任

（1）用人单位违反劳动合同法规定解除或者终止劳动合同的，应当依照劳动合同法规定的经济补偿标准的二倍向劳动者支付赔偿金。

（2）用人单位解除或者终止劳动合同，未依照劳动合同法规定向劳动者支付经济补偿的，由劳动行政部门责令限期支付经济补偿；逾期不支付的，责令用人单位按应付金额百分之五十以上百分之一百以下的标准向劳动者加付赔偿金。

（3）用人单位违反劳动合同法规定未向劳动者出具解除或者终止劳动合同的书面证明，由劳动行政部门责令改正；给劳动者造成损害的，应当承担赔偿责任。

（4）劳动者依法解除或者终止劳动合同，用人单位扣押劳动者档案或者其他物品的，由劳动行政部门责令限期退还劳动者本人，并以每人 500 元以上 2 000 元以下的标准处以罚款；给劳动者造成损害的，应当承担赔偿责任。

（二）劳动者违反劳动合同法的法律责任

（1）劳动合同被确认无效，给用人单位造成损失的，有过错的劳动者应当承担赔偿责任。

（2）劳动者违反劳动合同法规定解除劳动合同，给用人单位造成损失的，应当承担赔偿责任。

（3）劳动者违反劳动合同中约定的保密义务或者竞业限制，劳动者应当按照劳动合同的约定，向用人单位支付违约金。给用人单位造成损失的，应当承担赔偿责任。

（4）劳动者违反培训协议，未满服务期解除或者终止劳动合同的，或者因劳动者严重违纪，用人单位与劳动者解除约定服务期的劳动合同的，劳动者应当按照劳动合同的约定，向用人单位支付违约金。

第二节　社会保险法律制度

一、社会保险概述

（一）社会保险的概念

社会保险，是指国家依法建立的，由国家、用人单位和个人共同筹集资金、建立基金，使个人在年老（退休）、患病、工伤（因工伤残或者患职业病）、失业等情况下获得物质帮助和补偿的一种社会保障制度。这种保障是依靠国家立法强制实行的社会化保险。

2010 年 10 月 28 日第十一届全国人大常委会第十七次会议审议通过了《中华人民共和国社会保险法》（简称《社会保险法》），自 2011 年 7 月 1 日起施行。此外，国务院、人力资源和社会保障部陆续发布了一系列单行条例和规定，如 1999 年 1 月 22 日中华人民共和国国务院令第 258 号发布的《失业保险条例》，2003 年 4 月 27 日中华人民共和国国务院令第375号发布、2010年12月20日修订的《工伤保险条例》，2013年12月15日施行的《中华人民共和国城镇职工基本医疗保险条例》等，都是社会保险法律制度的组成部分。

（二）社会保险的种类

世界各个国家的社会保险项目不尽一致。目前我国的社会保险项目主要有4项。

1. 基本养老保险

基本养老保险是针对公民老年风险，通过参保人缴费和政府补贴建立养老保险基金，向达到法定领取年龄的成员支付养老金，保障老年日常支出的社会保障项目。

2. 基本医疗保险

基本医疗保险是针对公民的医疗风险，通过参保人缴费和政府补贴建立医疗保险基金，为成员分担基本医疗费用，保障公民能享受基本医疗服务的社会保障项目。

3. 工伤保险

工伤保险是针对公民的职业风险，通过雇主缴费和政府补贴建立工伤保险基金，向因工伤事故导致伤病、因工作环境导致职业病的成员，提供医疗服务、带薪休假；向伤残的成员及其供养的家庭成员提供伤残抚恤金的社会保障项目。

4. 失业保险

失业保险是针对公民失业风险，通过参保人缴费和政府补贴建立失业保险基金，向非本人原因失业、在失业保险机构登记且具有就业愿望的人员支付失业津贴、医疗补贴等，保障其家庭基本生活，提供就业培训和就业服务的社会保障项目。

（三）社会保险的基本原则

1. 广覆盖

扩大社保的覆盖面，使尽可能多的社会成员纳入到社保制度中来。

2. 保基本

社会保险的筹资和保障水平定位在保障参保人员的基本生活，使其在年老、疾病、工伤、失业等情况下得到必要的物质帮助。

3. 多层次

除了基本养老保险、基本医疗保险外，还有补充养老保险、补充医疗保险以及补充性的商业保险。

4. 可持续

社保基金收支能够平衡，自身能够良性运作，在人口老龄化来临时基本养老保险制度能够持续，不给财政造成过大的压力，不给企业和个人造成太大的缴费压力。

二、基本养老保险

（一）基本养老保险的含义

基本养老保险，是指缴费达到法定期限且个人达到法定退休年龄后，国家和社会提供物质帮助以保证年老者稳定、可靠的生活来源的社会保险制度。

（二）基本养老保险的覆盖范围

根据《社会保险法》的规定，基本养老保险制度由三个部分组成：职工基本养老保险制度、新型农村社会养老保险制度（简称新农保）、城镇居民社会养老保险制度（简称城居保）。国务院于 2014 年 2 月 26 日发布了《关于建立统一的城乡居民基本养老保险制度的意见》（国发〔2014〕8 号），决定将新农保和城居保两项制度合并实施，在全国范围内建立统一的城乡居民基本养老保险制度。年满 16 周岁（不含在校学生），非国家机关和事业单位工作人员及不属于职工基本养老保险制度覆盖范围的城乡居民，可以在户籍地参加城乡居民养老保险。

职工基本养老保险费的征缴范围：国有企业、城镇集体企业、外商投资企业、城镇私营企业和其他城镇企业及其职工，实行企业化管理的事业单位及其职工。这是基本养老保险的主体部分。由用人单位和职工共同缴纳基本养老保险费。本章除特别说明外，基本养老保险均指职工基本养老保险。

无雇工的个体工商户、未在用人单位参加基本养老保险的非全日制从业人员以及其他灵活就业人员可以参加基本养老保险，由个人缴纳基本养老保险费。

公务员和参照公务员管理的工作人员养老保险的办法由国务院规定。国务院于 2015 年 1 月 14 日发布了《关于机关事业单位工作人员养老保险制度改革的决定》（国发〔2015〕2 号），改革现行机关事业单位工作人员退休保障制度，逐步建立独立于机关事业单位之外、资金来源多渠道、保障方式多层次、管理服务社会化的养老保险体系。对于按照公务员法管理的单位、参照公务员法管理的机关（单位）、事业单位及其编制内的工作人员，实行社会统筹与个人账户相结合的基本养老保险制度，建立职工年金制度。

（三）职工基本养老保险基金的组成和来源

基本养老保险基金由用人单位和个人缴费以及政府补贴等组成。基本养老保险实行社会统筹与个人账户相结合。

用人单位应当按照国家规定的本单位职工工资总额的比例缴纳基本养老保险费，记入基本养老保险统筹基金。职工应当按照国家规定的本人工资的比例缴纳基本养老保险费，记入个人账户。基本养老保险基金出现支付不足时，政府给予补贴。

个人账户不得提前支取，记账利率不得低于银行定期存款利率，免征利息税。个人死亡的，个人账户余额可以依法继承。

（四）职工基本养老保险费的缴纳与计算

1. 单位缴费

自 2016 年 5 月 1 日起，企业职工基本养老保险单位缴费比例超过企业工资总额 20% 的省（区、市），将单位缴费比例降至 20%；单位缴费比例为 20% 且 2015 年年底企业职工基本养老保险基金累计结余可支付月数高于 9 个月的省（区、市），可以阶段性将单位缴费比例降低至 19%,降低费率的期限暂按二年执行。具体方案由各省（区、市）确定。

2. 个人缴费

按现行政策，职工个人按照本人缴费工资的 8% 缴费，计入个人账户。缴费工资，也称缴费工资基数，一般为职工本人上一年度月平均工资（有条件的地区也可以本人上月工资收入为个人缴费工资基数）。月平均工资按照国家统计局规定列入工资总额统计的项目计算，包括工资、奖金、津贴、补贴等收入，不包括用人单位承担或者支付给员工的社会保险费、劳动保护费、福利费、用人单位与员工解除劳动关系时支付的一次性补偿以及计划生育费用等其他不属于工资的费用。新招职工（包括研究生、大学生、大中专毕业生等）以起薪当月工资收入作为缴费工资基数；从第二年起，按上一年实发工资的月平均工资作为缴费工资基数。

本人月平均工资低于当地职工月平均工资 60% 的，按当地职工月平均工资的 60% 作为缴费基数。本人月平均工资高于当地职工月平均工资 300% 的，按当地职工月平均工资的 300% 作为缴费基数,超过部分不计入缴费工资基数,也不计入计发养老金的基数。

3. 政府公共财政补贴

政府公共财政补贴包括两种情况：一是国有企业、事业单位职工参加基本养老保险前，视同缴费年限期间应当缴纳的基本养老保险费由政府承担；二是基本养老保险基金出现支付不足时，政府给予补贴。

（五）职工基本养老保险享受条件与待遇

1. 职工基本养老享受条件

（1）达到法定退休年龄。目前国家关于法定退休年龄的规定：男职工年满 60 周岁，女干部年满 55 周岁，女职工年满 50 周岁。对于从事井下、高温等繁重体力劳动或其他有害身体健康工作的职工规定退休年龄是男职工年满 55 周岁，女职工年满 45 周岁。因病或非因工致残，规定退休年龄为男职工年满 50 周岁，女职工年满 45 周岁。

（2）累计缴费满十五年。参加基本养老保险的个人，达到法定退休年龄时累计缴费满 15 年的，按月领取基本养老金。

2. 职工基本养老保险待遇

（1）支付职工基本养老金。符合基本养老保险享受条件的人员国家按月支付基本养老金。基本养老金根据个人累计缴费年限、缴费工资、当地职工平均工资、个人账户金额、城镇人口平均预期寿命等因素确定。

（2）丧葬补助金和遗属抚恤金。参加基本养老保险的个人，因病或者非因工死亡的，其遗属可以领取丧葬补助金和抚恤金，所需资金从基本养老保险基金中支付。但如果个人死亡同时符合领取基本养老保险丧葬补助金、工伤保险丧葬补助金和失业保险丧葬补助金条件的，其遗属只能选择领取其中的一项。

（3）病残津贴。参加基本养老保险的个人，在未达到法定退休年龄时因病或者非因工致残完全丧失劳动能力的，可以领取病残津贴。所需资金从基本养老保险基金中支付。

三、基本医疗保险

（一）基本医疗保险的含义

基本医疗保险，是指按照国家规定缴纳一定比例的医疗保险费，在参保人因患病和意外伤害而就医诊疗时，由医疗保险基金支付其一定医疗费用的社会保险制度。

（二）基本医疗保险的覆盖范围

1. 职工基本医疗保险

职工应当参加职工基本医疗保险，由用人单位和职工按照国家规定共同缴纳基本医疗保险费。职工基本医疗保险费的征缴范围：国有企业、城镇集体企业、外商投资企业、城镇私营企业和其他城镇企业及其职工，国家机关及其工作人员，事业单位及其职工，民办非企业单位及其职工，社会团体及其专职人员。

无雇工的个体工商户、未在用人单位参加职工基本医疗保险的非全日制从业人员以及其他灵活就业人员可以参加职工基本医疗保险，由个人按照国家规定缴纳基本医疗保险费。

2. 城乡居民基本医疗保险

国务院于2016年1月3日发布的《关于整合城乡居民基本医疗保险制度的意见》规定：整合城镇居民基本医疗保险和新型农村合作医疗两项制度，建立统一的城乡居民基本医疗保险制度。城乡居民基本医疗保险制度覆盖范围包括现有城镇居民基本医疗保险制度和新型农村合作医疗所有应参保（合）人员，即覆盖除职工基本医疗保险应参保人员以外的其他所有城乡居民，统一保障待遇。

（三）职工基本医疗保险费的缴纳

根据国务院《关于建立城镇职工基本医疗保险制度的决定》（国发〔1998〕44号），基本医疗保险也像基本养老保险一样采用“统账结合”模式，即分别设立社会统筹基金和个人账户基金。基本医疗保险基金由统筹基金和个人账户构成。

1. 单位缴费

由统筹地区统一确定适合当地经济发展水平的基本医疗保险单位缴费率，一般为职工工资总额的6%左右。用人单位缴纳的基本医疗保险费分为两部分，一部分用于建立统筹基金，另一部分划入个人账户。

2. 基本医疗保险个人账户的资金来源

（1）个人缴费部分。统筹地区统一确定适合当地职工负担水平的基本医疗保险个人缴费率，一般为本人工资收入的2%。

（2）用人单位缴费的划入部分。由统筹地区根据个人医疗账户的支付范围和职工年龄等因素确定用人单位所缴医疗保险费划入个人医疗账户的具体比例，一般为30%左右。

（3）个人账户存储额的利息。个人跨统筹地区就业的，其基本医疗保险关系随本人转移，缴费年限累计计算。

3. 退休人员基本养老保险费的缴纳

参加职工基本医疗保险的个人，达到法定退休年龄时累计缴费达到国家规定年限的，退休后不再缴纳基本医疗保险费，按照国家规定享受基本医疗保险待遇；未达到国家规定缴费年限的，可以缴费至国家规定年限。对于国家规定年限是多少，目前并没有统一的规定，由各统筹地区根据本地情况确定。

（四）职工基本医疗费用的结算

参保人员在协议医疗机构发生的医疗费用，符合基本医疗保险药品目录、诊疗项目、医疗服务设施标准的，按照国家规定从基本医疗保险基金中支付。参保人员确需急诊、抢救的，可以在非协议医疗机构就医；因抢救必须使用的药品可以适当放宽范围。参保人员医疗费用中应当由基本医疗保险基金支付的部分，由社会保险经办机构与医疗机构、药品经营单位直接结算。社会保险经办机构根据管理服务的需要，可以与医疗机构、药品经营单位签订服务协议，规范医疗服务行为。医疗机构应当为参保人员提供合理、必要的医疗服务。

参保人员符合基本医疗保险支付范围的医疗费用中，在社会医疗统筹基金起付标准以上与最高支付限额以下的费用部分，由社会医疗统筹基金按一定比例支付。

起付标准，又称起付线，一般为当地职工年平均工资的10%左右。最高支付限额，又称封顶线，一般为当地职工年平均工资的6倍左右。支付比例一般为90%。

参保人员符合基本医疗保险支付范围的医疗费用中，在社会医疗统筹基金起付标准以下的费用部分，由个人账户资金支付或个人自付；统筹基金起付线以上至封顶线以下的费用部分，个人也要承担一定比例的费用，一般为10%，可由个人账户支付，也可自付。参保人员在封顶线以上的医疗费用部分，可以通过单位补充医疗保险或参加商业保险等途径解决。

（五）基本医疗保险基金不支付的医疗费用

下列医疗费用不纳入基本医疗保险基金支付范围：

（1）应当从工伤保险基金中支付的；

（2）应当由第三人负担的；

（3）应当由公共卫生负担的；

（4）在境外就医的。

医疗费用依法应当由第三人负担，第三人不支付或者无法确定第三人的，由基本医疗保险基金先行支付。基本医疗保险基金先行支付后，有权向第三人追偿。

（六）医疗期

医疗期，是指企业职工因患病或非因公负伤停止工作，治病休息，但不得解除劳动合同的期限。

1. 医疗期期间

企业职工因患病或非因工负伤，需要停止工作医疗时，根据本人实际参加工作年限和在本单位工作年限，给予 3 个月到 24 个月的医疗期。

（1）实际工作年限 10 年以下的，在本单位工作年限 5 年以下的为 3 个月；5 年以上的为 6 个月。

（2）实际工作年限 10 年以上的，在本单位工作年限 5 年以下的为 6 个月；5 年以上 10 年以下的为 9 个月；10 年以上 15 年以下为 12 个月；15 年以上 20 年以下的为 18 个月；20 年以上的为 24 个月。

2. 医疗期的计算办法

医疗期 3 个月的，按 6 个月内累计病休时间计算；6 个月的，按 12 个月内累计病休时间计算；9 个月的，按 15 个月内累计病休时间计算；12 个月的，按 18 个月内累计病休时间计算；18 个月的，按 24 个月内累计病休时间计算；24 个月的，按 30 个月内累计病休时间计算。即医疗期计算从病休第一天开始，累计计算。

3. 医疗期内的待遇

企业职工在医疗期内，其病假工资、疾病救济费和医疗待遇按照有关规定执行。病假工资或疾病救济费可以低于当地最低工资标准支付，但最低不能低于最低工资标准的 80%。医疗期内不得解除劳动合同。如医疗期内遇合同期满，则合同必须续延至医疗期满，职工在此期间仍然享受医疗期内待遇。对医疗期满尚未痊愈者，或者医疗期满后，不从事原工作，也不能从事用人单位另行安排的工作，被解除劳动合同的，用人单位需按经济补偿规定给予其经济补偿。

经典案例

李东于1996年7月参加工作。2009年12月，李东与阳光公司签订了劳动合同，约定李东担任部门经理，劳动合同期限自2009年11月30日至2012年11月29日。2012年9月7日，李东因癌症开始休病假。请为李东计算医疗期期间。

【解析】李东参加工作10年以上，在阳光公司工作期间5年以下，根据《劳动合同法》规定，李东的医疗期期间是6个月。李东于2012年9月开始休病假，劳动合同于2012年11月到期，劳动合同应续延至医疗期期满。

四、工伤保险

（一）工伤保险的含义

工伤保险，是指劳动者在工作中或在规定的特殊情况下，遭受意外伤害或患职业病导致暂时或永久丧失劳动能力以及死亡时，劳动者或其遗属从国家和社会获得物质帮助的一种社会保险制度。

（二）工伤保险费的缴纳

职工应当参加工伤保险，由用人单位缴纳工伤保险费，职工不缴纳工伤保险费。

中华人民共和国境内的企业、事业单位、社会团体、民办非企业单位、基金会、律师事务所、会计师事务所等组织和有雇工的个体工商户（简称用人单位）应当依照《工伤保险条例》规定参加工伤保险，为本单位全部职工或者雇工（简称职工）缴纳工伤保险费。中华人民共和国境内的企业、事业单位、社会团体、民办非企业单位、基金会、律师事务所、会计师事务所等组织的职工和个体工商户的雇工，均有依照《工伤保险条例》的规定享受工伤保险待遇的权利。

工伤保险费根据以支定收、收支平衡的原则，确定费率。国家根据不同行业的工伤风险程度确定行业的差别费率，并根据工伤保险费使用、工伤发生率等情况在每个行业内确定若干费率档次。行业差别费率及行业内费率档次由国务院社会保险行政部门制定，报国务院批准后公布施行。社会保险经办机构根据用人单位使用工伤保险基金、工伤发生率和所属行业费率档次等情况，确定用人单位缴费费率。用人单位应当按照本单位职工工资总额，根据社会保险经办机构确定的费率缴纳工伤保险费。

（三）工伤保险基金

工伤保险基金由用人单位缴纳的工伤保险费、工伤保险基金的利息和依法纳入工伤保险基金的其他资金构成。

工伤保险基金存入社会保障基金财政专户，用于《工伤保险条例》规定的工伤保险待遇，劳动能力鉴定，工伤预防的宣传、培训等费用，以及法律、法规规定的用于工伤保险的其他费用的支付。

工伤预防费用的提取比例、使用和管理的具体办法，由国务院社会保险行政部门会同国务院财政、卫生行政、安全生产监督管理等部门规定。任何单位或者个人不得将工伤保险基金用于投资运营、兴建或者改建办公场所、发放奖金，或者挪作其他用途。

工伤保险基金应当留有一定比例的储备金，用于统筹地区重大事故的工伤保险待遇支付；储备金不足支付的，由统筹地区的人民政府垫付。储备金占基金总额的具体比例和储备金的使用办法，由省、自治区、直辖市人民政府规定。

（四）工伤认定与劳动能力鉴定

1. 工伤认定

（1）应当认定工伤的情形。

职工有下列情形之一的，应当认定为工伤：

①在工作时间和工作场所内，因工作原因受到事故伤害的；

②工作时间前后在工作场所内，从事与工作有关的预备性或者收尾性工作受到事故伤害的；

③在工作时间和工作场所内，因履行工作职责受到暴力等意外伤害的；

④患职业病的；

⑤因工外出期间，由于工作原因受到伤害或者发生事故下落不明的；

⑥在上下班途中，受到非本人主要责任的交通事故或者城市轨道交通、客运轮渡、火车事故伤害的；

⑦法律、行政法规规定应当认定为工伤的其他情形。

（2）视同工伤的情形。

职工有下列情形之一的，视同工伤：

①在工作时间和工作岗位，突发疾病死亡或者在48小时之内经抢救无效死亡的；

②在抢险救灾等维护国家利益、公共利益活动中受到伤害的；

③原在军队服役，因战、因公负伤致残，已取得革命伤残军人证，到用人单位后旧伤复发的。

（3）不认定为工伤的情形。

职工因下列情形之一导致本人在工作中伤亡的，不认定为工伤：

①故意犯罪的；

②醉酒或者吸毒的；

③自残或者自杀的；

④法律、行政法规规定的其他情形。

2. 劳动能力鉴定

职工发生工伤，经治疗伤情相对稳定后存在残疾、影响劳动能力的，应当进行劳动能力鉴定。劳动能力鉴定，是指劳动功能障碍程度和生活自理障碍程度的等级鉴定。

劳动功能障碍分为十个伤残等级，最重的为一级，最轻的为十级。生活自理障碍分为三个等级：生活完全不能自理、生活大部分不能自理和生活部分不能自理。劳动能力鉴定标准由国务院社会保险行政部门会同国务院卫生行政部门等部门制定。

自劳动能力鉴定结论做出之日起一年后，工伤职工或者其近亲属、所在单位或者经办机构认为伤残情况发生变化的，可以申请劳动能力复查鉴定。

（五）工伤保险待遇

1. 工伤医疗待遇

职工因工作原因受到事故伤害或者患职业病，且经工伤认定的，享受工伤保险待遇；其中，经劳动能力鉴定丧失劳动能力的，享受伤残待遇。

（1）治疗工伤的医疗费用。职工治疗工伤应当在签订服务协议的医疗机构就医，情况紧急时可以先到就近的医疗机构急救。治疗工伤所需费用符合工伤保险诊疗项目目录、工伤保险药品目录、工伤保险住院服务标准的，从工伤保险基金支付。

（2）住院伙食补助费、交通食宿费。职工住院治疗工伤期间的伙食补助费，以及经医疗机构出具证明，报经办机构同意，工伤职工到统筹地区以外就医所需的交通、食宿费用按标准从工伤保险基金支付。

（3）康复性治疗费。工伤职工到签订服务协议的医疗机构进行工伤康复的费用，符合规定的，从工伤保险基金支付。

（4）辅助器具装配费。工伤职工因日常生活或者就业需要，经劳动能力鉴定委员会确认，可以安装假肢、矫形器、假眼和配置轮椅等辅助器具，所需费用按照国家规定的标准从工伤保险基金支付。

（5）停工留薪期工资福利待遇。职工因工作遭受事故伤害或者患职业病需要暂停工作接受工伤医疗的，在停工留薪期内，原工资福利待遇不变，由所在单位按月支付。停工留薪期一般不超过 12 个月。伤情严重或者情况特殊，经设区的市级劳动能力鉴定委员会确认，可以适当延长，但延长不得超过 12 个月。工伤职工评定伤残等级后，停止享受停工留薪期待遇，按照规定享受伤残待遇。工伤职工在停工留薪期满后仍需治疗的，继续享受工伤医疗待遇。但工伤职工治疗非工伤引发的疾病，不享受工伤医疗待遇，按照基本医疗保险办法处理。

2. 伤残待遇

经劳动能力鉴定委员会鉴定，评定伤残等级的工伤职工，享受伤残待遇。包括：

（1）生活护理费。工伤职工已经评定伤残等级并经劳动能力鉴定委员会确认需要生活护理的，从工伤保险基金按月支付生活护理费。

（2）一次性伤残补助金。职工因工致残被鉴定为一级至十级伤残的，从工伤保险基金按伤残等级支付一次性伤残补助金。

（3）伤残津贴。职工因工致残被鉴定为一级至四级伤残的，保留劳动关系，退出工作岗位，从工伤保险基金中按月支付伤残津贴，伤残津贴实际金额低于当地最低工资标准的，由工伤保险基金补足差额。职工因工致残被鉴定为五级、六级伤残的，保留与用人单位的劳动关系，由用人单位安排适当工作。难以安排工作的，由用人单位按月发给伤残津贴。伤残津贴实际金额低于当时最低工资标准的，由用人单位补足差额。

（4）一次性工伤医疗补助金和一次性伤残就业补助金。五级、六级伤残，经工伤职工本人提出，可以与用人单位解除或者终止劳动关系；七级至十级伤残，劳动、聘用合同期满终止，或者职工本人提出解除劳动、聘用合同的，由工伤保险基金支付一次性工伤医疗补助金，由用人单位支付一次性伤残就业补助金。一次性工伤医疗补助金和一次性伤残就业补助金的具体标准由省、自治区、直辖市人民政府规定。

3. 工亡待遇

职工因工死亡，其近亲属按照规定从工伤保险基金领取丧葬补助金、供养亲属抚恤金和一次性工亡补助金。

（1）丧葬补助金，为6个月的统筹地区上年度职工月平均工资。

（2）供养亲属抚恤金，按照职工本人工资的一定比例发给由因工死亡职工生前提供主要生活来源、无劳动能力的亲属。供养亲属的具体范围由国务院社会保险行政部门规定。

（3）一次性工亡补助金，标准为上一年度全国城镇居民人均可支配收入的20倍。

一级至四级伤残职工在停工留薪期满后死亡的，其近亲属可以享受丧葬补助金、供养亲属抚恤金待遇，不享受一次性工亡补助金待遇。

（六）工伤保险待遇承担途径

1. 由工伤保险基金支付的费用

（1）治疗工伤的医疗费用和康复费用；

（2）住院伙食补助费；

（3）到统筹地区以外就医的交通食宿费；

（4）安装配置伤残辅助器具所需费用；

（5）生活不能自理的，经劳动能力鉴定委员会确认的生活护理费；

（6）一次性伤残补助金和一至四级伤残职工按月领取的伤残津贴；

（7）终止或者解除劳动合同时，应当享受的一次性医疗补助金；

（8）因工死亡的，其遗属领取的丧葬补助金、供养亲属抚恤金和因工死亡补助金；

（9）劳动能力鉴定费。

2. 由用人单位支付的费用

（1）治疗工伤期间的工资福利；

（2）五级、六级伤残职工按月领取的伤残津贴；

（3）终止或者解除劳动合同时，应当享受的一次性伤残就业补助金。

（七）特别规定

（1）工伤保险中所称的本人工资，是指工伤职工因工作遭受事故伤害或者患职业病前12个月平均月缴费工资。本人工资高于统筹地区职工平均工资300%的，按照统筹地区职工平均工资的300%计算；本人工资低于统筹地区职工平均工资60%的，按照统筹地区职工平均工资的60%计算。

（2）工伤职工有下列情形之一的，停止享受工伤保险待遇：①丧失享受待遇条件的；②拒不接受劳动能力鉴定的；③拒绝治疗的。

（3）因工致残享受伤残津贴的职工达到退休年龄并办理退休手续后，停发伤残津贴，按照国家有关规定享受基本养老保险待遇。被鉴定为一级至四级伤残的职工，基本养老保险待遇低于伤残津贴的，由工伤保险基金补足差额。

（4）职工所在用人单位未依法缴纳工伤保险费，发生工伤事故的，由用人单位支付工伤保险待遇。用人单位不支付的，从工伤保险基金中先行支付，由用人单位偿还。用人单位不偿还的，社会保险经办机构可以追偿。

（5）由于第三人的原因造成工伤，第三人不支付工伤医疗费用或者无法确定第三人的，由工伤保险基金先行支付。工伤保险基金先行支付后，有权向第三人追偿。

五、失业保险

（一）失业保险的含义

失业保险，是指国家通过立法强制实行的，由社会集中建立基金，保障因失业而暂时中断生活来源的劳动者的基本生活，并通过职业培训、职业介绍等措施促进其再就业的社会保险制度。

（二）失业保险费的缴纳

失业保险费的征缴范围：国有企业、城镇集体企业、外商投资企业、城镇私营企业以及其他城镇企业及其职工，事业单位及其职工。

根据《社会保险法》规定，职工应当参加失业保险，由用人单位和职工按照国家规定共同缴纳失业保险费。这是失业保险基金的主要来源。此外，还有失业保险基金的利息收入、财政补贴，以及依法纳入失业保险基金的其他资金，如企业拖欠失业保险费而产生的滞纳金等。

根据《失业保险条例》的规定，城镇企业事业单位按照本单位工资总额的2%缴纳失业保险费，职工按照本人工资的1%缴纳失业保险费。根据人力资源和社会保障部、财政部于2016年4月14日发布的《关于阶段性降低社会保险费率的通知》，从2016年5月1日起，失业保险总费率可以阶段性降至1%～1.5%，其中个人费率不超过0.5%，降低费率的期限暂按二年执行。具体方案由各省（区、市）确定。

职工跨统筹地区就业的，其失业保险关系随本人转移，缴纳年限累计计算。

（三）失业保险待遇

1. 失业保险待遇的享受条件

失业人员符合下列条件的，可以申请领取失业保险金并享受其他失业保险待遇：

（1）失业前用人单位和本人已经缴纳失业保险费满一年的；

（2）非因本人意愿中断就业的，包括劳动合同终止；用人单位解除劳动合同；被用人单位开除、除名或辞退；因用人单位过错由劳动者解除劳动合同；法律、法规、规章规定的其他情形。

（3）已经进行失业登记，并有求职要求的。

2. 失业保险金的领取期限

用人单位应当及时为失业人员出具终止或者解除劳动关系的证明，并将失业人员的名单自终止或者解除劳动关系之日起十五日内告知社会保险经办机构。失业人员应当持本单位为其出具的终止或者解除劳动关系的证明，及时到指定的公共就业服务机构办理失业登记。失业人员凭失业登记证明和个人身份证明，到社会保险经办机构办理领取失业保险金的手续。失业保险金领取期限自办理失业登记之日起计算。

失业人员失业前用人单位和本人累计缴费满 1 年不足 5 年的，领取失业保险金的期限最长为 12 个月；累计缴费满 5 年不足 10 年的，领取失业保险金的期限最长为 18 个月；累计缴费 10 年以上的，领取失业保险金的期限最长为 24 个月。重新就业后，再次失业的，缴费时间重新计算，领取失业保险金的期限与前次失业应当领取而尚未领取的失业保险金的期限合并计算，最长不超过 24 个月。

3. 失业保险金的发放标准

失业保险金的标准，不得低于城市居民最低生活保障标准。一般也不高于当地最低工资标准，由省、自治区、直辖市人民政府确定。

4. 失业保险待遇

（1）领取失业保险金。

（2）领取失业保险金期间享受基本医疗保险待遇。失业人员在领取失业保险金期间，参加职工基本医疗保险，享受基本医疗保险待遇。失业人员应当缴纳的基本医疗保险费从失业保险基金中支付，个人不缴纳基本医疗保险费。

（3）领取失业保险金期间的死亡补助。失业人员在领取失业保险金期间死亡的，参照当地对在职职工死亡的规定，向其遗属发给一次性丧葬补助金和抚恤金，所需资金从失业保险基金中支付。

（4）职业介绍与职业培训补贴。失业人员在领取失业保险金期间，应当积极求职，接受职业介绍和职业培训。失业人员接受职业介绍、职业培训的补贴由失业保险基金按照规定支付。补贴的办法和标准由省、自治区、直辖市人民政府规定。

（5）国务院规定或者批准的与失业保险有关的其他费用。

（四）停止领取失业保险金及其他失业保险待遇的情形

失业人员在领取失业保险金期间有下列情形之一的，停止领取失业保险金，并同时停止享受其他失业保险待遇。

（1）重新就业的。

（2）应征服兵役的。

（3）移居境外的。

（4）享受基本养老保险待遇的。

（5）无正当理由，拒不接受当地人民政府指定部门或者机构介绍的适当工作或者提供的培训的。

知识窗

生育保险

生育保险是针对公民的生育风险，通过雇主缴费和政府补贴建立生育保险基金，向符合计划生育的成员提供医疗服务、带薪休假的社会保障项目。2017 年 1 月 19 日，国务院办公厅印发《关于生育保险和职工基本医疗保险合并实施试点方案的通知》（简称《通知》），至此，生育保险与医疗保险合并实施正式试点。《通知》规定，职工生育期间的生育保险待遇不变。生育保险待遇包括生育医疗费用和生育津贴，所需资金从职工基本医疗保险基金中支付。生育津贴支付期限按照《女职工劳动保护特别规定》等法律法规规定的产假期限执行。

六、违反《社会保险法》的法律责任

（一）用人单位违反《社会保险法》的法律责任

（1）用人单位不办理社会保险登记的，由社会保险行政部门责令限期改正；逾期不改正的，对用人单位处应缴社会保险费数额一倍以上三倍以下的罚款，对其直接负责的主管人员和其他直接责任人员处五百元以上三千元以下的罚款。

（2）用人单位拒不出具终止或者解除劳动关系证明的，依照《劳动合同法》的规定，由劳动行政部门责令改正；给劳动者造成损害的，应当承担赔偿责任。

（3）用人单位未按时足额缴纳社会保险费的，由社会保险费征收机构责令限期缴纳或者补足，并自欠缴之日起，按日加收百分之五的滞纳金；逾期仍不缴纳的，由有关行政部门处欠缴数额一倍以上三倍以下的罚款。

（二）骗保行为的法律责任

（1）社会保险经办机构以及医疗机构、药品经营单位等社会保险服务机构以欺诈、伪造证明材料或者其他手段骗取社会保险基金支出的，由社会保险行政部门责令退回骗取的社会保险金，处骗取金额二倍以上五倍以下的罚款；属于社会保险服务机构的，解除服务协议；直接负责的主管人员和其他直接责任人员有执业资格的，依法吊销其执业资格。

（2）以欺诈、伪造证明材料或者其他手段骗取社会保险待遇的，由社会保险行政部门责令退回骗取的社会保险金，处骗取金额二倍以上五倍以下的罚款。

（三）社会保险经办机构、社会保险费征收机构、社会保险服务机构等机构的法律责任

（1）社会保险经办机构及其工作人员有下列行为之一的，由社会保险行政部门责令改正；给社会保险基金、用人单位或者个人造成损失的，依法承担赔偿责任；对直接负责的主管人员和其他直接责任人员依法给予处分：

①未履行社会保险法定职责的；

②未将社会保险基金存入财政专户的；

③克扣或者拒不按时支付社会保险待遇的；

④丢失或者篡改缴费记录、享受社会保险待遇记录等社会保险数据、个人权益记录的；

⑤有违反社会保险法律、法规的其他行为的。

（2）社会保险费征收机构擅自更改社会保险费缴费基数、费率，导致少收或者多收社会保险费的，由有关行政部门责令其追缴应当缴纳的社会保险费或者退还不应当缴纳的社会保险费；对直接负责的主管人员和其他直接责任人员依法给予处分。

（3）违反《社会保险法》规定，隐匿、转移、侵占、挪用社会保险基金或者违规投资运营的，由社会保险行政部门、财政部门、审计机关责令追回；有违法所得的，没收违法所得；对直接负责的主管人员和其他直接责任人员依法给予处分。

（4）社会保险行政部门和其他有关行政部门、社会保险经办机构、社会保险费征收机构及其工作人员泄露用人单位和个人信息的，对直接负责的主管人员和其他直接责任人员依法给予处分；给用人单位或者个人造成损失的，应当承担赔偿责任。

（5）国家工作人员在社会保险管理、监督工作中滥用职权、玩忽职守、徇私舞弊的，依法给予处分。

（6）违反《社会保险法》规定，构成犯罪的，依法追究刑事责任。

本章小结

1. 劳动合同是劳动者与用人单位之间确立劳动关系，明确双方权利和义务的协议。

2. 劳动合同分为固定期限劳动合同、无固定期限劳动合同和以完成一定工作任务

为期限的劳动合同。

3. 劳动合同应当具备以下条款：用人单位主要信息；劳动者主要信息；劳动合同期限；工作内容和工作地点；工作时间和休息休假；劳动报酬；社会保险；劳动保护、劳动条件和职业危害防护；法律、法规规定应当纳入劳动合同的其他事项。

4. 劳动合同除了法律规定的必备条款外，用人单位与劳动者可以约定试用期、服务期、保密期等其他事项。

5. 无效劳动合同，是指因为违反法律、法规的规定，或者采取不正当手段订立的劳动合同无效。劳动合同部分无效，不影响其他部分效力的，其他部分仍然有效。

6. 劳动合同依法订立即具有法律约束力，用人单位与劳动者应当按照劳动合同的约定，全面履行各自的义务。用人单位与劳动者可以协商一致解除劳动合同，或者出现法定情形一方通知另一方解除劳动合同。同时，《劳动合同法》也规定，满足法定情形时，用人单位不得解除、终止劳动合同，劳动合同应当续延至相应情形消失时终止。用人单位解除或终止劳动合同满足法定条件时，应当向劳动者依法支付经济补偿金。

7. 用人单位和劳动者发生劳动争议的，遵循合法、公正、及时、着重调解的原则，依法保护当事人的合法权益。劳动争议可以通过和解、调解、仲裁、诉讼等方式解决，其中劳动仲裁是必经程序。

8. 社会保险，是指国家依法建立的，由国家、用人单位和个人共同筹集资金、建立基金，使个人在年老、患病、工伤、失业等情况下获得物质帮助和补偿的一种社会保障制度。

9. 基本养老保险，是指缴费达到法定期限且个人达到法定退休年龄后，国家和社会提供物质帮助以保证年老者稳定、可靠的生活来源的社会保险制度。基本养老保险基金由用人单位和个人缴费以及政府补贴等组成，满足法定条件后享受基本养老保险待遇。

10. 基本医疗保险，是指按照国家规定缴纳一定比例的医疗保险费，在参保人因患病和意外伤害而就医诊疗时，由医疗保险基金支付其一定医疗费用的社会保险制度。基本医疗保险基金由统筹基金和个人账户构成。基本医疗保险基金依照法定比例为个人医疗费用进行结算。职工个人满足法定条件享受医疗期待遇。

11. 工伤保险，是指劳动者在工作中或在规定的特殊情况下，遭受意外伤害或患职业病导致暂时或永久丧失劳动能力以及死亡时，劳动者或其遗属从国家和社会获得物质帮助的一种社会保险制度。职工参加工伤保险，由用人单位缴纳工伤保险费，职工不缴纳工伤保险费。职工被依法认定为工伤的享受工伤保险待遇。

12. 失业保险，是指国家通过立法强制实行的，由社会集中建立基金，保障因失业而暂时中断生活来源的劳动者的基本生活，并通过职业培训、职业介绍等措施促进其再就业的社会保险制度。职工参加失业保险，由用人单位和职工按照国家规定共同交纳失业保险费。满足法定条件，失业职工在一定期限内享受失业保险待遇。

13. 用人单位、劳动者、社会保险经办机构、社会保险费征收机构、社会保险服务机构等机构违反《社会保险法》的规定，应承担相应的法律责任。

基础知识测评

1. 用人单位与劳动者订立劳动合同的时间有何法律规定？

2. 什么是无固定期限劳动合同？满足什么条件，用人单位应当与劳动者签订无固定期限劳动合同？

3. 简述劳动合同必须具备的法定条款和约定条款。

4. 简述用人单位应当向劳动者支付经济补偿的情形。

5. 简述用人单位单方解除劳动合同和劳动者单方解除劳动合同的情形。

6. 简述用人单位不得解除、终止劳动合同的情形。

7. 简述劳动仲裁和劳动诉讼在司法程序上如何衔接。

8. 什么是社会保险？我国有哪些种类的社会保险？

9. 简述我国各种社会保险基金的费用组成、扣缴比例、享受条件及保险待遇。

10.《劳动合同法》对医疗期间是如何规定的？简述医疗期待遇。

岗位能力测评

1. 甲厂于2016年7月招聘李某为该厂职工。双方订立的劳动合同约定：工作期限一年，试用期三个月；工作期间李某的身份证须交由厂方保管；未经甲厂同意，李某不得以任何理由离职。

2017年2月，下班后正在车间做收尾工作的李某被坠落的吊灯砸伤，李某为此住院治疗一个月。住院治疗期间，甲厂将李某工资降为原工资的一半。李某痊愈上班时，要求甲厂补发住院治疗期间的另一半工资，甲厂拒绝，并以没有合适岗位为由通知李某解除劳动合同。双方为此发生争议。

根据上述资料，分析回答下列问题：

（1）甲厂与李某签订的劳动合同有无问题？

（2）甲厂称：李某被吊灯砸伤时已经下班，李某不构成工伤。甲厂的说法是否正确？李某是否构成工伤？

（3）根据《劳动合同法》的规定，为李某计算医疗期期间。

（4）李某住院治疗期间享受怎样的待遇？

（5）如果甲厂解除劳动合同，请为李某计算经济补偿金金额。

2. 甲公司通过招聘网站招聘技术人员，要求研究生及以上学历，并具有相关工作经历。刘某是大本学历，为了尽快解决工作问题，伪造了研究生学历和工作经历，报名参加了该公司的应聘。入职以后，甲公司发现刘某无论是知识还是工作技能都非常出色。试用期满后，公司决定正式办理入职手续。经人力资源部门核实，发现刘某的学历和工作经历都是伪造的。于是，甲公司以伪造学历、欺骗公司为由解除了与刘某的劳动合同，并要求刘某返还试用期期间公司向其支付的劳动报酬。刘某拒绝返还工资，并要求甲公司支付解除劳动合同的经济补偿金。

根据上述资料，分析回答下列问题：

（1）根据《劳动合同法》规定，哪些合同属于无效合同？

（2）无效劳动合同的法律后果如何？

（3）甲公司是否能够单方解除劳动合同？是否需要支付经济补偿金？为什么？

（4）刘某拒绝返还工资是否合法？为什么？

第十一章
经济纠纷的解决途径

岗位要求

知识目标

- 了解仲裁、民事诉讼、行政复议、行政诉讼的概念，仲裁机构的设置模式，民事诉讼及行政诉讼的程序
- 理解仲裁裁决的效力，民事诉讼及行政诉讼的管辖
- 掌握仲裁的基本原则，仲裁协议的效力，审判制度的内容，诉讼时效的法律规定，行政复议及行政诉讼的受案范围，行政复议机关的确定

能力目标

- 能根据纠纷的种类正确选择解决途径
- 会起草一般的仲裁协议
- 能准确确定诉讼管辖法院
- 能准确确定复议机关
- 会根据法定程序推进纠纷的解决

关键词

- 仲裁　或裁或审　一裁终局　仲裁委员会　仲裁协议　仲裁裁决　民事诉讼　合议庭　回避　一审　二审　审判监督　级别管辖　地域管辖　诉讼时效　行政复议　复议机关　具体行政行为　抽象行政行为　行政诉讼

导入案例

三鹿奶粉事件是2008年发生的举世震惊的重大食品安全事件。自2007年开始，三鹿集团即零星接到全国各地消费者关于三鹿婴幼儿奶粉的质量投诉。起初，三鹿集团通过人民网公开回应：三鹿是奶粉行业品牌产品，严格按照国家标准生产，产品质量合格，目前尚无证据显示这些婴儿是因为吃了三鹿奶粉而致病。后经中国卫生部发布消息：经调查，高度怀疑石家庄三鹿集团股份有限公司生产的三鹿牌婴幼儿配方奶粉受到三聚氰胺污染。三聚氰胺可导致人体泌尿系统产生结石。迫于各方压力，三鹿集团股份有限公司发布产品召回声明，召回部分批次受到三聚氰胺污染的婴幼儿奶粉，市场上大约有700吨。

经卫生部、中国质检总局的多方调查，河北省石家庄市政府首次露面，称“三鹿集团经过多层次、多批次的检验，查出了奶粉中含有三聚氰胺物质。石家庄市委、市政府立即召开紧急会议，要求立即收回全部可疑产品，对产品进行全面检测，确保新上市产品批批合格，绝不能再含有三聚氰胺成分，同时各有关部门展开调查工作，确定事件性质”。

2008年9月，国务院对三鹿牌婴幼儿奶粉事件做出六项决定。党中央、国务院对此高度重视，对严肃处理三鹿牌婴幼儿奶粉事件专题做出部署。一是立即启动国家重大食品安全事故I级响应，成立由卫生部牵头、质检总局等有关部门和地方参加的国家处理三鹿牌婴幼儿奶粉事件领导小组。二是全力开展医疗救治，对患病婴幼儿实行免费救治，所需费用由财政承担。三是全面开展奶粉市场治理整顿，由质检总局负责会同有关部门对市场上所有婴幼儿奶粉进行全面检验检查，对不合格奶粉立即实施下架。四是尽快查明婴幼儿奶粉污染原因，组织地方政府和有关部门对婴幼儿奶粉生产和奶牛养殖、原料奶收购、乳品加工等各环节开展检查。五是在查明事实的基础上，严肃处理违法犯罪分子和相关责任人。六是有关地方和部门要认真吸取教训，举一反三，建立完善食品安全和质量监管机制，切实保证人民群众的食品消费安全。

经查，三鹿奶粉作为婴幼儿奶粉的驰名品牌，通过国家质检及河北省质检的各级、各种产品质量认证。

【讨论分析】

1．消费者可以选择何种方式维权？

2．消费者是否可以提起行政诉讼，起诉相关质检部门疏于监管职责？

3．消费者是否可以提起民事诉讼，起诉三鹿集团对于消费者的损失进行赔偿？

第一节　概述

一、经济纠纷的概念

经济纠纷，是指市场经济主体之间因经济活动而引起的权益争议。经济纠纷主要包括两个方面：一是民事纠纷，即平等主体之间涉及经济内容的纠纷，如合同纠纷等；二是行政纠纷，即公民、法人或其他组织作为行政管理相对人与行政机关之间因行政管理所发生的涉及经济内容的纠纷，如纳税人与税务机关就纳税事务发生的争议等。

二、经济纠纷的解决途径

在市场经济条件下，市场经济主体为实现各自的经济目标，必然要进行各种经济活动，因而不可避免地会发生各种各样的权益争议，产生经济纠纷。为了保护当事人的合法权益，维持社会经济秩序，必须依法、及时处理解决这些纠纷。在我国，解决经济纠纷的途径和方式主要有仲裁、民事诉讼、行政复议和行政诉讼。

经济纠纷解决途径

仲裁和民事诉讼都是用于解决作为平等民事主体的当事人之间发生的经济纠纷。有效的仲裁协议可排除法院的管辖权，只有在没有仲裁协议或者仲裁协议无效，或者当事人放弃仲裁协议的情况下，法院才可以行使管辖权，这在法律上称为或裁或审原则。

行政复议和行政诉讼是解决行政纠纷的方式和途径。当公民、法人或其他组织认为行政机关的具体行政行为侵犯其合法权益时，可采取申请行政复议或提起行政诉讼的方式解决。

根据法律的不同规定，有的可以直接向法院起诉；或者先申请行政复议，对行政复议决定不服时再起诉；有的则只能先申请行政复议，对行政复议决定不服才能提起行政诉讼；还有的则只能通过行政复议的方式解决，由行政机关对纠纷做出最终裁决。

第二节　民事纠纷解决途径

一、仲裁

（一）仲裁的概念和适用范围

1. 仲裁的概念

仲裁即“公断”，是指当事人双方发生经济纠纷后，根据仲裁协议，将争议的事项提交选定的仲裁机构，请求依照法定程序和仲裁规则做出裁决的活动。

从仲裁的概念可以看出，仲裁具有三个要素：一是仲裁活动以双方当事人自愿协商为基础，在自愿的基础上订立仲裁协议；二是由双方当事人自愿选择的中立第三者进行裁判；三是仲裁的裁决对双方当事人都具有约束力。

知识窗

1994 年 8 月 31 日第八届全国人民代表大会常务委员会第九次会议通过，1995 年 9 月 1 日起施行的《中华人民共和国仲裁法》（以下简称《仲裁法》）是仲裁活动进行的基本法律依据。

2. 仲裁的适用范围

平等主体的公民、法人和其他组织之间发生的合同纠纷和其他财产权益纠纷，可以仲裁。而关于婚姻、收养、监护、抚养、继承纠纷和依法应当由行政机关处理的行政争议则不能仲裁。劳动争议和农业集体经济组织内部的农业承包合同纠纷的仲裁，不属于《仲裁法》规定的仲裁范围。

（二）仲裁的基本原则

1. 自愿原则

经济纠纷发生后，是否选择仲裁解决以双方当事人的自愿为前提，达成仲裁协议。没有仲裁协议，一方申请仲裁的，仲裁机构不予受理。

2. 以事实为根据，法律为准绳原则

仲裁庭在审理经济纠纷案件时，在查清事实的基础上，在符合法律规定的前提下，公平合理地确定各方当事人的权利和义务。

3. 仲裁独立原则

仲裁机构独立于行政机关，与行政机关没有隶属关系。仲裁依法独立进行，不受任何行政机关、社会团体和个人的干涉。

4. 一裁终局原则

仲裁实行一裁终局，即仲裁机构做出的仲裁裁决为终局裁决。裁决做出后，当事人就同一纠纷再申请仲裁或者向人民法院起诉的，仲裁机构和人民法院不予受理。仲裁裁决一经做出即发生法律效力。

（三）仲裁机构

仲裁机构主要是指仲裁委员会。仲裁委员会是有权对当事人提交的经济纠纷进行审理和裁决的机构。仲裁委员会可以在直辖市和省、自治区人民政府所在地的市设立，也可以根据需要在其他设区的市设立，不按行政区划层层设立。仲裁委员会独立于行政机关，与行政机关没有隶属关系。仲裁委员会之间也没有隶属关系。

仲裁委员会由主任一人、副主任二至四人和委员七至十一人组成。仲裁委员会的主任、副主任和委员由法律、经济贸易专家和有实际工作经验的人员担任。

（四）仲裁协议

1. 仲裁协议的概念

仲裁协议，是指当事人自愿把他们之间已经发生或者可能发生的经济纠纷提交仲裁解决的书面协议。仲裁协议应当以书面形式订立，口头达成仲裁协议的无效。

2. 仲裁协议的内容

根据仲裁法的规定，仲裁协议应当具有以下内容：①请求仲裁的意思表示；②仲裁

事项；③选定的仲裁委员会。仲裁协议对仲裁事项或者仲裁委员会没有约定或者约定不明确的，当事人可以补充协议；达不成补充协议的，仲裁协议无效。

3. 仲裁协议的效力

仲裁协议一经依法成立，即具有法律约束力。仲裁协议独立存在，合同的变更、解除、终止或者无效，不影响仲裁协议的效力。

仲裁庭有权确认合同的效力。当事人对仲裁协议的效力有异议的，可以请求仲裁委员会做出决定或者请求人民法院做出裁定。一方请求仲裁委员会做出决定，另一方请求人民法院做出裁定的，由人民法院裁定。当事人对仲裁协议的效力有异议，应当在仲裁庭首次开庭前提出。

当事人达成仲裁协议，一方向人民法院起诉未声明有仲裁协议，人民法院受理后，另一方在首次开庭前提交仲裁协议的，人民法院应当驳回起诉，但仲裁协议无效的除外；另一方在首次开庭前未对人民法院受理该案提出异议的，视为放弃仲裁协议，人民法院应当继续审理。

（五）仲裁裁决

1. 受理

仲裁不实行级别管辖和地域管辖，仲裁委员会应当由当事人协议选定。仲裁庭可以由三名仲裁员或一名仲裁员组成。由三名仲裁员组成的，设首席仲裁员。当事人约定由三名仲裁员组成仲裁庭的，应当各自选定或各自委托仲裁委员会主任指定一名仲裁员，第三名仲裁员由当事人共同选定或共同委托仲裁委员会主任指定。第三名仲裁员是首席仲裁员。当事人约定由一名仲裁员成立仲裁庭的，应当由当事人共同选定或共同委托仲裁委员会主任指定。当事人没有在仲裁规则规定的期限内约定仲裁庭的组成方式或选定仲裁员的，由仲裁委员会主任指定。仲裁庭组成后，仲裁委员会应当将仲裁庭的组成情况书面通知当事人。

仲裁员有下列情形之一的，必须回避，当事人也有权提出回避申请：①是本案当事人或当事人、代理人的近亲属；②与本案有利害关系；③与本案当事人、代理人有其他关系，可能影响公正仲裁的；④私自会见当事人、代理人，或者接受当事人、代理人请客送礼的。

仲裁应当开庭进行。当事人协议不开庭的，仲裁庭可以根据仲裁申请书、答辩书及其他材料做出裁决。仲裁不公开进行。当事人协议公开的，可以公开进行，但涉及国家秘密的除外。

2. 和解

当事人申请仲裁后，可以自行和解。达成和解协议的，可以请求仲裁庭根据和解协议做出裁决书，也可以撤回仲裁申请。当事人达成和解协议，撤回仲裁申请后反悔的，可以根据仲裁协议申请仲裁。

3. 调解

仲裁庭在做出裁决前，可以先行调解。当事人自愿调解的，仲裁庭应当调解。调解不成的，应当及时做出裁决。调解达成协议的，仲裁庭应当制作调解书或者根据协议的结果制作裁决书。调解书与裁决书具有同等法律效力。调解书经双方当事人签字后，即发生法律效力。在调解书签收前当事人反悔的，仲裁庭应当及时做出裁决。

仲裁·试题

4. 裁决

仲裁裁决应当按照多数仲裁员的意见做出，少数仲裁员的不同意见可以记入笔录。仲裁庭不能形成多数意见时，裁决应当按照首席仲裁员的意见做出。裁决书自做出之日发生法律效力。

5. 执行

当事人应当履行裁决。一方当事人不履行的，另一方当事人可以依照《中华人民共和国民事诉讼法》(以下简称《民事诉讼法》)的有关规定向人民法院申请执行。受申请的人民法院应当执行。

二、民事诉讼

(一) 民事诉讼的概念

民事诉讼，是指国家审判机关即人民法院，在平等主体当事人之间发生经济纠纷时，依法解决讼争的活动。

知识窗

1991 年 4 月 9 日第七届全国人民代表大会第四次会议通过，2007 年 10 月 28 日第十届全国人民代表大会常务委员会第三十次会议修正，2012 年 8 月 31 日第十一届全国人民代表大会常务委员会第二十八次会议第二次修正的《民事诉讼法》是民事诉讼活动进行的法律依据。

(二) 人民法院审判制度

1. 合议制度

合议制度，是指由三名以上审判人员组成审判组织，代表人民法院行使审判权，对案件进行审理并做出裁判的制度。合议制度是相对于独任制度而言的。独任制度，是指由一名审判员独立地对案件进行审理和裁判的制度。人民法院审理第一审民事案件，除了适用简易程序审理的民事案件由审判员一人独任审理外，一律由审判员、陪审员共同组成合议庭或由审判员组成合议庭。人民法院审理第二审民事案件，由审判员组成合议庭。合议庭的成员应当是三人以上的单数。

2. 回避制度

回避制度，是指承办人员遇有法律规定的情形时，退出对某一案件的审理或诉讼活动的制度。当事人认为审判人员、书记员、翻译人员、鉴定人、勘验人与本案有利害关系或有其他关系可能影响公正审判，有权申请上述人员回避。上述人员认为自己与本案有利害关系或有其他关系，应当申请回避。

3. 公开审判制度

公开审判制度，是指人民法院的审判活动依法向社会公开的制度。法律规定，人民法院审理经济纠纷案件，除涉及国家秘密、个人隐私或法律另有规定的以外，应当公开进行。公开审理案件，应当在开庭前公告当事人姓名、案由和开庭的时间、地点，以便群众旁听。人民法院不论是否公开审理案件，一律公开宣告判决。

公开审判和两审终审

4. 两审终审制度

两审终审制度，是指一个诉讼案件经过两级人民法院审判后即终结的制度。按照两审终审制，一个案件经第一审人民法院审判后，当事人如果不服，有权在法定期限内向上一级人民法院提起上诉，由该上一级人民法院进行第二审。二审人民法院的判决、裁定是终审的判决、裁定。由于最高人民法院是国家最高审判机关，没有自己的上一级人民法院，因此，最高人民法院的一审判决、裁定为终审判决、裁定。此外，适用特别程序、督促程序、公示催告程序和企业法人破产还债程序审理的案件，实行一审终审。

（三）民事诉讼的管辖

诉讼管辖，是指各级人民法院之间以及不同地区的同级人民法院之间，受理第一审经济纠纷案件的职权范围和具体分工。诉讼管辖可以分为级别管辖和地域管辖。

1. 级别管辖

级别管辖，是根据案件性质、案情繁简、影响范围，来确定上下级法院受理第一审案件的分工和权限。具体分为：最高人民法院管辖在全国有重大影响的案件，以及它认为应当由其审理的第一审经济纠纷案件；高级人民法院管辖在本辖区有重大影响的第一审经济纠纷案件；中级人民法院管辖重大涉外案件，在本辖区有重大影响的案件，最高人民法院确定由中级人民法院管辖的案件；基层人民法院管辖除上级人民法院管辖以外的所有第一审经济纠纷案件，法律另有规定的除外。

2. 地域管辖

地域管辖，是指同级人民法院之间受理第一审经济纠纷案件的分工和权限。具体分为：一般地域管辖、特殊地域管辖和专属管辖等。

（1）一般地域管辖，即由被告住所地人民法院管辖，也就是我们通常所说的“原告就被告”的原则。

（2）特殊地域管辖，是指以诉讼标的所在地、法律事实所在地为标准划分管辖法院。根据《民事诉讼法》，主要确定了下列特殊地域管辖：①因合同纠纷提起的诉讼，由被告住所地或合同履行地人民法院管辖；②因票据纠纷提起的诉讼，由票据支付地或被告住所地人民法院管辖；③因保险合同纠纷提起的诉讼，由被告住所地或保险标的物所在地人民法院管辖；④因侵权行为提起的诉讼，由侵权行为地或被告住所地人民法院管辖。

（3）专属管辖，是指法律强制规定某类案件必须由特定的法院管辖。专属管辖的案件主要有三类：①因不动产纠纷提起的诉讼，由不动产所在地法院管辖；②因港口作业中发生纠纷提起的诉讼，由港口所在地法院管辖；③因继承遗产纠纷提起的诉讼，由被继承人死亡时住所地或主要遗产所在地法院管辖。

（四）民事诉讼的程序

1. 一审程序

（1）起诉和受理。公民、法人和其他组织认为自己的民事、经济权益受到侵害或与他人发生争议，以自己的名义请求人民法院给予法律保护的行为为起诉。起诉必须符合下列条件：第一，原告是与本案有直接利害关系的公民、法人和其他组织；第二，有明确的被告；第三，有具体的诉讼请求和事实、理由；第四，属于人民法院受理民事诉讼的范围和受诉人民法院管辖。

人民法院接到原告起诉后经审查，认为符合法律规定的起诉条件的，应当在七日内立案，并通知当事人；认为不符合条件的，应当在七日内裁定不予受理，并通知原告人，说明原因和理由，原告对裁定不服的，可以提起上诉。

（2）开庭审理。人民法院应当在立案之日起五日内将起诉状副本发送被告，告知被告在收到之日起十五日内提出答辩。被告不提出答辩的，不影响人民法院的开庭审理。人民法院审理案件，除涉及国家机密或法律另有规定的以外，一律进行公开审理。

（3）判决。经过开庭预备、法庭调查、法庭辩论等程序后，事实清楚、证据充分、责任明确的，人民法院应及时做出判决。

人民法院对案件进行调解，调解达成协议的，制作调解书，双方签收后，发生法律效力。对于达不成协议或一方当事人在调解书送达前反悔的，应及时依法做出判决。判决一律公开宣判。当事人对一审判决不服的，可以在判决书送达之日起十五日内向上一级人民法院提起上诉。

2. 二审程序

二审程序，是指当事人对一审法院的判决或裁定不服，而上诉至上一级人民法院进行审理所适用的程序。二审人民法院对上诉案件，应当由审判员组成合议庭进行审理，根据情况分别采用直接审理或书面审理。上诉法院经审理后，根据不同情况，做出维持原判、依法改判、发回重申等判决或裁定。

3. 审判监督程序

审判监督程序也称再审程序，是指人民法院对已经发生法律效力的判决、裁定发现确有错误，依法对案件进行再次审理的程序。再审程序的提起通常有四种情况：一是由本院院长提出，提交审判委员会讨论决定；二是由最高人民法院、上级人民法院提审或指令下级人民法院再审；三是由最高人民检察院、上级人民检察院按审判监督程序提起诉讼；四是由当事人申请，经人民法院审查决定是否再审。

再审案件的程序由原审级决定。原来是第一审的，按照第一审程序审理，所做出的判决、裁定，当事人不服可以上诉；原来是二审的，或者是上级人民法院提审的，按照第二审程序审理，所做出的判决、裁定是终审的判决、裁定。

4. 执行程序

执行，是指人民法院对已经发生法律效力的判决、裁定、调解协议和其他具有执行效力的法律文书，由于一方当事人无理拒绝履行，根据对方当事人的申请，依法强制执行的诉讼活动。《民事判决书》申请执行的期间为二年。

人民法院自收到申请执行书之日起超过六个月未执行的，申请执行人可以向上一级人民法院申请执行。上一级人民法院经审查，可以责令原人民法院在一定期限内执行，也可以决定由本院执行或者指令其他人民法院执行。

被执行人不履行法律文书确定的义务的，人民法院可以对其采取或者通知有关单位协助采取限制出境，在征信系统记录、通过媒体公布不履行义务信息以及法律规定的其他措施。

（五）诉讼时效

1. 诉讼时效的概念

诉讼时效，是指权利人在法定期间内不行使权利而失去诉讼保护的制度。诉讼时效期间，是指权利人请求人民法院或仲裁机关保护其民事权利的法定期间。

视频 · 诉讼时效

诉讼时效期间届满，权利人丧失的是胜诉权，即丧失依诉讼程序强制义务人履行义务的权利；权利人的实体权利并不消灭，债务人自愿履行的，不受诉讼时效限制。

2. 诉讼时效的具体规定

《民法总则》规定，除法律另有规定外，向人民法院请求保护民事权利的诉讼时效期间为三年。诉讼时效期间自权利人知道或者应当知道权利受到损害之日起计算。但是自权利受到损害之日起超过二十年的，人民法院不予保护；有特殊情况的，人民法院可以根据权利人的申请决定延长。

3. 诉讼时效的中止和中断

（1）诉讼时效的中止。《民法总则》规定，在诉讼时效期间的最后六个月内，因下列障碍，不能行使请求权的，诉讼时效中止：①不可抗力；②无民事行为能力人或者限制民事行为能力人没有法定代理人，或者法定代理人死亡、丧失民事行为能力、丧失代理权；③继承开始后未确定继承人或者遗产管理人；④权利人被义务人或者其他人控制；⑤其他导致权利人不能行使请求权的障碍。自中止时效的原因消除之日起满六个月，诉

诉讼时效 · 试题

讼时效期间届满。

（2）诉讼时效的中断。《民法总则》规定，有下列情形之一的，诉讼时效中断，从中断之日起，诉讼时效期间重新计算：①权利人向义务人提出履行请求；②义务人同意履行义务；③权利人提起诉讼或者申请仲裁；④与提起诉讼或者申请仲裁具有同等效力的其他情形。

经典案例

2015 年 1 月 1 日，王某向赵某借款 3 万元，并出具借据，双方约定于二个月之内偿还借款。此后，王某一直未清偿借款。在赵某的一再催促下，直至 2016 年 1 月 1 日，王某写下保证书，称在三个月内一次性还清债务。请问：赵某请求人民法院保护其民事权利的时效期间至什么时候届满？

【解析】《民法总则》规定，义务人同意履行义务的，诉讼时效中断。2016 年 1 月 1 日王某写下保证书，则意味着王某同意履行，诉讼时效从这一日中断，且从中断之日起，诉讼时效期间重新计算。所以，至 2018 年 12 月 31 日诉讼时效届满。

第三节　行政纠纷解决途径

一、行政复议

（一）行政复议的概念

行政复议，是指国家行政机关在依照法律、法规的规定履行行政管理职责过程中，作为行政管理主体的行政机关一方与作为行政管理相对人的公民、法人或者其他组织一方，对于法律规定范围内的具体行政行为发生争议，由行政管理相对人向做出具体行政行为的行政机关的上一级行政机关或者法律规定的其他行政机关提出申请，由该行政机关对引起争议的具体行政行为进行审查，并做出相应决定的一种行政监督活动。行政复议是现代国家保护公民免受行政机关具体行政行为不法侵害的一种重要的法律制度。

知识窗

1999 年 4 月 29 日第九届全国人民代表大会常务委员会第九次会议通过的《中华人民共和国行政复议法》（以下简称《行政复议法》）和 2007 年 5 月 23 日国务院第一百七十七次常务会议通过的《中华人民共和国行政复议法实施条例》（国务院令第 49 号），是行政复议活动进行的基本法律依据。

（二）行政复议的范围和排除事项

1. 行政复议的范围

公民、法人或者其他组织认为行政机关的具体行政行为侵犯其合法权益，符合《行政复议法》规定范围的，可以申请行政复议。公民、法人或者其他组织认为行政机关的具体行政行为所依据的相关规定不合法的，在对具体行政行为申请行政复议时，可以一并向行政机关提出对该规定的审查申请。

2. 行政复议的排除事项

下列事项不能申请行政复议：

（1）不服行政机关做出的行政处分或者其他人事处理决定，可依照有关法律、行政法规的规定提出申诉。

（2）不服行政机关对民事纠纷做出的调解或者其他处理，可依法申请仲裁或者向法院提起诉讼。

（三）行政复议的申请和受理

公民、法人或者其他组织认为具体行政行为侵犯其合法权益的，可以自知道该具体行政行为之日起六十日内提出行政复议申请；但是法律规定的申请期限超过六十日的除外。申请人申请行政复议，可以书面申请，也可以口头申请。公民、法人或者其他组织向人民法院提起行政诉讼，人民法院已经依法受理的，不得申请行政复议。

行政复议机关受理行政复议申请，不得向申请人收取任何费用。行政复议期间具体行政行为不停止执行，法律另有规定的除外。

（四）行政复议参加人

行政复议参加人，是指具体参加行政复议活动全过程，以保护其合法权益不受非法侵害的人。行政复议参加人包括申请人、被申请人和第三人。

《行政复议法》规定，申请行政复议的公民、法人或者其他组织是申请人，做出具体行政行为的行政机关是被申请人。同申请行政复议的具体行政行为有利害关系的其他公民、法人或者其他组织，可以作为第三人参加行政复议。

（五）行政复议机关

依照《行政复议法》，履行行政复议职责的行政机关是行政复议机关。具体规定如下：

（1）对县级以上地方各级人民政府工作部门的具体行政行为不服的，由申请人选择，可以向该部门的本级人民政府申请行政复议，也可以向上一级主管部门申请行政复议。对海关、金融、国税、外汇管理等实行垂直领导的行政机关和国家安全机关的具体行政行为不服的，向上一级主管部门申请行政复议。

（2）对地方各级人民政府的具体行政行为不服的，向上一级人民政府申请行政复议。

（3）对国务院部门或者省、自治区、直辖市人民政府的具体行政行为不服的，向做出该具体行政行为的国务院部门或者省、自治区、直辖市人民政府申请行政复议。对行政复议决定不服的，可以向人民法院提起行政诉讼，也可以向国务院申请裁决。

（六）行政复议决定

行政复议原则上采取书面审查的方法。行政复议机关应当自受理申请之日起六十日内做出行政复议决定；但是法律规定的行政复议期限少于六十日的除外。情况复杂，不能在规定期限内做出行政复议决定的，经行政复议机关的负责人批准，可以适当延长，但延长期限最多不得超过三十日。

行政复议的举证责任，由被申请人承担。

行政复议机构应当对被申请人做出的具体行政行为进行审查，提出意见，按照下列规定做出行政复议决定：

（1）具体行政行为认定事实清楚，证据确凿，适用依据正确，程序合法，内容适当的，决定维持。

（2）被申请人不履行法定职责的，决定其在一定期限内履行。

（3）认为具体行政行为符合法定情形的，可以做出决定撤销、变更或者确认该具体行政行为违法；决定撤销或者确认该具体行政行为违法的，可以责令被申请人在一定期限内重新做出具体行政行为。

被申请人不按照法律规定提出书面答复，提交当初做出具体行政行为的证据、依据和其他有关材料的，视为该具体行政行为没有证据、依据，决定撤销该具体行政行为。

行政复议机关责令被申请人重新做出具体行政行为的，被申请人不得以同一事实和理由做出与原具体行政行为相同或者基本相同的具体行政行为。

行政复议机关做出行政复议决定书，一经送达即发生法律效力。被申请人应当履行行政复议决定。被申请人不履行或者无正当理由拖延履行行政复议决定的，行政复议机关或者有关上级行政机关应当责令其限期履行。

二、行政诉讼

（一）行政诉讼的概念

行政诉讼，是指公民、法人或者其他组织认为行政机关或法律、法规授权的组织的具体行政行为侵犯其合法权益，依法向人民法院请求司法保护，人民法院通过对被诉行政行为的合法性进行审查，在双方当事人和其他诉讼参与人的参与下，对该行政争议进行审理和裁判的司法活动。

知识窗

1989 年 4 月 4 日由第七届全国人民代表大会第二次会议通过，2014 年 11 月 1 日第十二届全国人民代表大会常务委员会第十一次会议修正的《中华人民共和国行政诉讼法》（以下简称《行政诉讼法》）是行政诉讼的法律依据。行政诉讼也是行政法制监督的一种特殊形式。

（二）行政诉讼的适用范围

行政诉讼的适用范围

公民、法人或者其他组织认为行政机关和行政机关工作人员的具体行政行为侵犯了其合法权益，有权向法院提起行政诉讼。法院不受理公民、法人或者其他组织对下列事项提起的诉讼：

（1）国防、外交等国家行为。

（2）行政法规、规章或者行政机关制定、发布的具有普遍约束力的决定、命令。

（3）行政机关对行政机关工作人员的奖惩、任免等决定。

（4）不具有强制性的行政指导行为。

（5）法律规定由行政机关最终裁决的具体行政行为。

重点提示

导入案例中，由于各级国家质量监督部门做出的质量认证是不具有强制力的行政指导行为，不属于行政诉讼的受案范围，因此消费者不能提起行政诉讼，只能提起民事诉讼，起诉三鹿集团，就其对消费者造成的损失进行赔偿。

（三）行政诉讼的管辖

1. 级别管辖

基层人民法院管辖第一审行政案件。中级人民法院管辖下列第一审行政案件：①对国务院部门或者县级以上地方人民政府所作的行政行为提起诉讼的案件；②海关处理的案件；③本辖区内重大、复杂的案件；④其他法律规定由中级人民法院管辖的案件。

2. 地域管辖

行政案件由最初做出行政行为的行政机关所在地人民法院管辖。经复议的案件，也可以由复议机关所在地人民法院管辖。

（四）起诉与受理

对属于人民法院受案范围的行政案件，公民、法人或者其他组织可以先向行政机关申请复议，对复议决定不服的，再向人民法院提起诉讼；也可以直接向人民法院提起诉讼。公民、法人或者其他组织直接向人民法院提起诉讼的，应当自知道或者应当知道做出行政行为之日起六个月内提出。法律另有规定的除外。

法律、法规规定应当先向行政复议机关申请行政复议，对行政复议决定不服再向人民法院提起行政诉讼的，行政复议机关决定不予受理或者受理后超过行政复议期限不作答复的，公民、法人或者其他组织可以自收到不予受理决定书之日起或者行政复议期满之日起十五日内，依法向人民法院提起行政诉讼。

起诉应当向人民法院递交起诉状，人民法院在接到起诉状时对符合法律规定的起诉条件的，应当登记立案。对当场不能判定是否符合法律规定的起诉条件的，应当接收起诉状，出具注明收到日期的书面凭证，并在七日内决定是否立案。

（五）审理和判决

人民法院公开审理行政案件，但涉及国家秘密、个人隐私和法律另有规定的除外。涉及商业秘密的案件，当事人申请不公开审理的，可以不公开审理。

人民法院审理行政案件，应当组成合议庭审理。当事人认为审判人员、书记员、翻译人员、鉴定人、勘验人与本案有利害关系或者有其他关系可能影响公正审判，有权申请上述人员回避。

人民法院审理行政案件，不适用调解。但是，行政赔偿、补偿以及行政机关行使法律、法规规定的自由裁量权的案件可以调解。

人民法院应当在立案之日起六个月内做出第一审判决。当事人不服人民法院第一审判决的，有权在判决书送达之日起十五日内向上一级人民法院提起上诉。当事人不服人民法院第一审裁定的，有权在裁定书送达之日起十日内向上一级人民法院提起上诉。

本章小结

1. 经济纠纷解决途径包括仲裁、民事诉讼、行政复议和行政诉讼。

2. 仲裁，是指当事人双方发生经济纠纷后，根据仲裁协议，将争议的事项提交选定的仲裁机构，请求依照法定程序和仲裁规则做出裁决的活动。仲裁适用于平等主体的公民、法人和其他组织之间发生的合同纠纷和其他财产权益纠纷。仲裁应遵守自愿、仲裁独立、一裁终局等原则。

3. 民事诉讼，是指国家审判机关即人民法院，在平等主体当事人之间发生经济纠纷时，依法解决讼争的活动。

4. 人民法院审判案件实行合议制度、回避制度、公开审判制度、两审终审制度。案件一般由被告住所地人民法院管辖，也就是我们通常所说的“原告就被告”的原则。

5. 诉讼具有一定的时效，权利人在法定期间内不行使权利就会失去诉讼保护。诉讼时效期间为三年，从权利人知道或应当知道权利被侵害时起计算。

6. 行政复议是现代国家保护公民免受行政机关具体行政行为不法侵害的一种重要的法律制度。申请行政复议应符合法定的复议范围，依法向复议机关申请复议，复议机关应在法定期限内做出复议决定。

7. 行政诉讼，是指公民、法人或者其他组织认为行政机关或法律、法规授权的组织的具体行政行为侵犯其合法权益，依法向人民法院请求司法保护，人民法院通过对被诉行政行为的合法性进行审查，对该行政争议进行审理和裁判的司法活动。行政诉讼应依法受理案件，并在法定期限内依照法定程序做出判决或裁定。

基础知识测评

1. 我国经济纠纷解决途径有哪些？实践中，如何选择正确的解决途径？
2. 我国仲裁法的适用范围是什么？
3. 仲裁的基本原则有哪些？
4. 如何确认仲裁协议的效力？
5. 我国的审判制度包括哪些内容？

6. 如何理解诉讼时效期间的概念？

7. 行政复议和行政诉讼的受案范围有何不同？

8. 如何确定行政复议机关？

9. 行政诉讼不予受理的案件有哪些？

岗位能力测评

1. 甲县与乙、丙、丁三县相邻。甲县某加工厂和丁县某食品厂于2017年9月10日在乙县签订了一份真空食品袋加工承揽合同。其中约定："运输方式：加工厂代办托运；履行地点：加工厂在丙县的仓库。发生纠纷的解决方式：在丙县仲裁委员会仲裁，也可以向戊县的人民法院起诉。"合同签订后，加工厂按照合同的约定发货。丁县食品厂收货后即投入使用。因真空食品袋质量不合格，致使食品厂已封装入库和销售出去的袋装食品大量腐败变质，损失5万多元。两厂几经协商未果。食品厂的法定代表人即找到律师刘某咨询，最后提出一个要求："怎么起诉都可以，但必须在我们丁县法院打官司。"

根据上述资料，分析回答下列问题：

（1）按我国现行法律规定，此纠纷应通过仲裁解决还是通过诉讼解决？为什么？

（2）甲、乙、丙、戊县法院是否有管辖权？为什么？

（3）如果你是刘律师，能否满足食品厂的要求？

2. 2015年3月，张某与A市旅游局签订了独家经营授权合同书，就当地某河流的漂流项目获得独家经营权。合同签订之后，张某清理河道、修建公路、建房、雇用员工等投资约30万元。经营半年之后，张某发现河道上出现了另一家漂流公司，与张某经常发生争抢游客、抢占码头等纠纷，多次协商未果，张某投诉到A市旅游局，要求旅游局依据合同约定，授予张某独家经营的权利，否则将起诉旅游局，要求其赔偿张某的投资损失。A市旅游局不置可否。2016年9月，河道下游建造水库，张某投资建设的公路、房屋等都在拆迁范围，但直到水库建成，张某都没有领到拆迁补偿款。经查，A市政府拆迁部门将有关漂流公司的拆迁补偿款60余万元全部发给了A市旅游局，A市旅游局已挪作他用。

根据上述资料，分析回答下列问题：

（1）张某应当采取何种纠纷解决方式维护自己的合法权益？

（2）张某如果提起民事诉讼，要求赔偿损失，试分析被告是谁。

（3）张某如果提起行政诉讼，要求领取拆迁补偿款，试分析被告是谁。

职考链接

1. 下列关于仲裁协议效力的表述中，符合仲裁法律制度规定的有（   ）。

   A. 仲裁协议具有独立性，合同的变更、解除不影响仲裁协议的效力

   B. 仲裁协议具有排除诉讼管辖的效力

   C. 当事人对仲裁协议的效力有异议的只能请求人民法院裁定

   D. 仲裁协议对仲裁事项没有约定且达不成补充协议的，仲裁协议无效

2. 在诉讼时效期间的最后六个月内，因一定事由的发生可导致诉讼时效中止。根据民事法律制度的规定，下列事由中，能够导致诉讼时效中止的是（   ）。

   A. 权利人提起诉讼

   B. 发生不可抗力导致权利人无法行使请求权

   C. 权利人向义务人提出履行义务的要求

   D. 义务人同意履行义务

参考文献

[1] 杨立新．物权法 [M]．北京：中国人民大学出版社，2007.
[2] 史际春．企业和公司法 [M]．北京：中国人民大学出版社，2008.
[3] 蔡虹．仲裁法学 [M]．北京：北京大学出版社，2009.
[4] 王利明．合同法（第三版）[M]．北京：中国人民大学出版社，2009.
[5] 霍敏．破产案例审理精要 [M]．北京：法律出版社，2010.
[6] 彭爱美．新编保险法 [M]．北京：清华大学出版社，2010.
[7] 齐树洁．民事诉讼法 [M]．北京：中国人民大学出版社，2010.
[8] 奚晓明．最新合同法适用一本通 [M]．北京：人民法院出版社，2010.
[9] 邢海宝．证券法学原理与案例教程 [M]．北京：中国人民大学出版社，2010.
[10] 关怀．劳动法和社会保障法 [M]．北京：法律出版社，2010.
[11] 赵旭东．公司法学（第二版）[M]．北京：高等教育出版社，2010.
[12] 张子愚．知识产权法 [M]．北京：中国政法大学出版社，2010.
[13] 李延荣，周珂．房地产法 [M]．北京：中国人民大学出版社，2010.
[14] 范健，王建文．公司法 [M]．北京：法律出版社，2011.
[15] 冯宪芬．经济法 [M]．北京：中国人民大学出版社，2011.
[16] 冯玉军．法理学 [M]．北京：中国人民大学出版社，2012.
[17] 陈恩才．经济法 [M]．北京：人民邮电出版社，2012.
[18] 王欣新．公司法 [M]．北京：中国人民大学出版社，2012.
[19] 汪丽清，李静．中华人民共和国城市房地产管理法配套规定 [M]．北京：法律出版社，2012.
[20] 周晖．经济法 [M]．北京：北京大学出版社，2013.
[21] 顾功耘．经济法教程（第三版）[M]．上海：上海人民出版社，2013.
[22] 李玉基．经济法 [M]．北京：北京大学出版社，2014.
[23] 王玉梅，魏方．经济法概论 [M]．北京：高等教育出版社，2014.
[24] 王学梅，谭治宇．经济法 [M]．北京：北京出版社，2015.

[25] 中国注册会计师协会. 经济法 [M]. 北京：中国财政经济出版社，2015.
[26] 周晖，张武超. 经济法 [M]. 北京：清华大学出版社，2016.
[27] 财政部会计资格评价中心. 经济法基础 [M]. 北京：经济科学出版社，2017.
[28] 财政部会计资格评价中心. 经济法 [M]. 北京：经济科学出版社，2017.